111 GRÜNDE, DEN FC BARCELONA ZU LIEBEN

Arne Cordes, Johannes Federlin

111 GRÜNDE, DEN FC BARCELONA ZU LIEBEN

Eine Liebeserklärung an den großartigsten Fußballverein der Welt

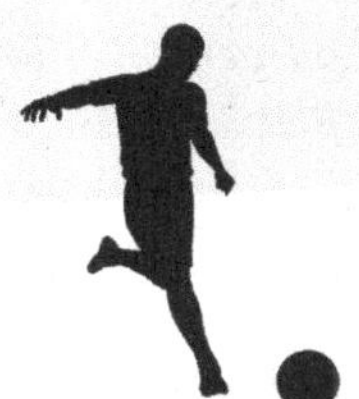

WIR SIND DER ZWÖLFTE MANN,
FUSSBALL IST UNSERE LIEBE!

VORWORT

KAPITEL 1

KAPITEL 2

MÉS QUE UN CLUB!

Vorwort

Heutzutage treten wohl geschätzte 100 Prozent der Barcelona-Besucher mit einem Trikot von Messi, Neymar und Co. im Gepäck ihre Heimreise an. Voller Stolz werden diese dann auf dem Pausenhof, beim nächsten Training oder auf der Familienfeier getragen, schließlich ist Barça ja auch die erfolgreichste Mannschaft des neuen Jahrtausends. Dank der äußerst erfolgreichen letzten Jahre, in denen haufenweise Pokale und Triumphe gefeiert werden konnten, haben sich das Interesse und die Begeisterung für diesen Verein weltweit vervielfacht.

Sich heutzutage als Fan des FC Barcelona auszugeben, gehört schon fast zum guten Stil. Das war allerdings auch schon mal anders. Vor nicht allzu vielen Jahren kam es einem krankhaften Optimismus gleich, diesen Verein zu unterstützen. Da wurde man noch belächelt, wenn man mit einer Barça-Kappe in die Öffentlichkeit trat, schließlich darf man nicht vergessen, dass es vor den Erfolgen der letzten Zeit auch Jahre, ja sogar Jahrzehnte der Enttäuschung, ebenso wie der politischen Unterdrückung gab. Innerhalb von fast 25 Jahren nur eine Meisterschaft zu gewinnen oder zehn Trainer in zehn Jahren zu verschleißen muss man als Fan auch erst mal durchmachen.

Welcher Verein kann schon von sich behaupten, dass einer seiner Präsidenten politisch begründet ermordet wurde, der Stürmerstar entführt und eine Meuterei der eigenen Spieler angezettelt wurde? Andererseits gab es bereits vor Leo Messi diverse Spieler, die schier Unmögliches geleistet und den Verein nachhaltig geprägt haben. Auch hat es bereits vor Pep Guardiola und dem »Dream-Team« eine Mannschaft gegeben, die als mythisch in die Vereinsgeschichte einging. Maradona, Schuster, Cruyff, Ronaldinho, Messi, Ronaldo, …

Ja, alle haben unser Trikot getragen. Und wenn es Sie noch interessiert, inwiefern Barça was mit Glasflaschen, Süßigkeiten oder auch einem Schlächter und einem Schweinekopf zu tun hat, dann nur zu!

Uns war schon immer klar, dass der FC Barcelona der großartigste Fußballverein der Welt ist! Nach all den Geschichten, Anekdoten und Fakten werden auch Sie davon überzeugt sein und verstehen, warum Barça einfach »Més que un club« – »mehr als ein Club« ist.

Arne Cordes und Johannes Federlin

1. KAPITEL

EINE AUSWAHL LEGENDÄRER SPIELER

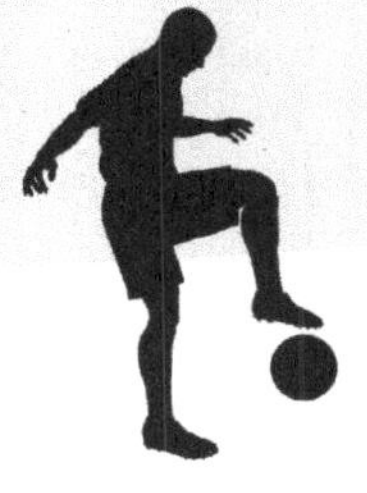

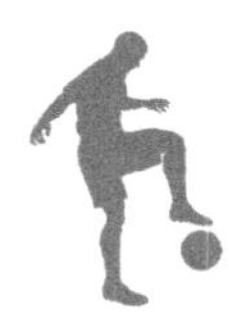

1. GRUND

Weil Johan Cruyff nur eine Saison braucht, um zum Volkshelden aufzusteigen

Ein Volksheld verdient sich seinen Status in der Regel mit außergewöhnlichen Leistungen über einen längeren Zeitraum. In der Geschichte kommt es auch nicht selten vor, dass dieser Status erst nach dem Ableben erteilt wird. Johan Cruyff hat beim FC Barcelona noch nicht einmal eine Saison benötigt, um zum Volkshelden, ja sogar zum Erlöser, aufzusteigen.

Johan Cruyff wird 1947 in Amsterdam geboren, nur unweit vom damaligen Ajax-Stadion. Bereits von klein auf spielt er für seinen Heimatverein, debütiert mit 18 Jahren in der ersten holländischen Liga und gewinnt in den kommenden Jahren unzählige Titel. Nachdem er Ajax Amsterdam dreimal hintereinander zum Gewinn des Europapokals der Landesmeister führt, wechselt er zur Saison 1973/74 als 26-Jähriger zum FC Barcelona.

Übrigens ist Cruyff nur deshalb zum FC Barcelona gewechselt, da Ajax Amsterdam hinter seinem Rücken seinen Abgang zu Real Madrid einfädeln wollte. Und ein Cruyff, wie es in seiner Natur liegt und was er noch in unzähligen weiteren Situationen beweisen sollte, macht grundsätzlich nicht das, was ihm vorgeschrieben wird. Bei seiner Ankunft in Barcelona wird Johan Cruyff frenetisch gefeiert und löst eine noch nie da gewesene Begeisterung aus.

Im Laufe der Saison vermehrte sich der Zuschauerschnitt und in kürzester Zeit steigt die Mitgliederzahl um ein Vielfaches. Dazu muss man erwähnen, dass die Fans sehnlichst nach einem Heilsbringer Ausschau halten, da der Gewinn der letzten Meisterschaft bereits 14 lange Jahre her ist. Sie sollten nicht enttäuscht werden. In den nächsten Jahrzehnten prägt dieser schmächtige, langhaarige Kettenraucher zunächst als Spieler und dann als Trainer den Verein wie kein anderer vor und nach ihm und steigt zur Vereinsikone schlechthin auf.

Aufgrund einiger Schwierigkeiten der Transfermodalitäten mit dem holländischen Verband konnte Cruyff erst am siebenten Spieltag sein Debüt im Trikot der »Blaugrana« feiern. Zu diesem Zeitpunkt hatte der FC Barcelona lediglich ein Spiel gewonnen und stand mit sechs Punkten auf dem vorletzten Platz in der Tabelle. Gleich in seinem ersten Spiel beim 4:0-Sieg gegen Granada im Oktober erzielt Johan Cruyff zwei Tore. Dies sollte der Anfang einer Serie von 24 ungeschlagenen Spielen werden.

Was ihn in der Gunst der Fans zum nationalen Helden aufsteigen lässt, sind zwei Ereignisse im Februar der laufenden Saison. Zum einen ist es die Namensgebung seines ersten Sohnes (siehe 61. Grund). Er nennt ihn »Jordi«, nach dem Schutzpatron von Katalonien, dem heiligen Georg. Das Problem ist, dass das franquistische System keine katalanischen Namen erlaubte und die Beamten lediglich die spanische Version »Jorge« zulassen wollen. Da sein Zögling in Amsterdam zur Welt gekommen ist und die niederländischen Papiere auf den Namen Jordi ausgestellt sind, stoßen die Beamten bei dem Sturkopf Johan Cruyff auf Granit, und um einen Konflikt mit dem populärsten Fußballer der Stadt zu vermeiden, geben sie klein bei.

Lediglich kurze Zeit später, am 17. Februar 1974, steht das Auswärtsspiel bei Real Madrid an. »El Clásico«, der wahrlich mehr als nur ein Spiel ist. Der FC Barcelona mit einem spektakulär aufspielenden Cruyff besiegt die »Königlichen« in deren Stadion mit nicht weniger als 5:0. Niemand bei Real Madrid kann sich an eine schmerzhaftere Niederlage, ja sogar Demütigung, erinnern. Gleichzeitig beendet dieser Sieg der Katalanen nicht nur eine über Jahre andauernde Vormachtstellung im spanischen Fußball, sondern stellt vor allem auch einen herben Schlag gegen das zentralistische Franco-Regime dar. Es wird sogar vermutet, dass die Mannschaft des FC Barcelona mit diesem Spiel mehr für die katalanische Nation erreicht hat als die meisten Politiker zusammen.

In Barcelona wird der Sieg in den Straßen und auf den Plätzen wie eine Befreiung von politischer Unterdrückung gefeiert. Später wird dieser Tag im Februar sogar als Anfang vom Ende der Diktatur bezeichnet. Allein durch diese zwei Gegebenheiten erlangt Johan Cruyff bereits nach weniger als einem halben Jahr bei seinem neuen Verein Heldenstatus (siehe 75. und 77. Grund) und wird als »El Salvador« (»Der Erlöser«) gefeiert und verehrt.

Fünf Spieltage vor dem Saisonende gewinnt Barça bereits die neunte spanische Meisterschaft und beendet somit eine 14 Jahre andauernde Leidenszeit ohne Titel. Die Statistik ist recht beeindruckend. Von 34 Spielen erreicht der FC Barcelona 21 Siege, acht Unentschieden und fünf Niederlagen, wobei drei Niederlagen vor der Ankunft Cruyffs verloren wurden und die zwei anderen, als die Meisterschaft bereits gewonnen ist.

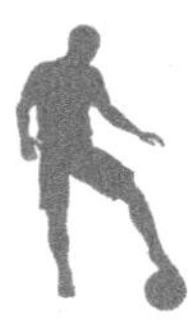

2. GRUND

Weil einer unserer Spieler gekidnappt wurde und trotzdem die Torjägerkanone gewann

Eigentlich hätte es ein ganz gewöhnlicher Abend werden sollen. Es war der 1. März 1981 und der FC Barcelona, zu diesem Zeitpunkt hinter Atlético Madrid auf dem zweiten Platz in der Liga, hatte gerade im heimischen Camp Nou gegen Hércules Alicante 6:0 gewonnen. Enrique Castro González, kurz »Quini« genannt, bereits mehrfacher Torschützenkönig in der spanischen Liga, hatte auch in diesem Spiel doppelt getroffen. Nach der Partie wollte Quini seine Frau und seine Kinder vom Flughafen abholen, die einige Tage in seiner Heimat in Asturien verbracht hatten. Wie so oft, kommt es dann doch ein bisschen anders als geplant.

Die Sporttasche noch über der Schulter, wurde er auf dem Weg von der Spielerkabine zum Parkplatz von zwei Unbekannten mit einer Pistole bedroht und in seinem eigenen Auto entführt. Somit begann sowohl für ihn und seine Angehörigen als auch für seine

Mannschaftskameraden eine 25 Tage andauernde Leidenszeit voller Ungewissheit und Angst.

Der aus Asturien stammende Quini, der auch »El Brujo« (»Der Hexer«) genannt wurde, gilt als einer der besten Spieler in der Geschichte des spanischen Fußballs und wird vor allem unter den Anhängern seines Heimatvereins Sporting Gijón als Legende verehrt. Zudem nahm er als spanischer Nationalspieler an zwei Weltmeisterschaften sowie einer Europameisterschaft teil. Im Sommer 1980 wechselte er zum FC Barcelona.

Die Nachricht von seiner Entführung verbreitete sich wie ein Lauffeuer. Dazu muss man erwähnen, dass zu dieser Zeit in Spanien terroristische Anschläge und Überfälle nicht selten waren. Nur sechs Tage vorher scheiterte ein Putschversuch des spanischen Militärs. Nachdem anfänglich einige Falschmeldungen bei der Polizei eingingen, meldeten sich die Entführer nach zwei Tagen bei Quinis Familie und verlangten ein Lösegeld in Höhe von 100 Millionen Peseten (600.000 Euro).

Die Moral der Mannschaft war am Boden zerstört, insbesondere Bernd Schuster war von den Vorfällen tief betroffen. Quini war sein Zimmernachbar und einer von wenigen Freunden des Deutschen im Team. Zuerst weigerte er sich strikt, wieder die Fußballschuhe zu schnüren, und sagte: »Ich werde nicht spielen, neben meinen Füßen habe ich auch ein Herz. Ich will nur, dass Quini zurückkommt«[1]. Nur eine von Quini in seiner Gefangenschaft aufgezeichneten Tonbandaufnahme konnte Schuster und seine Mitspieler davon überzeugen, von der Aussetzung des gesamten Spielbetriebs bis zu seiner Freilassung abzusehen. Das kommende Spiel war ausgerechnet gegen den Tabellenführer Atlético Madrid. Es war schier unmöglich für die Mannschaft, sich ohne ihren Torjäger zu konzentrieren, so ging das Spiel 1:0 verloren.

Nach einigen fehlgeschlagenen Übergabeversuchen verlangten die Entführer die Überweisung des Lösegeldes auf ein Schweizer Bankkonto. Nur dank der Mithilfe der spanischen und schweizerischen Polizei und unter Aufhebung des traditionellen Schweizer Bankgeheimnisses konnte der Kontoinhaber ausfindig gemacht werden. Es handelte sich um einen 26-jährigen Elektriker, der kurz darauf in der Schweiz festgenommen wurde und unverzüglich den Aufenthaltsort von Quini preisgab.

Nach 25 Tagen, am 25. März 1981, wurde Quini, abgemagert, mit starkem Bartwuchs und sichtlich mitgenommen, aus einem Versteck in einer Autowerkstatt in Saragossa befreit.

Bei den Entführern handelte es sich um drei arbeitslose Handwerker ohne jeglichen politischen Hintergrund. Nur aufgrund ihrer Schulden hatten sie beschlossen, den besten Stürmer der spanischen Liga zu kidnappen. Sogar die finanziellen Mittel für eine vernünftige Versorgung ihres Opfers waren knapp. So wurde Quini ausschließlich mit belegten Broten ernährt. Nach ihrer Festnahme beteuerten sie stets, zu keiner Zeit die Absicht gehabt zu haben, ihrem Opfer Leid zuzufügen, ganz im Gegenteil. Sie waren sogar Fans von ihm. Selbst Quini hatte nach seiner Befreiung nur gute Worte für seine Entführer übrig und verzichtete im Anschluss sogar auf eine Anzeige. Gerüchte gingen um, dass die Entführer eigentlich Bernd Schuster hätten kidnappen wollen, allerdings aufgrund seines schwierigen Charakters und seiner fehlenden Spanischkenntnisse davon abließen.

Während der Stürmerstar in den Fängen seiner Entführer sitzt, verspielt Barça sämtliche Möglichkeiten auf den Titelgewinn. Anfänglich auf dem zweiten Platz, gewinnt Barça keines der folgenden vier Spiele und landet mit vier Punkten Abstand nur auf dem fünften Platz. Trotz der verpassten Spiele wurde Quini am Ende der Saison Torschützenkönig und beflügelt von der Befreiung ihres Mitspielers, gewinnt der FC Barcelona den spanischen Pokal durch Mithilfe zweier Tore des Hexers!

3. GRUND

Weil Maradona der Größte … aller Zeiten ist

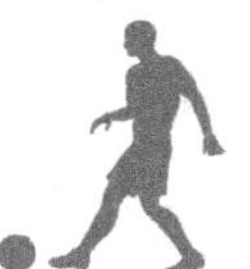

Der Platzhalter kann beliebig ausgetauscht werden, aber »Fußballer« ist auf jeden Fall eine gute Wahl. Als solch großartiger Fußballer war er natürlich auch beim FC Barcelona und das muss gewürdigt werden. Man kennt es von anderen berühmten Persönlichkeiten; der Stadtführer bringt einen in entfernteste Ecken, nur damit man dann ernüchtert als einzige Attraktion ein Schild mit der Aufschrift »Hier wurde xxx geboren« zu sehen bekommt. Der Einfluss Maradonas auf Barças Geschichte ist begrenzt, aber dennoch passt es hervorragend ins Bild, dass sich die Hand Gottes nach Barcelona ausstreckte, um in Europa eine denkwürdige Karriere zu starten.

Seine Hinterlassenschaft in Form von Titeln und Erfolgen liest sich eher bescheiden, aber ohne Zweifel trägt er zum großen Namen bei, den Barça in aller Welt genießt. Seine Verpflichtung kam einige Jahre zu spät, denn schon nach der WM 1978 in Argentinien bemühte sich Barça um ihn. Der Präsident Josep Núñez konnte schließlich 1982 Vollzug für den Transfer mit der damaligen Rekordsumme von 1.300 Millionen Peseten vermelden.[2] Während seiner Rigide erwarb er sich den Ruf als Pfennigfuchser und Eiserner Schatzmeister, und diesem Ruf wurde er auch bei der Verpflichtung von Maradona gerecht. Núñez bestand aus Angst vor dem Wechselkurs-Risiko darauf, die Preise in Peseten zu deklarieren, obwohl es üblich war, Dollar als Währung zu vereinbaren.

In Barcelona erlebte Maradona Licht und Schatten. Anekdoten (siehe 107. Grund) ließ er viele zurück. So heißt es beispielsweise, dass Diego in der Diskothek Up&Down die »Bekanntschaft einer weißen Dame mysteriösen Geschmacks«[3] gemacht habe. Seine Schwäche zum Kokain sollte Maradona noch oft in seinem Leben von der klaren Linie abhalten.

Von falschen Freunden umgeben, brachte ihm sein ausschweifender Lebensstil eine Sexualkrankheit ein, deren Ansteckung er nach außen mit einer Hepatitis-Erkrankung verschleierte. »Feiern, Prostituierte, Drogen« waren zu viel Ballast, als dass Maradona gemäß seiner Befähigung glänzen konnte.[4]

Die für Europäer unvorstellbare Vergötterung von Maradona wird einem etwas nähergebracht, wenn man sich das Video von Rodriguez anschaut. Darin besingt er das Leben von Maradona.[5] Gespickt mit den Bildern von dem Künstler Maradona, der anstatt Pinsel schwingend mit Pässen, Dribblings und Fernschüssen das kollektive Bewusstsein der Fußballliebhaber malt, sorgt dieses Lied bei mir für Gänsehaut.

Zudem kostete Maradona Udo Lattek den Kopf als Barça-Trainer. 18 Monate hielt es Udo Lattek immerhin aus, wie er ironischerweise bei seiner Entlassung bemerkte. Die Machtspielchen zwischen Maradona und dem mit Titeln dekorierten Starcoach waren an der Tagesordnung. Den Auslöser für Latteks Abgang stellte seine Entscheidung dar, den Mannschaftsbus ohne Diego zum Auswärtsspiel abfahren zu lassen, weil sich dieser wieder einmal verspätet hatte.

Maradona beschwerte sich bei Nuñez, dass Lattek ihn nicht mehr motivieren könne. Er mimte den Schauspieler, als er sich erstaunt über die Entlassung zeigte, und untermauerte dabei indirekt, welchen Einfluss er auf die Geschicke von Barça ausübte, indem er vor der Presse verlauten ließ: »Ich habe weder Lattek entlassen, noch hole ich Menotti zu Barça.« Dieser übernahm nur wenige Monate später das Traineramt bei Barça. Lattek prangerte an, dass Barcelona ein Umfeld aus Politik, Macht, Eitelkeiten und Neid habe. Es gehe weniger um Sport als um Politik.[6] Irgendwann hatte auch Núñez Maradonas Eskapaden satt und verkaufte ihn für die Rekordsumme von 1.185 Millionen Peseten an den SSC Neapel.

Maradona ließ über sich verlauten, dass er entweder weiß oder schwarz sei, aber niemals grau. Dieser Devise ist er auch heute noch treu geblieben. Völlig unabhängig von der ihm gestellten Frage nutzt

Maradona jegliche noch so entfernte Möglichkeit, seinen brasilianischen Widersacher Pelé zu verunglimpfen. Die Mumie solle doch wieder ins Museum zurückkehren und nicht weiter Unsinn reden.[7] Auf seine spezielle Art und Weise macht Maradona Werbung in eigener Sache, sich als den größten Fußballer aller Zeiten zu präsentieren.

Als er zu Rehabilitierungsmaßnahmen in einer Drogenklinik eingeliefert war, kam er mit Patienten in Kontakt, die sich für Robinson Crusoe oder Napoleon ausgaben, aber ihm glaubten sie nicht, Maradona zu sein.[8]

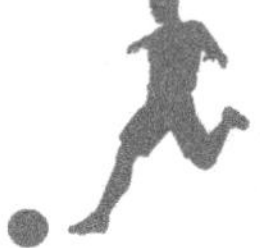

4. GRUND

Weil wir auch Bad Boys mögen

Bad Boy Hristo Stoichkov machte beim Militärverein CSKA Sofia auf sich aufmerksam. In der Saison 1988/89 hinterließ er seine Visitenkarte beim direkten Aufeinandertreffen im Halbfinale des Europapokals der Pokalsieger. Mit 4:2 und 2:1 konnte Barça ungefährdet ins Finale einziehen, doch Stoichkov machte alle drei Tore für sein Team. Die Verantwortlichen von Barça gaben grünes Licht für seine Verpflichtung. Die Verhandlungen erwiesen sich als äußerst schwierig, denn Bulgariens Vorzeigeclub hatte keinerlei Erfahrungen mit internationalen Spielerverkäufen. Schließlich wurde der Deal ein Jahr später im Mai 1990 perfekt gemacht und Stoichkov wechselte für vier Millionen Dollar zum FC Barcelona.[9]

Dass er sich in seiner neuen Heimat nicht auf seine Privilegien berufen konnte, die er noch in Sofia genoss, musste er schnell erfahren. Gewöhnt daran, dass Mitspieler, Verantwortliche und Funktionäre nach seiner Pfeife tanzen, hielt er es in einem seiner ersten Spiele für Barça für eine gute Idee, den Schiedsrichter seine vermeintliche Fehlentscheidung spüren zu lassen, indem er dem Referee mit seinen Fußballschuhen samt Schrauben auf den Fuß trat.[10] Außer der Roten Karte wurde für sein »bodenständiges« Meckern eine anfängliche Sperre von sechs Monaten ausgesprochen. Sein Berater Minguella empfing ihn nach dieser Aktion in den Katakomben vom Camp Nou. Mit Scham erfüllt erwiderte Hristo auf die Frage nach dem Warum dieser Aktion, dass er nur eine Cola-Dose platt treten wollte, die auf dem Spielfeld lag.

Nach diesem blechernen Start erfüllte Hristo schnell die in ihn gesetzten Erwartungen. Sein Siegeswille, seine Schlitzohrigkeit und sein explosiver Antritt rundeten sein Bild vom unkontrollierbaren Genie ab. Diese Prise Giftigkeit stellte einen großen Zugewinn für Cruyffs Barça dar. Schnell konnte er an die Torquote aus Sofia-Zeiten anknüpfen. Durch Amor, Laudrup,[11] Bakero und Guardiola trefflich in Szene gesetzt, konnte Stoichkov seinen ansatzlosen und harten Schuss optimal geltend machen.[12] Sein Einsatz und seine Tore ließen ihn schnell zum Publikumsliebling werden.[13] Seine Identifikation mit seiner Wahlheimat Barcelona und Katalonien ging so weit, dass er als Spielführer der bulgarischen Nationalmannschaft die Senyera, die katalanische Flagge, als Binde trug.[14]

Mit Cruyff kam es 1995 zur Überwerfung, sodass er zum FC Parma wechselte. Dort verweilte er nur für eine Saison. Cruyff hatte den Verein verlassen und Gaspart und Núñez holten mit Einverständnis vom Trainer Sir Bobby Robson den verlorenen Sohn zu Barça zurück. Seiner Rolle als Identifikationsfigur wurde er gerecht, als er bei Vertragsunterzeichnung Freudentränen vergoss.[15] Hristo Stoichkov hatte großen Anteil daran, dass ich Barça-Fan wurde. Wahrscheinlich hat seine Liebe zum FC Barcelona abgefärbt – wie schön!

5. GRUND

Weil man Versprechen auch einhalten kann: Romário

1993. Nach der dritten Meisterschaft in Folge und ein Jahr nach der Krönung von Wembley hatte Cruyff sein Auge auf Romário de Souza von PSV Eindhoven geworfen, um die Mannschaft unberechenbarer zu machen. Hristo Stoichkov war der Platzhirsch und ließ verlauten, dass man ja keinen weiteren Stürmer brauche, dafür habe man ja ihn.

Anekdoten pflasterten schon vor der offiziellen Vorstellung seinen Weg. Der Vizepräsident Joan Gaspart stellte ein Privatflugzeug bereit, damit Romário unbehelligt in Girona landen konnte. Danach ging es in Gasparts Privatresidenz nach Llavaneres, und nachdem Übereinkunft über Romários Vertrag erzielt wurde, besuchten Romário und Gaspart zur Feier des Tages die Kirchenmesse vom kleinen Ort Sant Vicenç de Montalt.

Am nächsten Tag ließ sich Romário bei einem Stierkampf blicken, der in Barcelonas Arena El Monumental stattfand. Das Publikum erhob sich und begrüßte ihn mit Applaus.[16] Solch eine Vorstellung bleibt Neuankömmlingen im Jahr 2014 verwehrt, denn Katalonien hat ein Gesetz erlassen, welches den Stierkampf untersagt.[17]

Romário verkündete bei seiner Ankunft vollmundig, dass er 30 Tore für Barça erzielen werde. Seine gedrungene Statur bei nur 1,68 Meter Körpergröße ließ die Vermutung zu, dass eine Ausbeute an Kopfballtoren nicht zu erwarten war. Doch die Kritiker sollten sehr schnell zum Schweigen verdonnert werden, denn bei seinem ersten Ligaspiel vor heimischem Publikum im Camp Nou erzielte er alle Tore zum 3:0 Erfolg. Das blinde Verständnis mit einem gewissen Josep Guardiola war sofort erkennbar und sorgte für zwei sehenswerte Treffer. Romário hatte die Fähigkeit, alles so einfach aussehen zu lassen.

Dem Gesetz der minimalen Kraftanstrengung verschrieben, setzte er mit nur einem kurzen Antritt die gegnerische Abseitsfalle außer Kraft und den von Guardiola hoch gespielten Pass ließ er im Laufen mit der Brust abklatschen, um die Kugel im Fallen lässig mit dem Innenrist aus circa 25 Metern über den nur wenige Meter von seinem Tor stehenden Schlussmann zu lupfen.[18] Es ist bis heute eines der schönsten Tore, an die ich mich erinnern kann.

Es kamen viele weitere dazu, die ähnliche Eleganz und Leichtigkeit versprühten. Die Presse titelte, Romários Art, Fußball zu spielen, sei unwirklich. Die Rede vom Comicfußballer aufgrund der Plastizität seiner Bewegungen machte die Runde.[19] Sein Lebenswandel war dem eines Profisportlers nicht angemessen und diese fehlende Professionalität blieb der Öffentlichkeit nicht verborgen. So ließ er sich zum Beispiel nicht nehmen, im benachbarten Castelldelfels Fußvolleyball zu spielen.

Der mit Barça-Stars der letzten Jahrzehnte in starkem Maße verbundene Josep Minguella erzählt in seinen Memoiren *Fast die ganze Wahrheit*, dass er als sein Agent und Spielerberater nach 30 besichtigten Wohnungen jeglicher Ausprägung und Lage die Hoffnung aufgab, etwas Passendes für Romário zu finden, weil dieser an jeder Wohnung etwas auszusetzen hatte. »Willst du überhaupt eine Wohnung?«, kam es Minguella in den Sinn. Romário erwiderte darauf, dass dies eigentlich nur die Idee seiner Frau gewesen sei, er selbst bevorzuge es weiterhin, im Hotel Princesa Sofia zu wohnen.[20]

In sein Kalkül für diese Entscheidung spielte wohl auch hinein, dass dieses Hotel nur ein paar Meter vom Trainingsplatz und Stadion entfernt ist. So bestand zumindest eine kleine Chance, pünktlich dort aufzuschlagen. Da wären wir wieder bei der maximalen Effizienz, die Romário auszeichnete. Für mich gehört er dieser seltenen, heutzutage ausgestorbenen Spezies an, welche ihre Karriere als Weltfußballer fast ausschließlich dem Talent verdankt und sich darauf auch ausruht. Die Hotel-Anekdote beschreibt Romário sehr gut.

Rückblickend deutete sein Leben im Hotel schon an, dass sein Wirken bei Barça nur auf kurze Zeit angelegt sein würde. So haben seine Fantasie-Tore etwas von Sternschnuppen in einer lauen Sommernacht. Cruyff war ratlos, wie er Romário disziplinieren könne. Dieser sagte dem Mister auf dessen Forderung nach mehr Einsatz im Training und weniger nächtlicher Aktivität: »Du bist nicht mein Vater. Wenn ich nicht ausgehe, schieße ich keine Tore.«[21] Doch teils aus Verzweiflung und teils aus Erkenntnis heraus, Romário so nehmen zu müssen, wie er ist, lenkte Cruyff später ein und dachte sich wohl: Solange er drei Tore am nächsten Tag erzielt, so lange kann er auch nachts feiern gehen, wie er möchte.

Dieses Zugeständnis an seine Freiheit dankte Romário mit denkwürdigen Toren. Den culés bleibt sein Auftritt beim 5:0 gegen Real Madrid in guter Erinnerung. Sein Dribbling gegen Madrids Alkorta stellte die menschliche Anatomie infrage. Dem Tor abgewandt, nahm er den Ball an der Strafraumgrenze an, um ihn dann geschmeidig und in einem Fluss per Drehung an Alkorta vorbeizuschieben und Richtung Tor zu spitzeln.[22] Als Kuhschwanz ging dieser Trick in die spanische Fußballgeschichte ein. In Barcelona erinnert man sich noch immer gern daran, wie Romário dem verdutzten Alkorta im übertragenen Sinn die Hüfte ausgerenkt hat.

Am letzten Spieltag kam es im Camp Nou zur dritten Lastminute-Meisterschaft in Folge. Romário leitete mit seinem Tor zum 3:2 den 5:2-Sieg gegen den FC Sevilla ein, was Barça in Verbindung mit dem Unentschieden von Deportivo La Coruña die viel gefeierte Meisterschaft bescherte.[23]

Vier Tage später läutete die 0:4-Klatsche gegen den AC Mailand bei der Tragödie von Athen den späteren Zerfall des »Dream-Teams« ein. Romário gewann mit Brasilien nur wenige Wochen später die Weltmeisterschaft in den USA. Die ausgedehnten Feierlichkeiten in Brasilien waren seiner Disziplin und Kondition als Profifußballer auch alles andere als zuträglich. Mit großer Verspätung zum FC Barcelona zurück, konnte er nicht mehr an die Leistungen der Vorsaison anknüpfen. Er tauchte mehr und mehr unter und wurde kurze Zeit später nach Brasilien verkauft. Nach seiner eigenen Rechnung würde er es insgesamt auf über 1.000 Tore in seiner Karriere bringen.

Vom Saulus zum Paulus! Selbst für jemanden, der eine Kunst daraus gemacht hat, mit minimaler Kraftanstrengung das meiste zu erreichen, kommt irgendwann der Moment, die Fußballschuhe an den Nagel zu hängen. Es beinhaltet eine gewisse Ironie, dass gerade der undisziplinierte Romário eine erfolgreiche Politikerkarriere eingeschlagen hat und als progressiv agierender Abgeordneter im Parlament von Rio de Janeiro für Furore sorgt und sich sozialer Probleme annimmt.[24]

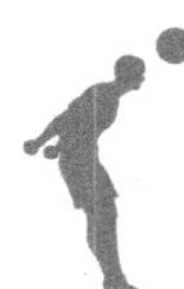

6. GRUND

Weil Rivaldo den Zug bekommen hat

Als Barça zur Saison 1997 überraschend und nur wenige Minuten vor Schließung der Transferperiode Rivaldos festgeschriebene Ablösesumme von 4.000 Millionen Peseten an Deportivo La Coruña überwies, erklärte Rivaldo vor der Schar der Pressevertreter, dass solch ein Zug nur einmal im Leben vorbeiführe und den müsse man halt nehmen. In Blitzkriegmanier stellte Barça mit diesem Last-minute-Wechsel die sportlichen Kräfteverhältnisse in der Primera División auf den Kopf, Rivaldo sollte bei Barça das sportliche Erbe von Ronaldo antreten, der zu Inter Mailand gewechselt war und die Kriegskasse von Barça eben mit diesen 4.000 Millionen Peseten aufgefüllt hatte (in Peseten gerechnet kommt die Blase der Fußballunsummen noch mehr zum Vorschein).

Vitor Borba Ferreira Gómes, so sein bürgerlicher Name, bekam in seiner Kindheit in Brasilien den wenig schmeichelhaften Spitznamen Holzbein verpasst. 1972 in Recife (Brasilien) geboren, litt der in ärmlichen Verhältnissen aufwachsende Rivaldo an Unterernährung. Santa Cruz FC und Mogi Mirim waren die ersten Stationen seiner Karriere. Anfänglich musste er barfuß die 20 Kilometer Hin- und Rückweg zurücklegen, um zum Training zu gelangen. Mit 19 Jahren erteilte ein Arzt Rivaldo den Rat, sich so schnell wie möglich um einen anderen Gelderwerb zu bemühen, denn seine Beine würden ihn spätestens mit 25 im Stich lassen.[25] Zum Glück für die Fußballfeinschmecker der Welt ging Rivaldo unbeirrt seinen Weg.[26]

Bei Barça mit der Rückennummer 11 versehen, verbrachte er nach eigenen Aussagen seine besten Jahre als Fußballer in den fünf Spielzeiten, in denen er die culés mit seinem Können verzückte. Seine linke Klebe hatte eher etwas von dem bionischen Eine-Millionen-Dollar-Mann als von einem Holzbein. Vermutlich hat sein Spitzname etwas mit der für einen Brasilianer unorthodoxen Art zu tun, wie er sich etwas steif in der Körperhaltung seiner Gegner im Dribbling entledigte.

Rivaldo war sehr schwer vom Ball zu trennen und seine Dribblings waren effektiv und verschafften den entscheidenden Raumgewinn, um dann selbst den Abschluss mit seinem sehr harten und präzisen Schuss zu suchen. Seine Bewegungen waren nicht so leichtfüßig und tänzerisch wie bei Ronaldinho. Es war vielmehr die Verschmelzung von Kraft und Technik, welche Rivaldo zum Ausnahmefußballer machte. Er allein war imstande, Spiele zu entscheiden.

Tore im Doppelpack oder gar als Hattrick waren Rivaldos Ausrufezeichen dafür, dass sich alle Unkenrufe bezüglich fehlender Profifußballer-Eignung als falsch erweisen sollten. Er war zur Stelle, wenn Barça die Ideen ausgingen. Gegen den legendären AC Mailand erzielte er drei Tore in der Champions League. Im Bernabéu machten ihn seine drei Treffer beim 3:3 gegen Real Madrid zum ersten Barça-Akteur, dem ein Hattrick gegen den Erzrivalen gelang.

Am letzten Spieltag der Saison 2000/01 kam es zu einem Aufeinandertreffen von Barça und dem FC Valencia. Nur ein Sieg von Barça vor heimischer Kulisse gegen den direkten Mitanwärter sicherte die Qualifikation zur Champions League. Rivaldo erlöste Barça in der 89. Minute, als er außerhalb des 16-Meter-Raums mit einem Fallrückzieher das entscheidende 3:2 gegen Valencias Torhüter Canizares erzielte.

Mit dem Rücken zum Tor und auf Kopfhöhe von Frank de Boer angespielt, ließ er den Ball mit der Brust etwas ansteigen, um sich dann, bedrängt von Gegenspielern, in die Luft zu schrauben. Rivaldo zauberte sich einen Fallrückzieher aus dem Hut, der so hart geschossen wurde, wie die meisten Amateurfußballer nicht geradeaus schießen können. Zlatan Ibrahimovićs akrobatischen Kung-Fu-Fallrückzieher mal ausgenommen,[27] war dies die eindrucksvollste »Chilena«, die ich jemals gesehen habe.[28]

Rivaldos Leistung ist insofern noch beachtlicher, als dass er bei Barça in Van Gaals Taktikzwänge gepresst wurde und keine kongenialen Mitspieler vorfand, von denen heutzutage ein Leo Messi profitiert. Eine Ausnahme stellte sein Teamgefährte bei Barça, Patrick Kluivert, dar, den Rivaldo als einen der besten Fußballer nennt, mit denen er jemals zusammenspielte. Van Gaal beharrte darauf, dass Rivaldo an der linken Außenlinie spielte. Ihm besondere Freiheiten einzuräumen, war dem Tulpengeneral zuwider. Rivaldos Stern glänzte trotzdem (oder gerade deswegen). Er beherrschte die ganze Klaviatur der harmonischen Klänge, die ein Ball erzeugen kann, wenn er in die Maschen rauscht und Tausenden von Zuschauern einen Torschrei entlockt. Kopfball, Fernschuss, Freistoß, Fallrückzieher, Heber, Rabona[29], Schuss aus der eigenen Hälfte.

Der ultimative Ritterschlag wurde ihm zuteil, als er 1999 den Goldenen Ball erhielt und außerdem zum FIFA-Spieler des Jahres gewählt wurde. Rivaldo ließ für seine Mitspieler und den gesamten Betreuerstab eine Kopie anfertigen, um deren Anteil an dieser Auszeichnung zu würdigen. Eine große Geste von einem großen Fußballer, der 2002 mit dem WM-Sieg Brasiliens auch seiner kollektiven Titelsammlung das Sahnehäubchen aufsetzte. Mit Barça fuhr er zwei Meistertitel ein, gewann einmal den Pokal und erzielte insgesamt 130. Mit dieser Ausbeute liegt er zusammen mit Samuel Eto'o auf Platz vier der ewigen Torschützenliste von Barça.

Seine Stationen nach der Zeit bei Barça führten ihn unter anderem nach Usbekistan, wo er zwischenzeitlich zum bestbezahlten Fußballer der Welt avancierte. Alle erworbenen Reichtümer verschleierten ihm nicht den Blick auf seine einfache Herkunft. Er behielt seine Bescheidenheit, und es heißt über ihn, dass er alle Menschen gleich (gut) behandelt. Besonders in seiner späten Karriere in Griechenland fabrizierte er noch viele weitere Traumtore. Für eines dieser, Produkt eines gefühlvollen Hebers, wurde Rivaldo sogar vom geschlagenen gegnerischen Torhüter beglückwünscht.[30]

7. GRUND

Weil wir nicht zu zähmen sind: Eto'o

Samuel Eto'o gehört zu der Kategorie von Fußballern, die euphemistisch gern als schwierig eingestuft werden. In jüngerer Barça-Vergangenheit befindet er sich damit in bester Gesellschaft mit Zlatan Ibrahimović, Hristo Stoichkov und Diego Maradona. In Anbetracht Barças Interesse an der Verpflichtung von Luis Suárez wurde den Kritikern entgegnet, dass Barça ja auch mit Eto'o sehr gute Erfahrungen gemacht hätte.

Am 10. März 1981 in Kamerun geboren, präsentierte er sich, 15-jährig, allein auf dem Madrider Flughafen Barajas, um seinen Traum vom Dasein als Profifußballer zu verwirklichen. Sein erster Versuch war einige Monate zuvor kläglich gescheitert. Eto'o ereilte das gleiche Schicksal wie vielen der anderen afrikanischen Immigranten, und ernüchtert musste er wieder die Heimreise nach Kamerun antreten.

Dort zurück bei seinem Club Akademie Kadji de Douala, wurde der Talentscout und Exspieler der Madrilenen Pirri auf ihn aufmerksam. Er lud ihn zu einem Probetraining für die Nachwuchsschmiede Real Madrid B ein. Die Verantwortlichen von Madrid glänzten allerdings mit ihrer Abwesenheit.[31] Eto'o, mit spärlichem Gepäck und ohne jegliche Spanischkenntnisse angereist, war wie so oft in seiner Karriere auf sich gestellt.

Dieses Missverständnis am Flughafen sollte stellvertretend für das Verhältnis zwischen Real Madrid und Eto'o sein. Er genoss nie das Vertrauen bei Madrid und kam nicht zum Zuge, obwohl er in bester Günter-Hermann-Manier (Weltmeister 1990) offiziell zur Truppe gehörte, welche 1999 die Copa Intercontinental gewann (in Deutschland besser unter Weltpokal bekannt). Eto'o diente seit seiner Ankunft immer als eine Art Wechselwährung für Real Madrid. Verschiedene Leihgeschäfte brachten ihn zu Espanyol Barcelona und zum RCD Mallorca.

Ihn aus Madrider Sicht nicht zu verkaufen entsprach wahrscheinlich der Vorahnung, dass Eto'o ein Rohdiamant sei. Doch in der Zeit der Galaktischen ging niemand aus Madrid die Wette ein, Eto'o als Teil dieser Startruppe zu etablieren. Im Jahr 1999 erwarb schließlich RCD Mallorca 50 Prozent der Rechte an Samuel Eto'o und sicherte sich somit seine Dienste als Torjäger. Auf der Insel reifte Eto'o in den folgenden Jahren zum gefürchteten Stürmer heran.

Mit seinem dortigen Trainer der Anfangsjahre, dem Urgestein Luis Aragonés, verband ihn ein besonderes Verhältnis. Von Eto'o liebevoll als dessen weißer Opa bezeichnet,[32] gelang es diesem, Eto'os raubtierhaften Charakter weitestgehend und dahin gehend zu bändigen, dass daraus Beute in Form von Toren und Siegen bei gleichzeitiger Arterhaltung resultierte.

2004 nahm Eto'o die Chance wahr, sich bei Aragonés für die Weichenstellung seiner äußerst erfolgreichen Karriere zu bedanken, indem er ihn öffentlich in Schutz nahm, als dieser Beistand am nötigsten hatte. Er wurde mittlerweile zum Nationaltrainer der Spanier berufen und ungewollt in eine Rassismus-Affäre geschlittert.[33] Auf Thierry Henry anspielend, sagte er vor laufender Kamera im Training der Nationalmannschaft zu dessen Kameraden bei Arsenal London, dem Nationalspieler Antonio Reyes: »Sagen Sie dem

Scheiß-Neger, dass Sie besser sind als er.«[34] Was als Motivation für seinen Schützling gedacht war, entpuppte sich als handfester Skandal in Spanien und auch in England. Eto'o ergriff sofort Partei für diesen 2013 verstorbenen Fußballlehrer im Trainingsanzug, der mit dem EM-Titel 2008 Spaniens Glanzzeit einläutete. In Anspielung auf seine Herkunft aus einem kleinen Ort und seine Überzeugung, dass Fußball einfach sein müsse, hatte er den Spitznamen der »Weise aus Hortalaza«[35] inne.

Eto'os Einmischung war glaubhaft, schließlich war er ein Aushängeschild der Anti-Rassismus-Kampagne. Oftmals während seiner Karriere wurde er selbst Opfer rassistischer Vorfälle,[36] die Spaniens Stadien von Zeit zu Zeit in Verruf brachten und noch immer bringen.

Seine 14 Ligatore in der Saison 2003/04 waren jedenfalls ein starkes Aushängeschild, denn der Balearen-Club gehört nicht zu den ersten Adressen im spanischen Fußball. Barça klopfte also bei Eto'o an. Endlich schien man auf der Suche nach einem gefräßigen Stürmer fündig geworden zu sein, denn Javier Saviola hatte diese Erwartungen nicht erfüllt, und auch der technisch sehr beschlagene Patrick Kluivert war zu wenig Killer. Madrid wollte partout verhindern, dass Eto'o den Rivalen stärkt, doch Eto'os Entschlossenheit und Barças Scheckheft – die finale Ablösesumme belief sich auf 24 Millionen Euro – brachten für Eto'o und Barça ein versöhnliches Ende.

Konfrontiert mit den hohen Erwartungen an seine Person und inmitten des Rummels um seine Verpflichtung, verkündete Eto'o: »Ich kann keine 50 Tore versprechen, aber ich werde laufen wie ein Schwarzer, um zu leben wie ein Weißer.«[37] Mit dieser Äußerung voller Polemik prangerte er den Rassismus an, den er in eigener Person häufig erleben musste. Außerdem spielte er auf den stark leistungsbezogenen Vertrag an, den Laportas Führungsriege dem Club zur wirtschaftlichen Gesundung verschrieb, damit Leistung und Bezahlung nicht mehr so auseinanderklaffen.[38]

Nicht alles Geld der Welt hätte ihn nach Madrid zurückkehren lassen. Dort wäre er niemals glücklich geworden. Solche Aussagen bewirkten, dass die culés ihn schnell in ihr Herz schlossen. Dass sich dieser Tore verschlingende »unzähmbare Löwe« auch im Folgenden des Öfteren als »Anti-Madridista« outete[39], half der Anhängerschaft von Barça darüber hinweg, endgültig den traumatischen Aderlass von Madrids Figo-Coup zu überwinden. Eto'o fügte sich schnell in die Mannschaft ein und konnte, umgeben von Mitspielern der Qualität von Xavi, Deco und Ronaldinho, schnell seine Extraklasse entfalten. Mit seinen Toren war er maßgeblich an den Erfolgen von Rijkaards Barça beteiligt.

Nach dem Sieg der Champions League in Paris 2006 verfiel das Team in Selbstgefälligkeit. Eto'o geriet mit Ronaldinho aneinander, weil er indirekt dessen fehlende professionelle Einstellung bemängelte. Dieses Zerwürfnis der beiden Stars konnte zwar noch oberflächlich gekittet werden, aber sportlicher Erfolg sprang danach nicht mehr heraus, sodass Rijkaard 2008 seinen Hut nahm.

Dem neuen Trainer Pep Guardiola waren die satten Spieler Deco und Ronaldinho sowie der problematische Eto'o ein Dorn im Auge. Von den beiden erstgenannten konnte er sich trennen, Eto'o musste er noch eine Saison lang ertragen, aber Leid sieht anders aus, denn Eto'os Tore katapultierten Barça in ungeahnte Sphären. Sechs Titel standen in einer fantastischen Saison zu Buche. Wie schon im Champions-League-Finale in Paris trat Eto'o auch im Finale von Rom gegen Manchester United an. Trotz dieser Erfolge trennte sich Guardiola nun auch von Eto'o.

Er landete bei Inter Mailand in einem undurchsichtigen Tauschgeschäft mit Zlatan Ibrahimović, welches Barça viel Geld kostete. Unter dem in Barcelona schon damals unbeliebten Mourinho gelang ihm in der Folgesaison das Kunststück, seine dritte Champions League zu gewinnen. Pikanterweise schaltete Eto'os Inter Mailand ausgerechnet Barça im Halbfinale aus und erstickte somit die Euphorie, die rund um das Spiel zu spüren war.[40] Mourinho mauerte sich ins Finale und im Gedächtnis blieb hängen, dass Barça die Rasensprenger im Camp Nou aufdrehte,[41] als er nach dem Rückspiel und dem vollbrachten Finaleinzug seine Freude zur Schau stellte.

Anders verhielt sich das Camp Nou mit Eto'o bei seiner Rückkehr im selben Spiel. Dem Mann, der insgesamt viermal zum besten Fußballer Afrikas gekürt wurde und in fünf Spielzeiten für Barça zwischen 2004 und 2009 152 Tore in 232 Spielen erzielte, wurde viel Respekt entgegengebracht. Ein warmer Applaus brandete auf, als sein Name in der gegnerischen Aufstellung ertönte und er den ersten Ball berührte.

8. GRUND

Weil sich in 15 Jahren haartechnisch nichts verändert hat

Genauso wie er mit 17 Jahren im B-Team von Barça aufgetaucht ist, ist er nun mit 36 Jahren als Kapitän der Profimannschaft auch abgetreten – zumindest haartechnisch. In den dazwischen liegenden 19 Jahren ist wahrlich viel passiert, aber die lockige Mähne, die jedem Heavy-Metal-Fan den puren Neid ins Gesicht treibt, sieht immer noch genauso aus.

In fußballtechnischer Hinsicht war er sicherlich nicht so gut ausgestattet wie die meisten seiner Mitspieler, aber der unbändige Wille und sein enormer Ehrgeiz, für den FC Barcelona spielen zu wollen, taten das Übrige. Zunächst noch als ein auf Zerstörung agierender Außenverteidiger verbesserte er sich sowohl technisch als auch taktisch und mutierte dank seines Stellungsspiels und seiner Spielintelligenz zum Abwehrchef und zu einem der besten Verteidiger der Welt. Die Rede ist von Carles Puyol, geboren 1978 in La Pobla del Segur, einem Dorf im katalanischen Hinterland, nahe der Pyrenäen.

Unter van Gaal gab er sein Debüt in der ersten Mannschaft 1999. Seit der Saison 2004/05 war er Kapitän, von der Mannschaft gewählt und mit der Einwilligung von Trainer Frank Rijkaard. Es war immer sein Wunsch, bis zu seinem 40. Lebensjahr Fußball zu spielen – so wie sein Idol Paolo Maldini –, deshalb hat er auch noch letztes Jahr (2013) seinen Vertrag bis 2016 verlängert. Doch leider gehen ja bekanntlich nicht alle Wünsche in Erfüllung. So bat er aufgrund einer Verletzung am rechten Knie um seine Vertragsauflösung und verkündete im März 2014 seinen Rücktritt zum Saisonende (siehe 38. Grund). Somit geht nach 19 Jahren im Verein und nach 15 Spielzeiten für die erste Mannschaft eine Ära zu Ende, die deutlich schwerer wiegt als eine titellose Saison.

Carles Puyol gehört einer vom Aussterben bedrohten Spezies an, nämlich der des sogenannten »Musterprofis«, der mit großem Stolz und Würde (siehe 72. Grund) sowohl das Trikot als auch die Kapitänsbinde trägt – vielleicht wie kein anderer vor und nach ihm –, seinen Beruf und Verein abgöttisch liebt, auf seinen Körper achtet wie ein Krieger und immer bereit ist, bis zum Letzten zu kämpfen, ganz gleich ob es sich um ein europäisches Finale oder um das Erstrundenspiel um den katalanischen Pokal handelt.

Er hat die Fähigkeit, während der ganzen Partie hoch konzentriert zu sein, ohne sich auch nur eine Unaufmerksamkeit zu leisten, abgesehen von der Intensität jedes Spiels oder Spielzuges. Zudem ist er für seine ausgeprägten Führungsqualitäten innerhalb der Mannschaft und seine Arbeitsmoral bekannt. Zusätzliche Einheiten nach Trainingsende waren keine Seltenheit und auch an freien Tagen war er oft auf dem Trainingsplatz anzutreffen. Er war derjenige auf dem Platz, der sich am meisten über Gegentore ärgerte und fluchte wie ein Rohrspatz, jedoch war er auch der Erste, der sich wieder konzentrierte und die Mitspieler mit Worten und Gesten aufrappelte und animierte.

Eine Naturgewalt und ein Vorbild an Kameradschaft, seriös und seiner Linie treu, wortkarg, wenn es um Interna ging, und immer ehrlich und respektvoll gegenüber dem Gegner, den Schiedsrichtern und dem Fußball im Allgemeinen. Am besten charakterisieren Carles Puyol wohl einige Gesten und Anekdoten aus seiner Karriere.

28. Mai 2011 Wembley Stadion; Finale Champions League, FCB – Manchester United: 3:1
Aufgrund seiner fehlenden Fitness wird Carles Puyol von Pep Guardiola erst in der 88. Minute eingewechselt – als das Spiel schon entschieden war. Wie selbstverständlich überreicht ihm Xavi noch auf dem Platz die Kapitänsbinde. Doch noch vor der Pokalübergabe gibt er diese an den Franzosen Éric Abidal weiter. Bis zu diesem Finale waren keine drei Monate vergangen, seit Abidal sich zum ersten Mal einem operativen Eingriff zur Entfernung eines Krebstumors an der Leber unterziehen musste. Somit war Abidal der letzte Spieler, der die Tribüne hochstieg, um dort als Erster den »Henkeltopf« aus den Händen von UEFA-Präsident Michel Platini entgegenzunehmen und ihn den Fans und der ganzen Welt zu präsentieren. Dies war nicht nur der Pokal für ein gewonnenes Finale, sondern vielmehr der Preis für den Kampf gegen eine schwere Krankheit.

2. Mai 2009 Santiago Bernabéu, Madrid – FCB 2:6
Ein Bild, das wohl jedem Barça-Fan in Erinnerung bleibt und insbesondere denjenigen, die in Puyol ein Symbol für Katalonien sehen. An dem besagten Tag wurde Real Madrid im eigenen Stadion im Ligaspiel mit 2:6 gedemütigt. Beim Stand von 1:1 erzielt Puyol nach einem Freistoß von Xavi einen seiner wuchtigen Kopfbälle zur Führung. Daraufhin reckt er die Kapitänsbinde in den Farben der Senyera, der katalanischen Fahne, gen Himmel und überhäuft sie mit Küssen. Später widmet er das Tor und die Geste einem Freund, den Barça-Fans und allen Katalanen. Dies ist in keiner Weise als nationalistisch anzusehen, sondern vielmehr als Stolz auf Herkunft und Heimat.

Während seiner Zeit bei Barça gewann er insgesamt 21 Titel und wurde zudem noch Europa- und Weltmeister mit Spanien. Dass in dieser Saison keine Titel wie sonst eingeheimst wurden, ist vielleicht noch zu verkraften, aber der Rücktritt des unangefochtenen

Kapitäns und Anführers kann schon als dramatisch bezeichnet werden. Barça ohne Puyol ist genauso unvorstellbar wie Puyol ohne Barça. Eine Ikone wie er muss einfach auf irgendeine Art und Weise dem Verein erhalten bleiben, deshalb sind wir gespannt, wann und in welcher Position Carles Puyol zum FC Barcelona zurückkehren wird. Nur das »Wie« wissen wir jetzt schon: nämlich mit einer langen lockigen Mähne.

9. GRUND

Weil Frühverrentung und Süßigkeiten Barça und Spanien glücklich machen

Scouts des FC Barcelona entdeckten den zwölfjährigen Andrés Iniesta beim Club Albacete Balompié und Barças Fußballschule La Masia wurde um ein außerordentliches Talent bereichert. Iniesta ist ein vielseitiger Spieler, der auf verschiedenen Positionen eingesetzt werden kann. In der Regel spielt er im linken offensiven Mittelfeld, manchmal auch im rechten oder aber als linker Außenstürmer.[42] Er wechselt während eines Spiels auch gern mal die Seiten und bringt sich mit seiner ausgefeilten Schusstechnik in das Angriffsspiel mit ein. Zu seinen herausragenden Stärken gehören seine technische Beschlagenheit, seine Pass-Sicherheit und sein Blick für den freien Raum, mit denen es ihm immer wieder gelingt, die gegnerische Verteidigung auszuhebeln.[43] Sein ehemaliger Teamkollege Samuel Eto'o sagte über ihn: »Er ist einer der wenigen Fußballer, denen alles Schwierige leichthin gelingt.«[44]

Sein großes Vorbild ist sein ehemaliger Trainer Pep Guardiola, den er als Poster in seinem Zimmer zu hängen hatte.[45] Ebendieser Guardiola sagte in den 1990ern über Iniesta zu Xavi: »Schau dir mal diesen Iniesta im Jugendteam an. Xavi, du wirst mich in die Rente schicken, aber Iniesta, der schickt uns alle in den Ruhestand.«[46]

»Meine persönlichen Ziele sind kollektive Ziele. Individuelle Auszeichnungen sind mir nicht wichtig« ist ein Ausspruch von Iniesta, welcher sehr gut seine unaufgeregte und bescheidene Art widerspiegelt. Fußballer sind nicht mehr das, was sie einmal waren. Dubiose Autodeals à la Maurizio Gaudino oder hochriskante Schiffsfonds waren noch vor ein paar Jahren ein todsicherer Tipp für die neureichen Fußballmillionäre, um ihr Vermögen zu ... *verändern*, sagen wir einmal.

Iniesta ist ein Beispiel für die neue Garde. Begünstigt durch seine Herkunft aus der Region La Mancha, bekannt für gute Weine, investierte er in einen Weinberg. Bodegas in ganz Spanien führen seinen Wein »Corazón Loco«[47] (»Verrücktes Herz«) im Sortiment. Ungeachtet der guten Qualität dieses Rotweines ist die Aufnahme ins Sortiment wohl der geringste Dank, den man jemandem erweisen kann, der als Last-minute-Torschütze Spanien die erste Weltmeisterschaft in Südafrika einbrachte (siehe 100. Grund). Der Name des Weines ist vermutlich als eine weitere Ehrung (siehe 94. Grund) für seinen verstorbenen Freund und Fußballkollegen Dani Jarque zu sehen, der fataler Weise einen Herzinfarkt erlitt.

In seiner Heimatgemeinde Fuentealbilla wurde 2008 eine Straße nach ihm benannt, in der er sich später ein Haus bauen ließ. Ein großes Barça-Wappen ziert den Boden seines Swimmingpools.[48] Frank Rijkaard sagte über ihn: »Iniesta ist ein sehr wichtiger Spieler für uns. Er hat es oft geschafft, den Unterschied für uns auszumachen. Es macht den Anschein, dass er auf das Spielfeld kommt, um Bonbons an seine Mitspieler zu verteilen. Er hört nicht auf, sich zu bewegen. Er hat es nicht nötig, jemanden zu imitieren. Er geht aufs Feld als Andrés Iniesta, und das ist sehr viel.«[49]

Trotz der Bewunderung, die in diesen Worten mitschwingt, nutzte Rijkaard Iniesta als Luxusvariante eines zwölften Mannes. So auch im Champions-League-Finale gegen Arsenal London, als Iniesta zur zweiten Hälfte eingewechselt das Spiel revolutionierte und maßgeblich an Barças Comeback und 2:1-Sieg beteiligt war. Aufgrund dieser Leistung und ähnlicher Beweise seines Könnens versuchte unter anderem Real Madrid erfolglos, Iniesta von Barça loszueisen. Im Juli 2007 schien den Königlichen die festgeschriebene Ablösesumme von 60 Millionen Euro nicht Abschreckung genug, seine Verpflichtung ins Auge zu fassen.[50] Der damalige Präsident des FC Barcelona, Joan Laporta, bewies schon 2006 Weitsicht, als er meinte, dass Messi und Iniesta die Zukunft bei Barça gehöre.[51]

Wahrscheinlich ist Iniesta der Fußballer auf der Welt, der sich am besten auf engem Raum bewegt. Trotz der Belagerung mehrerer Gegenspieler und der obersten Instanz einfachster Fußballregeln in Gestalt der linken Seitenlinie tanzt sich Iniesta in neun von zehn Fällen geschickt heraus, weil ihm der Ball auf das Wort gehorcht. Ich würde meinen, dass ich den Ball angesichts der Streicheleinheiten manchmal schnurren hörte …

Ebendiese Fähigkeit, sich elegant aus brenzligen Situationen zu lösen, als wäre er ein Magier, der sich gefesselt im Wasser versenken lässt und sich doch wieder befreit, war Anlass für einen Tweet, der bei der EM 2012 schnell zum Trending Popic wurde. In einer Fotomontage sieht man Iniesta inmitten von fünf Angreifern der italienischen Nationalmannschaft. Damit wurde eine Szene der beliebten Comic-Serie *Supercampeones* nachgestellt, wonach der Held Oliver Atom seine Gegner reihenweise ausschaltet.[52]

In Deutschland lief sie unter *Kickers* und gehört zum Genre der Mangas, sie geht auf Noriaki Nagai zurück und wurde 1986 als Anime-Fernsehserie umgesetzt. Sie fand in Japan zwar nur mäßigen Zuspruch, ist aufgrund ihrer Affinität zum Fußball allerdings in Deutschland, Frankreich, Italien, Spanien und Brasilien sehr beliebt.[53] Iniesta wäre nicht der Zauberer, der er ist, wenn er diese Fiktion nicht mit der Realität übertroffen hätte. Im Spiel gegen Madrid im Jahr 2013 sah man ihn in einer ähnlichen Szene, diesmal aber ohne Fotomontage.[54]

Eine »kulinarische« Referenz verbindet ihn mit einem seiner Vorbilder, Michael Laudrup. Beide sind in Spanien für ihr »Kroketten-Dribbling« (»la croqueta«) berühmt, bei dem der Ball blitzschnell zwischen beiden Beinen bewegt wird, um die Gegner aussteigen zu lassen. Die leckeren und nach Hähnchen, Schinken oder Stockfisch duftenden Croquetas haben bei jedem Tapas-Essen einen Stammplatz inne. Ist man als Gegenspieler mal wieder leer ausgegangen, wenn sich Iniesta mit der Krokette davongemacht hat[55], wird man noch »hungriger« darauf, den Ball endlich mal wieder zu Gesicht zu bekommen.

10. GRUND

Weil Humphrey Bogart Barça-Geschichte schreibt

Als Messi im Januar 2011 in Zürich zum zweiten Mal in Folge zum Weltfußballer gekürt wurde (siehe 101. Grund) und Iniesta und Xavi auf die Ränge zwei und drei verwies, war der Stolz bei den Barça-Fans kaum im Zaum zu halten. Drei Spieler eines Vereins bei dieser prestigeträchtigen Veranstaltung auf das Podium zu hieven war zuvor nur 1988 dem legendären AC Milan von Arrigo Sacchi gelungen. Damals hieß der Sieger Marco van Basten, mit auf dem Fußballolymp waren seine Vereinskameraden Ruud Gullit und Frank Rijkaard.[56] Barça toppte diese Demonstration der Vormachtstellung gewissermaßen dadurch, dass alle drei Eigengewächse der Masia waren (siehe 33. Grund).

Mit etwas Abstand lässt sich sagen, dass 2010/11 mit großer Wahrscheinlichkeit ein Allzeithoch in der Geschichte von Barça markieren wird. Die Mannschaft war gespickt mit Welt- und Europameistern, und die Schlüsselspieler hatten die Form ihres Lebens. Vier Monate später, im Mai 2011, wurde Manchester United im Finale der Champions League spielerisch auseinandergenommen, was Sir Alex Ferguson dazu verleiten ließ, dieses Barça in seiner Biografie als die beste Mannschaft zu bezeichnen, der er sich jemals gegenüber sah.[57]

Diese FIFA-Gala hatte somit Züge einer unverhohlenen Huldigung des FC Barcelona. Der einzige Wermutstropfen hing an der Ahnung der Fußballfans, dass für Xavi eine große und vielleicht letzte Chance vertan war, seiner Karriere mit der Auszeichnung zum Weltfußballer das Sahnehäubchen aufzusetzen. Mit seinen 30 Jahren hatte er im Sommer zuvor Spanien zum WM-Titel in Südafrika geführt. Der Stempel, den er dem Spiel der Selección aufdrückte, hatte einen eingebauten Kopierschutz. Xavi befand sich am Äquator seiner Karriere.

Manchmal hängt der Ausgang der Geschichte an einem seidenen Faden. In jungen Jahren tat sich Xavi schwer, verschiedene Barça-Trainer von seinem exquisiten Fußball zu überzeugen und das volle Vertrauen in der Schaltzentrale zu genießen. Zweifel krochen in ihm empor, ob er sich einen Platz in der Barça-Elf sichern könne. Der Überzeugungsarbeit seiner Mutter Maria Mercè, Katalanin und selbstverständlich Barça-Fan, ist es zu verdanken, dass er ein lukratives Angebot vom AC Mailand ausschlug.[58]

Van Gaal ließ ihn am 18. August 1998 in der ersten Mannschaft debütieren. Doch zu einer Schlüsselfigur im Spiel von Barça wurde er erst, als er auch in der spanischen Nationalmannschaft das Zepter vom 2013 verstorbenen Auswahltrainer Luis Aragonés überreicht bekam. Dieses entgegengebrachte Vertrauen in seine Fähigkeiten, das Spiel zu organisieren, läutete die große Ära der Selección ein, die mit dem EM-Triumph in der Schweiz und Österreich 2006 begann. Parallel reifte er auch in der Barça-Elf unter Frank Rijkaard zur Führungspersönlichkeit. In seiner Rolle als zentrale Anspielstation vermochte er es wie kein anderer, das Spiel zu lesen, um je nach den Erfordernissen der jeweiligen Situation und des Spielverlaufs das Spiel zu verlangsamen oder schneller zu gestalten. Sein Fußball machte Schule und man verpasste ihm wegen seiner schnellen

Taktung den Spitznamen Computer. Der schon verstorbene Kommentator Andrés Montes nannte ihn Humphrey Bogart, weil Xavi genauso wie Sam im Kultfilm *Casablanca* wieder und wieder gefragt werde, es doch noch einmal so (perfekt) zu spielen.[59]

Xavi hat die Deutungshoheit über das Spielgerät. Er ist der Dirigent vom Barça-Orchester. Xavi kontrolliert das Spiel. Er verordnet Monotonie, um den Gegner einzuschläfern beziehungsweise zu ermüden, weil sie konstant dem Ball hinterherlaufen müssen. Es scheint manchmal so, als verfüge er über einen sechsten, speziellen Sinn, der ihn jeweils die richtige Entscheidung in Sekundenschnelle treffen lässt. Manchmal machte ich mir den Spaß, meine Videoaufnahmen anzuhalten, um in aller Ruhe die Spielsituation zu analysieren. Wenn ich an Xavis Stelle wäre, was würde ich tun, um aus dieser riskanten Situation, circa 40 Meter vom eigenen Tor entfernt und von drei störenden Angreifern umringt, schadlos herauszukommen? Wenn ich dann das Video fortsetzte, war Xavis Ad-hoc-Entscheidung immer besser als meine Laieneinschätzung im Stand-by-Modus, mit Bier und Chips, ruhigem Puls und einer komfortablen 3-D-Perspektive wegen der Kameraposition aus einigen Metern Höhe.

Xavi bewegt den Kopf blitzschnell wie ein Uhu, um die Umgebung zu scannen. Wie auf Kugeln mit einem minimalen Reibungswiderstand gelagert, kann er sich im Bruchteil einer Sekunde mit dem Ball am Fuß um mehr als 180 Grad drehen, um die Gegner ins Leere laufen und wirklich alt aussehen zu lassen (keine Anspielung auf ManUs walisische Eminenz Ryan Giggs im Finale von Wembley). Xavi sagt, dass man bei Barça lerne, den Ball zu lieben.[60] Seine Vision gepaart mit der außergewöhnlichen Ballkontrolle ermöglicht es ihm, die Monotonie des Barça-Spiels jederzeit zu durchbrechen und so für Überraschungsmomente und Torszenen zu sorgen. Er selbst bezeichnet das 5:0 gegen Real Madrid[61] als das beste Spiel seiner Karriere.[62]

Xaxi ist einer der größten Spieler der über 100-jährigen, glorreichen Geschichte des FC Barcelona. Als wäre seine Qualität nicht schon ausreichend, um diese These zu untermauern, kommen auch noch die nackten Zahlen ins Spiel. Im Januar 2014 hat er die magische Grenze von 700 Pflichtspielen für Barça durchbrochen und ist damit alleiniger Spitzenreiter bei Barça.

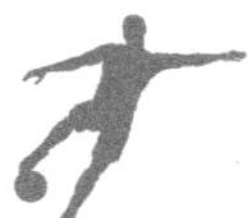

11. GRUND

Weil wir mit Neymar Artenschutz der Brasilianer betreiben

Die Blamage für die Brasilianer war groß. Mit 1:7 gegen Deutschland mussten sie vor dem eigenen Volk die Segel streichen. Auch wenn ein Sieg in dieser Höhe keine Diskussion zulässt, wer die bessere Mannschaft war, so fiel doch auf, dass gemäß gängiger Klischees Jogi Löws Truppe wie Brasilianer aufspielte, während die Seleçao langweilig und hölzern wie auch während des ganzen Turnierverlaufs anmutete. Einzig Neymar mochte noch in das Bild der fantasievoll aufspielenden Brasilianer passen. In Anerkennung der deutschen Dominanz und unabhängig von der Schwächung der Seleçao[63] durch das Fehlen von Neymar und Thiago Silva war sich Social Media einig,[64] dass Neymar trotz seiner Verletzung, die ihm einige Tage vorher zugefügt wurde, noch Glück hatte, solch einer Blamage historischen Ausmaßes auf dem Platz zu entgehen. Die Assoziation des brasilianischen Fußballs mit Tricks, Finten, Toren und Dribblings hat sich sogar unter dem Begriff »Joga Bonito«, schönes Spiel, verselbstständigt.[65]

Zur Legende und dem Inbegriff des schönen Spiels wird man nicht von ungefähr. Dazu bedarf es schon fünf Weltmeistertiteln und Größen wie Pelé, Garrincha, Zico, Ronaldo, Romário, Ronaldinho und Rivaldo. Als Erklärung für die technische Beschlagenheit der brasilianischen Ausnahmekönner muss man eine Zeitreise an den Anfang des 20. Jahrhunderts unternehmen. Die englischen Geschäftsleute und Auswanderer frönten ihrer Lust am Fußballspiel, welches sich immer größerer Beliebtheit erfreute. Die kritische Masse von Spielern, um Spiele zu organisieren, war vorhanden, doch schnell stieß man an die Grenzen des Wachstums, sodass man auf einheimische Spieler ausweichen musste.

Doch den farbigen Landarbeitern wurde der Zugang verwehrt, denn Rassentrennung war an der Tagesordnung. Allmählich wagten einige Mannschaften, diese Regeln aufzuweichen, indem sie den farbigen Spielern das Mitmachen ermöglichten, sofern sie sich weiß schminkten. Zu der Geisteshaltung von damals gehörte der Glaube, dass jeglicher Kontakt mit farbigen Menschen zu vermeiden sei, um sich nicht einem Risiko der Übertragung von Krankheiten auszusetzen. Dies führte dazu, dass den farbigen Mitspielern beim Fußball das körperbetonte Spiel untersagt wurde. Als Antwort darauf entwickelten sie besondere Fähigkeiten am Ball, um sich der Gegner spielerisch und tänzerisch zu entledigen.[66]

Zum Glück sind diese Zeiten lange vorbei und Rassismus ist im Mittelpunkt, wenn er sich manifestiert, und nicht an der Tagesordnung. Neymar Jr. – der Zusatz ist eine Hommage an seinen Vater – verkörpert mit seiner Spielweise noch immer diese romantische Version vom Zauberer in Fußballkleidern. Gott sei Dank! Für uns tingelt er mit Barças Zirkus durch die Fußballstadien.[67]

12. GRUND

Weil sich Ronaldinho Tricks ausdenkt, als wäre er Programmierer von FIFA-Soccer für Xbox und PlayStation

Über ihn heißt es, dass er Barça das Lächeln zurückgegeben habe,[68] nachdem sich Barça durch ein Gemenge aus Misswirtschaft, einem traumatischen Spielerverkauf und der Verschwendung von dem erzielten Transfererlös in Analogie zu Timm Thaler[69] selbst des Lachens beraubte.

Ronaldinho versprühte Spielfreude, und Mitspieler, Fans und Clubverantwortliche ließen sich gleichermaßen anstecken. Scheinbar konnte er für den Ball, von ihm selbst als seine Geliebte bezeichnet, sämtliche physikalische Gesetze außer Kraft setzen (siehe 69. Grund). Denn, frei nach Cruyffs Credo für den Ein-Kontakt-Fußball, wonach der Ball immer schneller als der Spieler ist, müsste man für Ronaldinho ergänzen, dass Ronaldinhos Fuß den Ball wieder einholen kann.

Das Dribbling, »la elástica« genannt, ist spektakulär und muss nur ganz wenigen Ausnahmekönnern vorenthalten sein, denn bei der Weltmeisterschaft in Brasilien habe ich keinen Spieler gesehen, der sich daran versucht hätte. Dabei steht Ronaldinho dem Gegenspieler Angesicht zu Angesicht gegenüber.

Der Ball klebt abwartend am Fuß, bis Ronaldinho springfederartig dem Ball eine Richtung vorgibt, sodass der Gegenspieler reagiert und einen entsprechenden Schritt macht. Dann »holt« Ronaldinho mit demselben Fuß, der dieses Kunstwerk begann, den Ball wieder ein und führt ihn blitzschnell, aber geschmeidig, in die entgegengesetzte Richtung, sodass der Ball eine gerundete Zickzackbahn zeichnet. Der Gegenspieler wird deplatziert zurückgelassen. Artistisch mutet dieser Trick insbesondere an, weil Ronaldinho mit dem Körper diese Bahn verfolgt und mit dem Ball auf Augenhöhe bleibt.[70] Ein Magier.

Den »Autopase«, der Pass für sich selbst, hat Ronaldinho außerdem salonfähig gemacht. Dabei schneidet er einen scharf auf ihn gespielten Flachpass so geschickt an, dass dieser ansteigt und mit Effet über den Gegenspieler fliegt, sodass Ronaldinho, dort hingeeilt, ihn wieder aufnimmt. Sieht man auch nicht so oft und Nachmachen erntet bestenfalls Gelächter, meistens aber mindestens einen Anpfiff von den Mitspielern.

Die »espaldinha«, der Pass mit dem Rücken, beschreibt einen weiteren Trick, auf den Ronaldinho ein Copyright hält. Hoch angespielt dreht er sich in letzter Sekunde mit dem Rücken zum Ball und macht einen Buckel, als wäre er der Gestiefelte Kater höchstpersönlich. Der im richtigen Winkel reflektierte Ball taugt als Direktpass und setzt einen Mitspieler gekonnt in Szene. Der Katzenjammer bei den Gegenspielern ist groß, wenn man dermaßen düpiert wird.

Eine weitere unglaubliche Szene ereignete sich in einem Ligaspiel, als Ronaldinho einen Querschläger im wahrsten Sinne des Wortes vom Himmel pflückte, denn der Ball fiel wie ein Meteorit herab, aber Ronaldinho schläferte ihn auf seinem Fuß ein. Gegen Athletic Bilbao vergnügte sich Ronaldinho, indem er drei Gegenspieler immer und immer wieder aussteigen ließ, indem er den Ball über sie hinweglupfte. So viel Genialität lässt sich nicht mit Konstanz über mehrere Jahre verheiraten.

Bei Barça hatte Ronaldinho drei tolle Jahre, in denen sein Stern hell leuchtete. Danach fiel seine Leistung stark ab, Ronaldinhos nächtliche Ausflüge – er begleitete oft brasilianische Livebands am Schlagzeug – forderten ihren Tribut. Ronaldinho ging zum AC Mailand, aber bis auf einige Geniestreiche konnte er niemals mehr an seine früheren Leistungen anknüpfen. Heute kommt er seinem Broterwerb (müsste Brot hier durch Caipirinha ersetzt werden?) in Brasilien nach. Seine positive Lebenseinstellung oder besser Lust am Feiern hat er nicht mehr ablegen wollen.

Man muss es so akzeptieren, sonst kann es einem so ergehen wie Wanderlei Luxemburgo, der Ronaldinhos Lifestyle kritisierte.[71] Das Machtspiel verlor der Trainer. Er musste gehen, Ronaldinho durfte bleiben.

Ronaldinhos Einfallsreichtum geht übrigens über den Fußballplatz hinaus. Als die Clubführung von Flamengo ihn anzählte, dass er doch im Nachtleben von Rio de Janeiro nicht mehr so präsent sein solle, verlagerte Ronaldinho die Partys kurzerhand in seine Villa. Bei seinen Ausreden und Entschuldigungen ist er einfallsreich wie auf dem Platz. Sein Fehlen bei den morgendlichen Trainingseinheiten rechtfertigte er mit chronischer Schlafstörung.[72] Der Mann mit dem auffallenden Gebiss und dem ansteckenden Lachen hat sicherlich in seiner Karriere viele Fans glücklich gemacht, uns culés auf jeden Fall. Danke für deine Show,[73] Ronaldinho el Gaúcho.

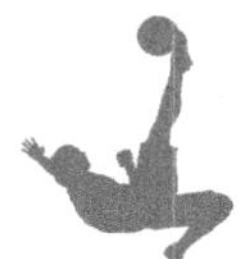

13. GRUND

Weil die Zukunft im Tor ungewiss ist

Im Mai 2014 leerte Víctor Valdés seinen Spind, umarmte seine Mitspieler, verließ das Trainingsgelände des FC Barcelona und beendete somit seine Karriere bei dem Verein, bei dem er beinahe sein gesamtes Leben verbracht hatte. Er ging still und leise, ohne viel Aufmerksamkeit zu erwecken. Er wollte keine offizielle Verabschiedung seitens des Vereins und auch keine Pressekonferenz. Dies war sicherlich eine Reaktion auf all die Kritiken und negativen Schlagzeilen, die ihm im Laufe seiner Karriere entgegengebracht wurden.

Valdés hat schon frühzeitig angekündigt, dass dies seine letzte Saison für Barça sein sollte, aber dass seine Karriere ein so bitteres Ende nehmen würde, konnte niemand erahnen. Dass er das Stadion unter Tränen verlassen würde, war ihm wohl selbst klar, aber sicherlich nach einer Ehrenrunde und nicht, wie es am Ende passierte, auf der Krankentrage. Ein einfacher Spielzug nach einem gegnerischen Freistoß und eine Parade im zweiten Nachfassen beendete eine hervorragende Karriere. Er kam dabei so unglücklich mit dem rechten Knie auf, dass er sich ohne Fremdeinwirkung einen Kreuzbandriss zuzog. Valdés ging als gebrochener Mann in einem unwürdigen Ende einer grandiosen Laufbahn zwischen den Pfosten des FC Barcelona.

Während seiner zwölf Jahre in der Profimannschaft trug er in über 600 Spielen das Barça-Trikot und gewann alles, was es zu gewinnen gibt. Zudem wurde er fünfmal als bester Torhüter der Liga ausgezeichnet. Wer weiß, wie die titellose Saison 2014 für Barça geendet hätte, wenn nicht der überforderte Ersatzkeeper Pinto in der entscheidenden Saisonphase das Tor hätte hüten müssen. Das Pokalfinale stand noch aus, auch in der Champions League war noch alles offen, genauso wie in der Meisterschaft. Ganz zu schweigen vom Abschneiden der spanischen Nationalmannschaft bei der Weltmeisterschaft in Brasilien, wenn anstatt des schwächelnden Iker Casillas ein gewohnt starker Valdés das Tor gehütet hätte. Aber das sind alles Spekulationen.

Obwohl Valdés nach einem jahrzehntelangen Torwartkarussell (siehe 59. Grund) endlich Stabilität in diese so wichtige Position brachte, wird man das Gefühl nicht los, dass seine Leistungen erst nach Verkündung seines Weggangs von den Zuschauern honoriert wurden. Diejenigen, die noch all die Dutruels, Bonanos und Rüştüs in Erinnerung haben, werden Víctor Valdés noch sehr nachtrauern. Jetzt bleibt nur noch mit großer Spannung die zukünftige Entwicklung im Barça-Tor abzuwarten, immerhin hatten die Vereinsverantwortlichen genügend Zeit, sich nach einem adäquaten Ersatz umzuschauen.

Für die kommende Saison wurde der 22-jährige Marc-André ter Stegen von Borussia Mönchengladbach verpflichtet. Da können wir uns schon wieder auf einiges gefasst machen. Seine zwei fast identischen Slapstick-Einlagen, bei denen er sich nach harmlosen Rückpässen die Bälle selbst ins Netz geschossen hat, sind in der hiesigen Presse natürlich auch nicht unkommentiert geblieben. Selbstverständlich verfügt er über hervorragende Qualitäten, dennoch bleibt abzuwarten, wie er sich an die neue Umgebung gewöhnt und wie schnell sein Adaptierungsprozess verläuft. Seine Situation wird auch nicht dadurch vereinfacht, dass Barça nochmals auf dem Transfermarkt zugeschlagen und den Wunschtorwart des neu ernannten Trainers Luis Enrique verpflichtet hat. Dabei handelt es sich nicht etwa um einen älteren Torwart, der seine Karriere auf der Bank eines Spitzenclubs ausklingen lässt, sondern um den erfahrenen chilenischen Nationaltorwart Claudio Bravo. Er hat die letzten sechs Jahre bei Real Sociedad in San Sebastián gespielt, somit kennt er die spanische Liga wie seine eigene Westentasche.

Es bleibt nur zu hoffen, dass sich die beiden zu gegenseitigen Höchstleistungen anspornen und der Verein und Trainer ihnen sowohl Vertrauen als auch Zeit aussprechen. Ausgerechnet die zwei Dinge, die beim FC Barcelona, wenn es um die Torwartbesetzung geht, nicht unbedingt im Übermaße vorhanden sind.

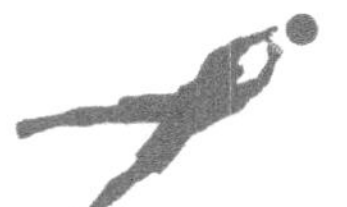

14. GRUND

Weil Messi sogar Sprachwissenschaftler beschäftigt

Lionel Messi ist ein Spieler der Superlative. Die Liste seiner Erfolge, Titel, Auszeichnungen und Rekorde liest sich schier endlos. Und obwohl er zuletzt seiner Topform hinterherläuft, oder auch trottet, wie die Statistik von nur 6,8 Kilometern Laufweg und damit nur 1,5 Kilometern mehr als Torwart Pinto beim entscheidenden Champions-League-Viertelfinalspiel gegen Atlético Madrid (Saison 2913/14) beweist,[74] hat man das Gefühl, dass man es mit einem sich bewegenden Ziel zu tun hat, wenn man seine Rekorde zwischen Kimme und Korn nimmt; jedes Jahr kommen neue hinzu (siehe 103. Grund).

Um ein Gefühl für sein Curriculum Vitae zu bekommen, lege ich eine ungewöhnliche Maßeinheit an, um Messis Grandezza zu veranschaulichen. Stand August 2014: Messis Eintrag bei der spanischen Wikipedia-Seite umfasst 31.953 Wörter, während zum Vergleich Cristiano Ronaldo auf 21.361 Wörter kommt und Arjen Robben unter 10.000 Wörtern bleibt.

Alex Ferguson, die lebende Trainer-Legende von Manchester United, sieht Messi in einer Linie mit den Größten aller Zeiten. Dieser selektive Club bestehe nach Sir Alex aus Di Stéfano, Pelé, Cruyff und Maradona.[75] Für die renommierte Zeitung *World Soccer* gehört Messi ebenso wie Lev Yashin, Cafú, Bobby Moore, Franz Beckenbauer, Paolo Maldini; Johan Cruyff, Alfredo Di Stéfano, Zinédine Zidane, Diego Armando Maradona; Pelé zu der besten Elf aller Zeiten.[76]

Sein Mannschaftskollege Gerard Piqué gibt sich diplomatisch gegenüber seinem Exmitspieler CR7 in seiner Zeit bei ManU, wenn er die an Blasphemie anmutende Frage nach dem besten Fußballer beantwortet: »Messi ist ein Außerirdischer, Cristiano ist der Beste unter den Menschen.«[77]

Wayne Rooney lässt erst gar keinen Zweifel zu, wenn er angesichts Messis Fünf-Tore-Gala im Champions-League-Spiel gegen Bayer Leverkusen über seinen Twitter-Account (@WayneRooney) seiner Ungläubigkeit Ausdruck verleiht: »Messi ist ein Witz. Für mich der Beste aller Zeiten.«

Arsène Wenger, Team Manager von Arsenal London, bezeichnet Messi sogar als hypnotisierend. Was er tue sei unglaublich. Messi vermittele den Eindruck, dass alles so einfach wäre, sodass jeder geneigt sei, zu sagen: »Komm, lasst uns auf den Platz gehen und Tore schießen. Dabei weiß jeder, der Fußball spielt, wie schwer es ist, auch nur ein Tor zu schießen.«[78]

Der französische Gentleman weiß, wovon er spricht, schließlich war sein Arsenal oft Leidtragender bei Messis Vorstellungen. So erzielte Messi beispielsweise eines der unglaublichsten Tore, die ich je miterlebt habe. Wenn die deutsche Presse Mario Götzes Siegtor im Finale gegen Argentinien überschwänglich als Meisterwerk der Technik bezeichnet,[79] dann würde es ihnen bei der Beschreibung dieses Tores so ergehen wie vielen Trainern und Sportjournalisten: Sie gaben es irgendwann auf, Messis unwirkliche Leistungen bei der Nachlese entsprechend in Worte zu kleiden. Es fehle an Adjektiven, ihn zu beschreiben.[80]

Bei besagtem Tor legt Messi den Ball vor dem Strafraum auf Iniesta ab, welcher Messi direkt halbhoch in den Lauf spielt. Dieser hat nur einen Bruchteil einer Sekunde zur Verfügung, weil der Torhüter rausläuft und Messi die Räume eng macht. Messi lupft den Ball so perfekt an, dass er gerade so über den Schlussmann fliegt und somit wenig Zeit benötigt, wieder in Messis Einflussbereich zu kommen, der ihn dann ins Tor bugsiert.[81]

Sprache ist lebendig und so führt neuerdings das Wörterbuch der spanischen Sprache von Santillana das Adjektiv »InMESSIonante«. Das ist an »impresionante«, beeindruckend, angelehnt und fügt als Beschreibung unter anderem hinzu: bezeichnend für Messi, für seine perfekte Art, Fußball zu spielen, seine Fähigkeit sich ständig zu übertreffen, sprich: der beste Fußballer aller Zeiten.[82] Okay, Messis Sponsor Pepsi hatte einen Wettbewerb dazu ins Leben gerufen.[83] Auch den FIFA-Entwicklern bei EA Sports muss angesichts solcher Kunststücke ganz anders zumute werden. In diesem Moment realisieren sie, dass der Spielcontroller nicht über genug Buttons verfügt, um das nachzuspielen, was Messi auf dem Platz veranstaltet.

Seine unerreichte Bewegungsintelligenz, die ihn nach Horst Lutz' Meinung zur Intelligenzbestie macht,[84] nährt sogar Gerüchte,[85] dass Messi am Asperger-Syndrom, einer Form von Autismus, »leide«. Wissenschaftlich fundiert sind solche Vermutungen nicht. Wahrscheinlich entspricht es nur dem Wunsch der Menschen, das Unerklärliche erklärbar und greifbar zu machen. Sollte es wahr sein, so wäre Messi in sehr guter Gesellschaft. Isaac Newton und Albert Einstein sind prominente Menschen, denen diese Auffälligkeit zugeschrieben wird, welche auch als Syndrom der Genialität bekannt ist.

Messi sorgt auch für menschliche Schlagzeilen. Der zehnjährige Iraker Ali Al-Zeidawi ist eines von vielen Kinder dieser Welt, die Opfer von kriegerischen Auseinandersetzungen werden. Der Verlust von einem Bein durchkreuzte auf grausame Art und Weise seinen Traum, seinem Idol Leo Messi nachzueifern. Seine Geschichte mit ihm als Hauptdarsteller wurde in dem Film *Baghdad Messi* dem Publikum in Cannes nähergebracht. Messi nutzte einen Aufenthalt in Katar, um den kleinen Jungen zu treffen. Auf dessen Frage, ob Messi sich wirklich freue, ihn und seine Familie zu sehen oder ob es nur aus Werbezwecken geschehe, antwortete dieser: »Ich bin glücklich, dich zu sehen, und wünsche mir einen Sohn wie dich.«[86]

Schön und ergreifend ist auch die Geschichte von Messi und Soufian, einem elfjährigen Jungen, dem aufgrund einer seltenen Krankheit beide Beine amputiert werden mussten. TV3 machte aus dieser Geschichte eine Dokumentation, die viele Menschen bewegte. Der kleine dreiminütige Zusammenschnitt verzeichnet fast eine Million Klicks bei YouTube.[87] Millionen hin oder her, diese Superstars bleiben Menschen, und als solcher ist Messi dort zu sehen. Seine ehrliche Rührung ist ihm anzusehen, und er dreht die Situation um, als er Soufian und nicht sich als Vorbild für andere darstellt.

Der Junge, der mit seiner sympathischen und positiven Art das Schicksal herausfordert, ein aktives Leben auf Prothesen meistert und die Herzen seiner Mitmenschen erobert, bittet Messi um einen Gefallen. Bei dem nächsten Tor solle Messi doch mit seinen Händen auf seine Oberschenkel klopfen. Dann wisse Soufian, dass die Widmung für ihn sei. Messi erfüllte diesen Wunsch.

Als ein Mensch im Arbeitsverhältnis ist Messi auch einkommenssteuerpflichtig. Im Jahr 2014 ist Messi mit 53 Millionen Euro Steuerzahlung die Privatperson in Spanien, die am meisten an den Fiskus abführt.[88] Solch eine gigantische Summe setzt sich auch aus Nachzahlungen für nicht deklarierte Werbeeinnahmen vergangener Steuerjahre und entsprechender Strafzahlungen zusammen. Das ist wohl einer der wenigen Rekorde, auf die Messi wohl nicht stolz sein kann.

Der spanische Regisseur Álex de la Iglesia hat einen Dokumentarfilm[89] über den Werdegang des viermaligen Weltfußballers gedreht. Drehbuchautor des Films *Messi* ist der argentinische Trainer und ehemalige Fußballer Jorge Valdano. Man darf gespannt sein, was für neue, unbekannte Eindrücke diese Dokumentation vermittelt. Aber kann man Phänomene[90] wirklich erklären?

2. KAPITEL

DER VEREIN

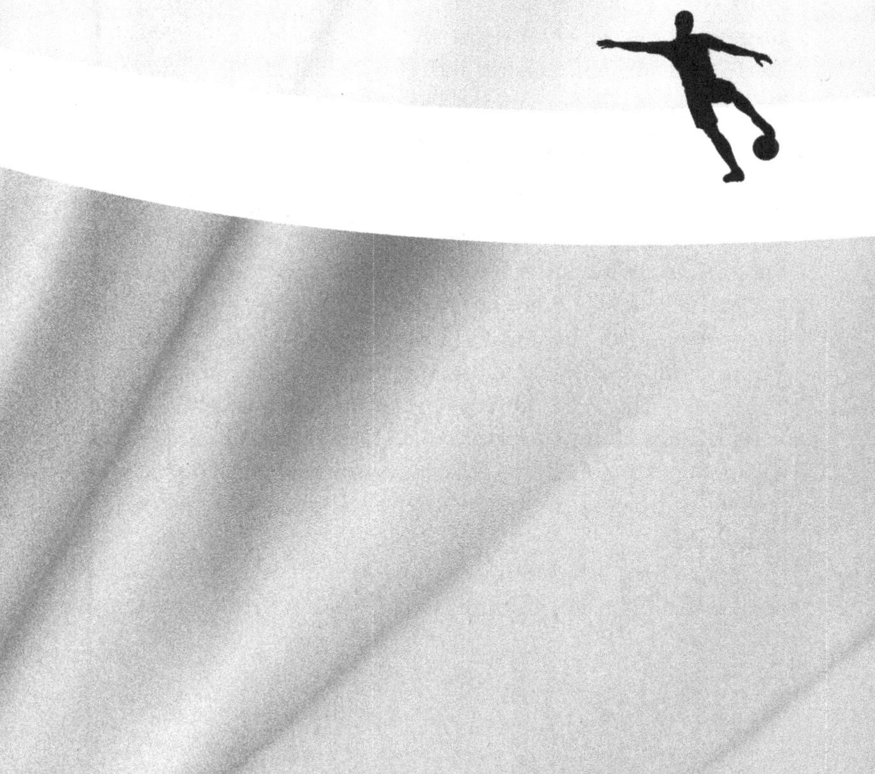

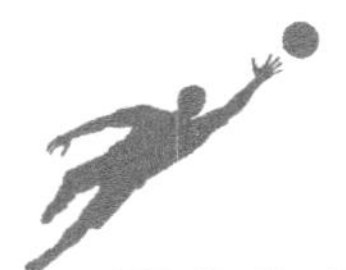

15. GRUND

Weil die Farben des Clubs seit jeher unverändert sind

Über viele Dinge herrscht keine genaue Klarheit. Dazu zählt auch die Herkunft der Vereinsfarben des FC Barcelona: Blau und Rot. Beim Rot handelt es sich nicht nur um ein gewöhnliches Rot, sondern um ein Granatrot. Die Übersetzung der Farben auf Katalanisch ist »Blaugrana«, womit gleichwohl im Volksmund das Trikot der Mannschaft als auch die Mannschaft selbst bezeichnet werden. So herrschen verschiedene Theorien über deren Herkunft. Sicher nur scheint zu sein, dass die Farben mit Barcelona oder Katalonien nichts zu tun haben, sondern wohl aus dem Ausland stammen.

Die am weitesten verbreitete Theorie ist, dass der Vereinsgründer Hans »Joan« Gamper die Farben in Anlehnung an den FC Basel ausgewählt hat, wo er vor seiner Ankunft in Barcelona gespielt hat. Dort war er für einige Jahre aktives Mitglied und trug sogar auch die Kapitänsbinde des Vereins. Es scheint bewiesen, dass er bereits vor der Gründung des Vereins in einem Fußballspiel in Barcelona die Farben Blau und Rot zur Schau trug.

Es wird aber auch mit der Möglichkeit spekuliert, dass Gamper die Farben ausgewählt hat, da sie das Wappen des schweizerischen Kantons Tessin zieren. Allerdings bestand die einzige Verbindung Gampers zu der Region darin, dass dort seine Schwester wohnte. Ebenso könnte die Farbauswahl vom deutschen Mitbegründer des Vereins Otto Maier vorgeschlagen worden sein. Dieser stammte aus Heidenheim, dessen Stadtwappen ebenso Blau und Rot beinhalten.

Allerdings könnte die Wahl auch in Anlehnung an die damals verwendeten Buchhaltungsfarben entsprungen sein. Die verwendeten Bleistifte hatten an beiden Enden verschiedene Farben, nämlich Blau und Rot.

Eine weitere Theorie ist, dass die Mutter eines Spielers, als es noch keine offizielle Uniform gab, die Mannschaft mit blauen und roten Schärpen ähnlichen Bändern versorgt hat, um die beiden Mannschaften voneinander unterscheiden zu können.

Abgesehen von all diesen Theorien und Spekulationen ist es jedoch erwiesen und auch viel wichtiger, dass der FC Barcelona seit seiner Gründung vor weit über 100 Jahren seinen Ursprüngen treu geblieben ist und seit jeher weltweit durch zwei Farben identifiziert wird: Blau und Granatrot, kurz *Blaugrana*.

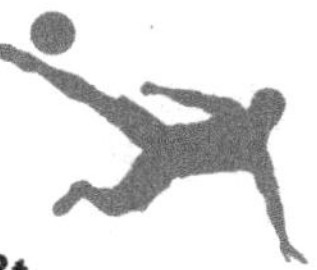

16. GRUND

Weil selbst unser Wappen Tore schießt

Das Vereinswappen ist ein für alle sichtbares Zeichen der Zusammengehörigkeit eines jeden Vereins. Es drückt zum einen Individualität aus und gibt andererseits oft Auskunft über Hintergründe wie Herkunft und Geschichte des Vereins. Regelmäßig wird es von Spielern – zumeist nach Torerfolgen oder ruhmreichen Siegen – liebkost und mit Küssen versehen. Allerdings, was das Barça-Wappen von allen anderen zusätzlich unterscheidet, ist, dass es sogar auch selbst Tore schießt!

Bereits seit der Gründung des Vereins im Jahr 1999 (siehe 45. Grund) verfügte der Verein über ein Wappen, das die Spieler mit Stolz auf ihren Trikots trugen. Anfangs war es das Wappen der Stadt Barcelona. Dieses zierte die ersten zehn Jahre das Trikot. Im Jahr 1910 wurde ein öffentlicher Wettbewerb zur Neugestaltung eines vereinseigenen Logos ausgerufen. Gewonnen hat Carles Comamalas Vorschlag, der neben seinem Medizinstudium und großen künstlerischen Fähigkeiten zudem Spieler des Vereins war. Das Vereinswappen wurde seitdem nur geringfügig verändert.

Das Logo hat eine topfähnliche Form und ist in drei Abschnitte unterteilt. Die beiden oberen Teile stellen jeweils repräsentative Elemente von Barcelona und Katalonien dar: Im oberen linken Teil ist das Sankt-Georgs-Kreuz zu sehen, das dem Schutzpatron der Stadt Barcelona, dem heiligen Sankt Georg, gewidmet ist. Die vier rot-gelben Längsstreifen rechts daneben symbolisieren die Senyera, die katalanische Fahne. Der untere Teil des Wappens bezieht sich ausschließlich auf den Verein. Unter den Vereinsinitialen – F.C.B. – sind die Vereinsfarben durch blau-rote Längsstreifen vertreten, in deren Mitte ein Ball prangt. Letztendlich dokumentiert das neue Wappen die enge Verzahnung des Vereins mit der Stadt Barcelona und der Region Katalonien.

Seitdem wurden nur noch kleinere oder vorwiegend ästhetische Veränderungen vorgenommen, jedoch einige ganz gravierende, die politisch motiviert waren. Während der Diktatur unter Franco wurde die katalanische Sprache verboten. So musste auch der Verein seinen Namen ab 1941 hispanisieren. Aus »F.C.B.« (auf Katalanisch: »Futbol Club Barcelona«) wurde »C. de F.B.« (auf Spanisch: »Club de Fútbol Barcelona«). Ebenso wurde die katalanische Fahne aus dem Wappen verdammt, indem zwei der vier gelb-roten Längsstreifen entfernt und somit eine Assoziation zur spanischen Fahne kreiert wurde. Erst zur 50-Jahr-Feier des Vereins im Jahr 1949 kehrte die katalanische Fahne zurück, während die Originalinitialen erst 1974, kurz vor dem Ende der Militärdiktatur, wieder eingeführt wurden.

Das heutige Wappen wurde 2002 vom Designer Claret Serrahima überarbeitet, wobei lediglich einige Linien vereinfacht, die Punkte der Initialen beseitigt und die Initialen verfeinert wurden.

Und nicht genug, dass das Wappen den ganzen Stolz des Vereins, ja, der Stadt selbst, der ganzen Region symbolisiert, nein, zusätzlich schießt es auch noch Tore. Es läuft das allerletzte Spiel des Jahres 2009, das Finale der Club-Weltmeisterschaft in Abu Dhabi gegen den argentinischen Vertreter Estudiantes de La Plata. Noch nie hatte der FC Barcelona diesen Titel gewonnen. Es läuft die Verlängerung, nachdem es nach regulärer Spielzeit 1:1 stand. Dani Alves schlägt von rechts außen eine weite Flanke an den Fünfmeterraum des Gegners. Leo Messi stürmt heran. Unschlüssig, den Ball mit dem Fuß oder mit dem Kopf zu spielen, drückt er ihn … Nein, nicht nur mit der Brust, auch nicht nur mit dem Herzen, sondern vor allem mit dem Wappen über die Torlinie zum viel umjubelten Sieg. Dieses Tor beschließt zugleich das erfolgreichste Jahr, das je ein Fußballverein in diesem Universum gespielt hat: sechs Titel in einem Jahr (siehe 99. Grund)!

17. GRUND

Weil wir Ärsche sind

Culé bedeutet ganz unfein Arsch. Wer nennt sich schon gern so? Wir Barça-Fans! Und das hat mit Architektur zu tun. Barça hatte in seiner hundertjährigen Geschichte viele Sportstätten. Ganz grob gesagt, die Stadien, die Barças Heimspiele beherbergten, sind mit dem FC Barcelona und seiner Fangemeinde mitgewachsen. In den 1950er-Jahren spielte Barça im Stadion Les Corts, welches zu seiner Einweihung 1922 Platz für 30.000 Zuschauer bot. Diese Kapazität wurde sukzessive auf 60.000 Plätze aufgestockt.

Von der Straße Travessera de les Corts sah man die gefüllten Ränge der Haupttribüne der »Kathedrale des Fußballs«.[91] Bei den obersten Reihen schauten die Popos hervor, sodass die Passanten anfingen, die Barça-Fans als culés zu bezeichnen.[92] In den 50ern platzte das Stadion aus allen Nähten (nicht die Hosen der culés, soweit bekannt ist), denn das legendäre Team um den Ausnahmekönner Ladislao Kubala zog die Zuschauer in seinen Bann.

Der Clubführung wurde klar, dass eine neue Spielstätte nötig war, um dieses Interesse zu befriedigen. Das Camp Nou wurde geplant, damit die Leute Kubala bestaunen konnten. 1957 eingeweiht, wurde Passanten fortan der Anblick jeglichen Hinterteils erspart. In den darauffolgenden Jahren ließen sich viele indirekte Verbindungen zum südlichsten Körperteil finden.

»Himmel, Arsch und Zwirn«, könnte der culés angesichts der langen, titelfreien Durststrecke, welche für Barça mit der Einweihung vom Camp Nou einsetzte, oftmals entfahren sein. Außerdem ging wohl vielen angesichts der prekären finanziellen Lage, die dem Stadionbau folgte, der »Arsch auf Grundeis«. Wenn sich auch die Spieler dieser Zeit den Arsch aufrissen, sollte es erst mit Johan Cruyffs Verpflichtung wieder mit der Meisterschaft klappen.

Die Barça-Fans hatten jedenfalls ihren Spitznamen weg. Sie rühmen sich auch heute noch damit, Ärsche zu sein. Dieses Statement könnte ja ein Brückenschlag für den Neuankömmling Luis Suárez sein, oder?

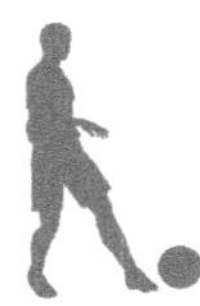

18. GRUND

Weil Symbolik keiner Größe bedarf

Unscheinbar, klein, unauffällig – im Herzen Barcelonas, auf dem oberen Abschnitt der Ramblas, dort wo die Heatmap der Taschendiebstähle tiefrot eingefärbt ist, liegt Canaletas. Wer den Ohrwurm »Gedränge nur dem Dieb gefällt, / drum Augen auf und Hand aufs Geld« ausblenden kann und aufmerksam schaut, der sieht diesen kleinen Brunnen circa 50 Meter vom Metro-Ausgang Plaça Catalunya entfernt.

Der Brunnen verdankt seine Bekanntheit zwei Besonderheiten. Einmal rankt sich um ihn die Legende, dass jeder, der aus ihm trinkt, sich an Barcelona berauscht und immer wieder zurückkommt. Diese Prophezeiung ist in einem kleinen Eisenschild auf dem Boden verewigt. Zudem ist Canaletas *der* Ort, an dem sich die Barça-Fans einfinden, um besondere Siege und Titel zu feiern. Im Barcelona der Neuzeit gäbe es genug alternative Orte, um mehrere Tausend feierwütige Menschen zu beherbergen, als diese Enklave inmitten der Altstadt,[93] aber Tradition ist Tradition und hat ihren Ursprung in den 20er-Jahren des letzten Jahrhunderts.

Barça war in Mode gekommen. Immer mehr Menschen interessierten sich für die Geschicke von Barça, dessen Team um Alcántara, Samitier und Zamorra mit einem ansehnlichen Spiel und vielen Toren für Schlagzeilen sorgte. Ebendiese *Schlag*zeilen, welche die Nachrichtentechnik mit mechanischem Anschlag des frühen 20. Jahrhunderts beschreibt, bringen uns jetzt zum Canaletas-Brunnen. Der stand nämlich schon im 16. Jahrhundert dort und trägt seinen Namen wegen der kleinen Kanäle, die Barcelonas Innenstadt mit Quellwasser versorgten.

Gegenüber dem Brunnen befand sich ein Kiosk, welcher gleichzeitig die Redaktion der Sportzeitung *La Rambla* war. Spielte Barça auswärts, so war der Kiosk die erste Anlaufstelle, denn hier sorgte die Nachrichtenferntechnik für zeitnahe Information über den Ausgang und die Torschützen. Immer mehr Barça-Fans versammelten sich dort, um dem Warten auf das Ergebnis ein Ende zu bereiten.[94] Tafel und Kreide war der news feed dieser Tage.

Auch die ersten Siegeszüge der gefeierten Mannschaft führten am Canaletas-Brunnen vorbei. Selbst heute kann man noch vornehmlich ältere Herren beobachten, welche sich mit Radio und Kopfhörern ausgestattet am Brunnen einfinden, um die Geschicke vom FC Barcelona zu kommentieren. Bei Siegesfeiern ist der Brunnen der neuralgische Punkt. Traditionsbewusste Fans besteigen im Freudentaumel den nur etwa 1,5 Meter hohen Brunnen, leichtsinnige Fans erklimmen die naheliegenden Laternen. Canaletas war und ist weiterhin ein Jungbrunnen für die Liebe zu Barça und Barcelona.

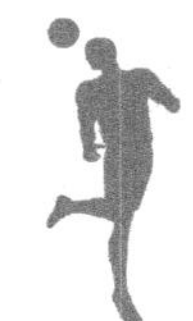

19. GRUND

Weil Barça den göttlichen Segen hat

Der Brasilianer Rivaldo war der absolute Spezialist dafür. Nein, nicht nur für Freistöße, Elfmeter und grandiose Tore, sondern auch für die mit speziellen Nachrichten bedruckten T-Shirts, die er stets unter seinem Trikot trug. Nicht selten mit göttlichen Botschaften versehen, hielt er diese nach Torerfolgen in die Kameras. Neuerdings werden solche Aktionen ja mit einer Gelben Karte geahndet. So sieht man heutzutage immer mehr Spieler, die nach einem Torerfolg für einige Sekunden in einer speziellen Pose verweilen. Die Arme und den Blick gen Himmel gerichtet. Was oder an wen sie in diesen Momenten denken, bleibt zumeist im Verborgenen. Sollten sie allerdings dabei jeglicher göttlichen Unterstützung danken, könnten sie vor oder nach dem Spiel ebenso gut in die Kirche gehen.

Das Camp Nou verfügt nämlich seit seiner Gründung über eine stadioneigene Kapelle. Diese liegt im Inneren, rund 25 Meter bevor die Spieler den »heiligen« Rasen betreten, und bietet genug Platz, dass beide Mannschaften einige Minuten innehalten können. Dabei wachen die gütigen Augen der Schwarzen Madonna, La Moreneta, über die Spieler. Zusätzlich wird im Camp Nou mit göttlichem Segen gespielt, da es bei seiner Eröffnung im Namen der Heiligen Maria von Montserrat gesegnet wurde. Um den göttlichen Segen noch zu verstärken, fand im Jahr 1982 ein unvergessliches Großereignis statt.

Es war ein verregneter Tag im November. Nicht unbedingt das beste Wetter, um ins Fußballstadion zu gehen. Trotzdem hatten sich so viele Besucher wie niemals zuvor im großen Rund des Camp Nou eingefunden. Die Zuschauer verteilten sich nicht nur auf den Rängen, sondern besetzten auch einen Großteil des Rasens. Allerdings waren weit und breit keine jungen Männer in kurzen Hosen zu sehen, stattdessen aber unzählige ältere Herren in weißen Gewändern. Auch waren weder Anfeuerungsgebrüll noch Schlachtgesänge zu hören, ganz im Gegenteil. Es war so still und leise wie nie zuvor.

Über 120.000 Gläubige kamen an jenem 7. November 1982 ins Stadion, um die erste Messe eines Papstes auf katalanischem Boden zu feiern. Im Rahmen seines Spanienbesuchs bat Papst Johannes Paul II. zu einem Gottesdienst in der Heimstätte des FC Barcelona. Diese Gelegenheit ließen die Verantwortlichen des FC Barcelona, unter Führung des Präsidenten Josep Lluís Núñez, natürlich nicht aus und überreichten dem Papst zugleich die Ehrenmitgliedschaft mit der Nummer 108.000. Nach der Heiligsprechung von Papst Johannes Paul II. durch Papst Franziskus im April 2014 zählt Barça somit auch einen Heiligen unter seinen Mitgliedern. – Der FC Barcelona, von zwölf Aposteln gegründet (siehe 45. Grund), ein Heiliger als Mitglied und ein Messi(as) in der Mannschaft … Wenn das keine himmlischen Aussichten sind.

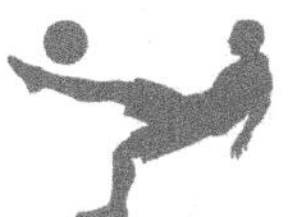

20. GRUND

Weil man nach über 40 Jahren jeden Liedtext beherrscht

Tot el camp és un clam.
Som la gent blaugrana,
tant se val d'on venim,
si del sud o del nord.
Però ara estem d'acord,
estem d'acord,
una bandera ens agermana.

Blaugrana al vent,
un crit valent,

tenim un nom, el sap tothom:
Barça, Barça, Barça!

Jugadors,
seguidors,
tots units fem força.
Són molts anys plens d'afanys,
són molts gols que hem cridat,
i s'ha demostrat,
s'ha demostrat,
que mai ningú no ens podrà tòrcer.

Das ganze Stadion!
Ist ein Schrei!
Wir sind die Blauroten.
Egal, woher wir kommen,
Ob aus dem Süden oder dem Norden,
Jetzt sind wir eins. Wir sind eins.
Eine Fahne vereinigt uns.

Blaurot in den Wind,
Beherzter Schrei,
Wir haben einen Namen, den jeder kennt:
Barça, Barça, Barça!

Spieler!
Fans!
Gemeinsam sind wir stark,
Viele Jahre großer Anstrengungen,
Viele gefeierte Tore,
Und es hat sich gezeigt, es hat sich gezeigt,
dass niemand uns besiegen wird.

Blaurot in den Wind,
Beherzter Schrei,
Wir haben einen Namen, den jeder kennt:
Barça, Barça, Barça![95]

1974 von Josep Maria Espinàs und Jaume Picas geschrieben und von Manuel Valls komponiert, ertönt diese offizielle Hymne *Cant del Barça* seitdem vor jedem Spiel im Camp Nou.[96] Es ist eine der Konstanten in dem labilen und feinfühligen Umfeld, welches Barça umgibt.

Als ich die ersten Male ins Stadion kam (siehe 23. Grund), empfand ich es als Erlösung für meine lange Wartezeit zwischen den Spielen, zu denen ich extra aus Deutschland anreiste, wenn endlich die ersten Töne der Hymne erklangen. Sie wird immer beim Einlaufen der Mannschaft gespielt. Der Text wird auf der Anzeigetafel aufgeblendet, sodass selbst nicht so textsichere Fans leicht einstimmen können. Die Hymne besticht durch ihre Einfachheit und ihr Tempo, welches im zweimal gespielten Refrain mit drei Barça-Ausrufen ihren Höhepunkt erfährt. Vor allen Dingen aber ist sie zeitlos, denn der Text trifft auch heute noch zu.

In Katalonien am Leben teilzuhaben, bringt Widersprüche ans Tageslicht: Eine in vielerlei Hinsicht Weltoffenheit trifft auf einen lokalen Patriotismus, der ausgrenzende Züge in sich trägt. Beides kommt für mich im Text der Hymne zur Geltung. Doch der integrative Part überwiegt, wenn unabhängig von der Herkunft jedes Einzelnen die gemeinsame Liebe zu *Blaugrana* heraufbeschworen wird.

Eingeweiht wurde sie am 27. November 1974 anlässlich eines Freundschaftsspiels zur Feier des 75-jährigen Clubbestehens. Gegner war die Nationalmannschaft der Bundesrepublik Deutschland. 78 Chöre aus Katalonien stellten die circa 3.600 Sänger, welche unter der Leitung von Dirigent Oriol Martorell die Hymne zum Leben erweckten.

Dass sie ein fester Bestandteil der lebendigen Barça-Historie ist und somit auch der katalanischen Identität Ausdruck verleiht, lässt sich daran ablesen, dass Weltstars wie der Liedermacher Joan Manuel Serrat oder die Operngröße Josep Carreras der Hymne zu besonderen Anlässen ihre Stimme liehen. In meiner Erinnerung, untrennbar verknüpft mit fantastischen Fußballabenden, ist der *Cant del Barça* für mich das schönste Lied der Welt.

Perfekt gestimmt durch die Reinheit und Harmonie der Hymne selbst, hat sich das Camp Nou auch einen internationalen Namen als Veranstaltungsort für Megakonzerte gemacht. Der langjährige U2-Manager, McGuinness (wie auch sonst für einen Iren aus dem Showgeschäft) bezeichnet Barças Zuhause als bestes Stadion für Konzerte in ganz Europa.[97] Die drei Tenöre José Carreras, Plácido Domingo und Luciano Pavarotti sowie U2, Bruce Springsteen und Michael Jackson haben hier für ähnlich schöne Klänge gesorgt.

Der für seine rigorose Sparsamkeit bekannte Präsident Josep Lluís Núñez hatte den Autoren und musikalischen Vätern eine entsprechende finanzielle Entschädigung aberkannt. Die Begründung: Valls, Espinàs und Picas hätten die Rechte an dem Lied Barça gespendet. Ein Urheberrechtsstreit begleitete deswegen die Hymne bis 2013. Das Präsidium um Sandro Rosell hat schließlich Barças Schuld eingestanden und dieses Unrecht abgeschafft.[98]

Die aktuelle Hymne hat viele Vorläufer in der Vereinsgeschichte. Ein historischer Fund aus dem Jahre 2014 deutet darauf hin, dass es 1910 erstmals eine Hymne gab. Bis auf Weiteres kann diese aber nicht vertont werden, weil die Partitur bisher nicht auffindbar ist.[99]

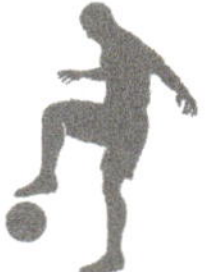

21. GRUND

Weil auf einige Leute einfach Verlass ist

Vielen Leuten, die sich nicht alltäglich mit dem großartigen FC Barcelona beschäftigen, ist der Name Charly Rexach nicht ganz so geläufig wie all die Superstars, die in regelmäßigen Abständen aus allen Herrgottsländern dem Verein beitreten und nach einiger Zeit wieder von der Bildfläche verschwinden. Dennoch ist es kaum möglich, nicht irgendwann über den »Noi de Pedralbes« (der Junge aus dem Stadtviertel Pedralbes) zu stolpern. Carles »Charly« Rexach ist ein Barça-Mann durch und durch. Im Jahr 1947 in Barcelona geboren, trat er dem Club im Alter von zwölf Jahren bei und stand seitdem fast ununterbrochen auf der Gehaltsliste des Vereins und zwar in allen erdenklichen Funktionen: als Spieler in sämtlichen Kategorien, als Co-Trainer und Cheftrainer, ebenso wie als Scout und Berater.

Während seiner Profilaufbahn spielte er als Flügelstürmer mit exzellenten Fähigkeiten. Extrem schnell, mit einem, vor allem bei Freistößen und Elfmetern, tollen Schuss ausgestattet und mit seinen präzise geschlagenen Flanken war er zu seiner Zeit einer der besten Spieler auf seiner Position in Europa. Trotzdem war er stets nicht unumstritten. Einerseits wurde zwar seine Klasse gewürdigt und als katalanisches Eigengewächs genoss er zudem einen Sonderstatus, dennoch wurden permanent seine Beständigkeit und sein Durchsetzungsvermögen kritisiert.

Dies änderte aber nichts daran, dass er in sage und schreibe 16 Jahren als Profi immer zum Stammpersonal gehörte und 449 Ligaspiele absolvierte, was ihn in der ewigen Rangliste des Vereins auf einen der vorderen Plätze befördert. Insbesondere durch Johan Cruyff wurde Charly Rexach auf dem Platz zu Höchstleistungen angetrieben. Höhepunkt des gemeinsamen Zusammenspiels ist der 3:0-Sieg in der Saison 1974/75 gegen Feynoord Rotterdam im Europapokal der Landesmeister: Alle Tore, vorbereitet vom Holländer, erzielte der Katalane.

Seine Titelsammlung kann dennoch als mehr als dürftig bezeichnet werden. Trotz seiner langen Spielerkarriere konnte er nur einmal die Meisterschaft gewinnen. Während der Saison 1970/71 gewann er sogar auch die Torjägerkanone, wobei er insgesamt 17 Tore erzielte. Ohne damit seine Leistung schmälern zu wollen, ist dies nicht unbedingt eine Torquote, auf die man mächtig stolz sein kann, aber zumindest besser als alle anderen Stürmer der Liga.

Nach seinem Karriereende blieb er dem Verein weiterhin erhalten und zwar zunächst als Trainer für die Jugendmannschaften, ehe er unter Luis Aragonés und Johan Cruyff als Co-Trainer fungierte. Ebenso lange wie als Spieler gehörte er während 16 Jahren dem Trainerstab an und musste dabei diverse Male als Vertreter für den geschassten Chef in die Bresche springen. Nur einmal wurde ihm während der Saison 2001/02 der Posten als Cheftrainer zugeteilt, doch aufgrund des schlechten Abschneidens blieb es dabei.

Dennoch konnte er während seiner Trainertätigkeiten deutlich mehr Titel sammeln als während seiner aktiven Laufbahn. Ihm wurde auch ein großer Anteil an den Erfolgen des unvergesslichen »Dream-Teams« zugesprochen. Anschließend übernahm er verschiedene Tätigkeiten als Scout und Berater. Rexach war auch derjenige, der die ausschlaggebenden Impulse setzte, um einen kleinwüchsigen, schüchternen Jungen zu verpflichten, den heutzutage jedes Kind kennt: Leo Messi.

Wie man sieht, konnte sich der Verein stets auf seine Dienste und Fähigkeiten verlassen. Ohne großes Aufsehen zu erregen, ließ er sich auch jedes Mal aufs Neue ins zweite Glied zurückversetzen, ohne dass die Intensität oder Begeisterung, für diesen Verein arbeiten zu dürfen, nachließ. So etwas findet man in dem schnelllebigen Geschäft von heute auch nicht mehr allzu oft. Es ist kaum in Geld aufzuwerten, dass man sich auf gewisse Leute einfach blindlings verlassen kann.

22. GRUND

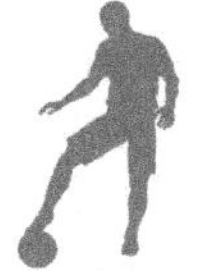

Weil man manchmal 98.000 Teile für ein Ganzes braucht

Barça feilt nun schon seit über 20 Jahren an der Perfektion diverser Zuschauerchoreografien auf den imposanten Rängen des Camp Nou, um wichtigen Spielen einen angemessenen Rahmen zu verleihen.[100] Am 7. März 1992 wurde anlässlich eines Ligaspiels gegen Real Madrid das erste sogenannte Mosaik in Szene gesetzt. 17.000 Fans hielten damals erstmals Karten, die etwa der Größe von DIN A3 oder DIN A4 entsprechen, in den Abendhimmel, um damit »fotogen« das Wort »BARÇA« in die Ränge zwei und drei der Nordkurve zu zaubern. Die granatroten, blauen und gelben Karten sorgten für den Bezug zu Barcelona und Katalonien.

Wer jemals das Glück hatte, einem solchen Spiel mit Mosaik beizuwohnen, wird vermutlich gestaunt haben, verschiedenfarbige Karten auf den Sitzplätzen erkannt zu haben. Obwohl in letzter Zeit mit einfachen Instruktionen versehen (etwa vom Typ: »Wenn Tor, dann Karte hoch!«), ergibt sich die Anleitung in der Neuzeit aus dem Kontext, denn das Barça-Publikum weiß nach fast 60 Mosaiken seit 1992, wie man effektvoll Farbe bekennt. Beim Erklingen der Barça-Hymne recken alle Zuschauer erstmals ihr jeweils zugeteiltes Kärtchen in die Luft. Diese »Pflicht« zu erfüllen, damit daraus eine perfekt inszenierte, Gänsehaut provozierende Choreografie entsteht, wird nur dadurch unterlaufen, dass man diesen Moment natürlich mit der Spiegelreflexkamera festhalten möchte, weshalb man die beiden Hände gut anderweitig gebrauchen könnte.

Neunmal sorgte das Mosaik für das besondere Etwas bei Finalspielen. Zwölfmal erstreckte sich das Mosaik sogar über das gesamte Camp Nou, was die Produktion und Logistik von 90.000 Karten bedeutet. Über 20-mal war der Gegner Real Madrid.[101] Insgesamt können sich mittlerweile über zwei Millionen Camp-

Nou-Zuschauer als teilnehmende Künstler fühlen. Ihrem Einsatz und Elan ist es zu verdanken, dass aus belanglosen Einzelstücken wunderschöne Bilder in einer für Menschen hohen Pixeldichte entstehen. Wären die Karten in einer Reihe angeordnet, käme man auf über 1.200 Kilometer Länge, sodass man erstmals Kribbeln und Gänsehaut in Entfernung angeben kann. Die Textzeile der Hymne »Tots units fem força«, alle zusammen sorgen wir für Druck, erstrahlt somit in besonderem Licht.

Da wir bei Barça ja wirklich nicht alles erfinden können, sei gesagt, dass die Idee aus italienischen Stadien importiert wurde. Der Fan und Gründer der Penya Barcelonista Almogàvers hatte dieses Phänomen beobachtet, und so ist es ihm zu verdanken, dass die Mosaiken erfolgreich den Weg in das Camp Nou fanden.

Der FC Barcelona erkannte 2000 die internationale Strahlkraft solcher Aktionen und nimmt seitdem eine aktive Rolle in deren Förderung ein, oftmals in Zusammenarbeit mit den Medien, damit für die perfekte Kameraeinstellung gesorgt wird. Aus Satellitensicht betrachtet wäre das Mosaik im übertragenen Sinn wiederum nur ein kleines Puzzleteilchen vom farbenfrohen Spektakel enormen Ausmaßes, als solches Barça von vielen Menschen auf der Welt gesehen wird.

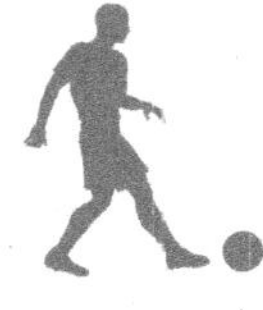

23. GRUND

Weil unser Stadion fünf Sterne für Inhalt und Verpackung verdient

Die Struktur aus Beton und Stahl ist erst vor Kurzem von einem Ingenieurbüro für gut befunden worden. Trotzdem merkt man unserem betagten Stadion manchmal die Jahre an, was die verschiedenen Clubführungen seit Laportas Präsidentschaft dazu veranlasst hat, ein neues »Neues Stadion« ins Auge zu fassen. Camp Nou bedeutet nämlich nichts anderes als dies.

Der befehlshabende General Moscardó verbot in seiner Funktion als Delegierter des Sports, dass Barças neues Stadion nach seinem Gründer Joan Gamper benannt wurde. Das war 1957, und Barças Weigerung, einen anderen, den Machthabern konformen Namen vorzuschlagen, führte dazu, dass sich der Name Camp Nou einbürgerte.[102] Im Jahr 2014 feierte das Camp Nou mit dem Ligaspiel Nummer 1.000 ein tolles Jubiläum. In 755 Spielen ging Barça als Sieger vom Platz, 157-mal ging Barça leer aus und 88-mal gab es ein Unentschieden.[103]

Die Arbeiten zum Bau vom Camp Nou wurden am 29. November 1954 aufgenommen. Während der ersten Bauphasen wurden 57.354 Kubikmeter Erde bewegt. Die Errichtung verschlang insgesamt viereinhalb Millionen Kilogramm Stahl. Die Grundsteinlegung des Camp Nou erfolgte am 28. März 1954, genau an dem Punkt, wo später die Stadionkapelle errichtet worden ist. Schon 1922 war der selbe Grundstein für das Vorgängerstadion Les Corts verwendet worden. Am 24. September 1957 wurde es eingeweiht und 10.000 Tauben und 6.000 Ballons in Vereinsfarben trugen die frohe Botschaft zumindest bis an die Costa Brava.

Im Bauch des Stadions befindet sich auch das Museum, welches auf 3.500 Quadratmetern 1.410 Dokumente und Stücke ausstellt. Seit der Einweihung im Jahr 1984 hat es über 25 Millionen Besucher verzeichnen können. Anfangs war eine Kapazität für 93.000 Zuschauer installiert. Indem der dritte Rang aufgestockt wurde, konnte zum Anlass der Weltmeisterschaft 1982 das Zuschauervermögen auf 120.000 erhöht werden.[104] So konnte auch der Zuschauerrekord von ebenso vielen Besuchern beim Viertelfinale im Europapokal der Landesmeister gegen Juventus Turin ermöglicht werden.

Heute fasst die Betonschüssel 99.354 Zuschauer und ist damit Spitze in Europa. Mit 72.116 Zuschauern pro Spiel (die 85.000 Dauerkarten werden nur als Eintritte gezählt, wenn sie auch zum Spiel erscheinen) nimmt Barça hinter Dortmund und Manchester United europaweit den dritten Platz ein.[105]

Am Spieltag sorgen 580 Angestellte für einen reibungslosen Ablauf am Ein- und Ausgang sowie an den etwa 200 Verkaufsstellen für Essen und Getränke. Butifarra heißt die katalanische Antwort auf die Stadionbratwurst. Sie ist der Renner unten den Snacks und kommt im eleganten Brotmantel daher.

107 Eingangstore lassen die gewaltigen Dimensionen erkennen. Dazu kommen über 50 Notausgänge. Das Camp Nou ist eines der sichersten Stadien der Welt. Wegen seines ausgeklügelten Systems können knapp 100.000 Zuschauer in nur fünf Minuten evakuiert werden. Aufgrund seiner Sicherheit wurde es von der UEFA als »Fünf-Sterne-Stadion« ausgezeichnet. 225 installierte Kameras verstärken das Sicherheitsempfinden.

Acht Aufzüge im Stadion überwinden eine maximale Höhe, die acht Stockwerken entspricht. Barças Kurzpass-Spiel kommt am besten zur Geltung, wenn der Rasen wie ein Teppich anmutet. Deshalb wird er, aus 15 Milliarden Grassamen bestehend, regelmäßig auf 18 Millimeter gestutzt. 52 Wassersprenger sind in ihm eingelassen und in den Sommermonaten wird das Gras, welches durch die Höhe der ansteigenden Ränge um optimale Sonneneinstrahlung gebracht wird, mit täglich 54.600 Litern Wasser versorgt. Zur Beleuchtung werden 11.900 Lichtpunkte eingesetzt, die insgesamt 4.500 Kilowatt Leistung ausmachen.[106] Das Fußballfeld misst 107m x 72m, das Camp Nou insgesamt, sozusagen brutto, kommt auf 250m x 220m.[107]

Neben der enormen Technik und Baukunst hat unser Stadion sogar eine Stimme. Manel Vich begrüßt seit 57 Jahren die Zuschauer mit der gleichen Ansage »Bona nit a tothom i benvinguts a l'estadi«, Guten Abend allen zusammen und willkommen im Stadion. Diese minimalistische Stadionansage erschallte somit in Barças Kolosseum bei weit mehr als 1.600 Spielen. Manel Vich ist seit über 40 Jahren Mitglied beim FC Barcelona. Der ehrenamtliche »Speaker« empfindet es als besondere Ehre, die Mannschaft zu europäischen Finalspielen begleitet zu haben, um dort wie 1992 in Wembley die Stadionansage auf Katalanisch zu machen. Er pflegt ein quasi freundschaftliches Verhältnis zu vielen Spielern.

Eine besondere Geste hatte Ronaldinho für ihn bereit. Manel Vich hatte im persönlichen Gespräch vorhergesagt, dass dieser in der zweiten Halbzeit treffen würde. Als dies der Fall war, zückte Ronaldinho die Eckfahne und funktionierte sie zum Mikrofon um. Unmissverständlich zeigte er dabei in Richtung der Sprecherkabine.[108]

Nach der Begrüßung werden die Mannschaftsaufstellungen vorgelesen, sonst nichts. Das höchste aller Gefühle ist die kleine Pause, die der Speaker zulässt, damit die Zuschauer jede Spielernennung mit »Hey«-Rufen quittieren können. Die Intensität, Lautstärke und Länge des kollektiven Schreies ist dabei ein Gradmesser für die Anerkennung jüngster Leistungen, Verdienste im Allgemeinen und somit die Harmonie, die zwischen Spieler und Publikum herrscht.

Manel Vich erklärt die sehr nüchterne Auslegung seiner Sprecherrolle damit, dass jedes Wort zu viel oder jegliche Äußerung seinerseits, die eine Tendenz erkennen lässt, der Meinungsvielfalt von fast 100.000 Zuschauern und über 160.000 Mitgliedern nicht gerecht wird.

Als Barça-Fan kann man den Architekten Josep Soteras Mauri und Francesc Mitjans Miró noch heute dankbar sein. Nicht nur durch die eigene Kapelle stellt das Camp Nou einen Pilgerort dar, von dem eine besondere Magie ausgeht. Wenn man die schier unendlichen Stufen bis zum dritten Rang erklommen hat, wird man mit einem imposanten Blick auf das harmonische Rund belohnt.

24. GRUND

Weil Penyes die Botschafter von Barça sind

Eine Penya ließe sich mit Fanclub übersetzen, aber die deutsche Übersetzung wird der Realität einer Penya nicht gerecht. Penyes von Barça gibt es über 1.434 (Stand: September 2011), wovon 668 aus Katalonien kommen, 679 aus Spanien und 87 weltweit verstreut sind.[109] Jeder Kontinent kann einige Penyes verzeichnen. Ursprünglich kommen sie aus Katalonien. Sich in einer solchen zusammenzuschließen machte in den 50er-Jahren die Organisation einfacher, der Leidenschaft Barça nachzugehen.

Penyes hatten bevorzugten Zugang zu Eintrittskarten und die schiere Größe einer Penya erlaubte es, Reisebusse anzumieten, um die Mitglieder zum Stadion zu karren. In der Hackordnung der Barça-Follower liegen sie ganz klar auf dem zweiten Rang hinter den socis. Ihre Verbundenheit erklärt auch, dass sich Penyes finanziell am Bau des Camp Nou beteiligten.[110] Diese treuen Anhänger hatten ja ein persönliches Interesse daran, Kubala und Co. ein würdiges Zuhause zu geben und dabei keinen culé draußen zu lassen, wenn Barça auf dem Spielfeld spektakuläre Spielzüge darbot.

In den 60er-Jahren setzte zudem das Phänomen ein, dass Medien und Fernsehanstalten Spiele live übertrugen. Das heutige Verhältnis von mehreren Bildschirmen pro Haushalt war natürlich noch nicht gegeben. Die Fernseher waren rar und ihre Anschaffung teuer. Penyes halfen auch bei der Lösung dieser Herausforderung für den fußballverrückten Fan, indem sie Raum und Fernseher für die Übertragungen bereitstellten. Diese historische Komponente erklärt, weshalb das Fußballgucken in Bars auch heutzutage noch sehr beliebt ist in Spanien. So wuchsen die Penyes in Mitgliederzahlen und Facilities, weil sie sozusagen alle die Probleme lösten, denen sich ein Barça-Fan gegenüber sah. Dabei fällt auf, dass die Penyes sehr heterogen ausgestaltet sind und einen Querschnitt der Gesellschaft darstellen. Jung und Alt, Frau und Mann treffen sich, um ihrer Leidenschaft zu frönen. Der jeweils eigene Charakter der Penyes wird dabei hauptsächlich durch die geografische Lage bestimmt.

In Barcelona hat auch im Jahr 2014 jedes Stadtviertel mehrere Penyes. In Katalonien sind sie ebenfalls weit verbreitet. Eine Penya bietet auch Barça-Touristen eine einmalige Atmosphäre, ein Barça-

Spiel authentisch zu verfolgen. Meist ist das einzige Eintrittskriterium, dass man beteuern muss, man ist wirklich für Barça und nicht für die anderen. Ein kleiner Unkostenbeitrag von ein paar Euros muss meist auch verrichtet werden. Dieser wird aber oft mit einem Tippspiel verrechnet oder stellt einen Getränkegutschein dar. Bloß nicht hoch gegen Barça wetten, das könnte für Irritationen sorgen.

Jede Penya hat außerdem ein Wappen und der Club bietet die Möglichkeit, diese Wappen als eine etwa DIN A4 große Tafel am Stadion zu befestigen. Wie bei einer Schiffstaufe wird zur Einweihung feierlich ein Vorhang aufgezogen, um eine neue Penya in der Barça-Familie zu begrüßen. Repräsentanten vom FC Barcelona und der Penya stoßen dann mit Cava, dem katalanischen Sekt, an. Es gibt unter den Wappen einige sehr originelle und hübsche Ausgestaltungen, wie das offizielle Barça-Wappen in Form, Farbe und mit Elementen der Herkunft der Penya künstlerisch entfremdet wird. Einfach mal darauf achten, wenn man das nächste Mal das Camp Nou besucht, die Tafeln befinden sich über den Eingängen, als »portas« deklariert.

In den fetten Barça-Jahren der Neuzeit fällt es wahrscheinlich schwer, sich auch eine andere vitale Funktion der Penyes vorzustellen, nämlich die der Gruppentherapie. Als Vater der Penyes wurde der mit 88 Jahren 2012 verstorbene Nicolau Casaus[111] angesehen. Er beschrieb das Empfinden der Penyistas, die in den 90er-Jahren eine internationale Expansion erfuhren, folgendermaßen: »Je weiter weg von Barça, desto höher schlägt das Herz.«[112] Die Penyes haben somit aus Barça-Perspektive etwas von Botschaften, um das Gefühl in die Welt zu tragen.

Ich selbst hatte das Glück, dabei zu sein, als wir 1998 die Penya Barcelonista Berlín Culé in Berlin gründeten. Gleich fühlten wir uns Barça näher, man gehörte noch mehr zur Familie. Einmal im Jahr veranstaltet Barça ein internationales Penya-Treffen. Dort wird dann der Barcelonisme in vollen Zügen gefeiert, der Präsident lässt sich blicken, Spieler tauchen auf, über Erfolge und Jahresabschlüsse wird berichtet.

Vor drei Jahren weilte ich in Berlin, als es zum Ligaduell zwischen Barça und Madrid im Bernabéu kam. Meine erste Anlaufstation war natürlich die Berlín Culé, dessen Führung von einigen in Berlin ansässigen Katalanen übernommen wurde. Ich traute meinen Augen kaum, als ich die Menschenmassen sah, die sich in einem Youth Hostel in Berlin nahe der Friedrichstraße eingefunden hatten. Klasse Arbeit, Marc Llop und Carles Andreu!

Obwohl auch einige Madrid-Fans vor Ort waren, war das Lokal doch überwiegend in Barça-Hand. Die Stimmung war besser als im Camp Nou. Es erfüllt mich mit Stolz, dass die Berlín Culé die schwierigen Gründerjahre überstanden hat und jetzt vor Stärke protzt. Wir bemühten uns zur Jahrtausendwende vergeblich, ein Lokal zu finden. Für den Wirt ging die Rechnung nicht auf, für eine Handvoll Gäste, welche pro Spiel zwei Bier bestellten, eine Satellitenschüssel zu installieren und das Pay-Per-View-Signal der spanischen Sender zu kapern.

Mittlerweile gibt es sechs Penyes in Deutschland: Penya Barcelonista Berlín Culé[113], Peña Barcelonista de Knittlingen, Penya Azulgrana Frankfurt/Rhein-Main[114], Peña Barcelonista de Wolfsburg[115], Kölscher FC Barcelona Fan Club[116], Bayerischer Penya Blaugrana[117] und weitere in der Schweiz und Österreich: Alta Austria, Viena »Udo Steinberg«[118], Penya Barcelonista de Lausana[119], Genf, Ticino[120], Penya Barça Suïssa Zürich[121], Penya Barcelonista Suiza Berna, FCJ Barcelona Zürich[122]. – Schließt euch einer an, der Mensch braucht Nestwärme!

25. GRUND

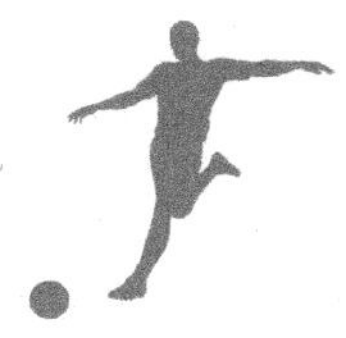

Weil Barça zu Fleisch und Blut wird: Die Geschichte vom l'avi del Barça

»Der Ball ist rund und das Spiel dauert 90 Minuten«, diese Weisheit von Sepp Herberger lässt den Eindruck erwecken, dass sich Fußball nur in dieser Zeit abspielt. Das ist weit gefehlt, denn Barça ist in der katalanischen Gesellschaft sehr präsent. Die Ausdrucksformen sind vielfältig. Großer Beliebtheit erfreute sich beispielsweise die Comicfigur Jordí Culé. Diese Erfindung des katalanischen Fernsehsenders TV3 lief bei den Liveübertragungen Fingernägel kauend durchs Bild, wenn es mit der Aufholjagd brenzlig wurde. Fahne schwenkend feierte er die Tore von Barça, und aus seiner Abneigung gegenüber Real Madrid machte er keinen Hehl, wenn er schadenfroh deren Gegentore kommentierte.[123] Angesichts der Proteste aus Madrid musste TV3 zurückrudern und die Figur entschärfen und mit mehr Fair Play ausstatten. Jordí Culé verschwand dann in den 1990er-Jahren wieder aus den Übertragungen.[124]

Eine Stetigkeit wie der Opa von Barça konnte er nicht vorweisen. Diese Figur wurde in den 30er-Jahren des letzten Jahrhunderts vom Maler und Schriftsteller Valentí Castanys i Borràs ins Leben gerufen. 1924 wurde er erstmals in der Zeitschrift XUT abgedruckt. Er eroberte als »Avi del Barça« die Herzen von Jung und Alt, und seine Popularität lässt sich daran ablesen, dass es dem FC Barcelona eine Skulptur wert war, die sich am Eingang zur alten Masia befindet.

In den 70er-Jahren musste wohl das Barça-Mitglied Joan Casals von der Penya Blaugrana de Guardiola de Berguedà an sich einen Alterungsprozess in erster Person konstatieren, welches ihm die Ähnlichkeit mit dem famosen Barça-Opi vor Augen führte. So schlüpfte er mehr und mehr in die Rolle der allseits beliebten Figur.[125] Vielleicht versprach er sich auch ewige Jugend von dieser Kopie, denn sein Avatar war schließlich seit mehreren Jahrzehnten nicht gealtert. Sich diese symbolträchtige Figur einzuverleiben, ruft bei der Barça-Gemeinde geteilte Reaktionen hervor. Befürworter führen an, dass Joan Casals dazu beitrage, dass die Barça-Geschichte nicht in Vergessenheit gerate. Die Kritiker sehen vielmehr, dass niemand die Symbolik von Barça besetzen darf. Sei es, wie es sei, Joan Casals hat jedenfalls den Barça-Opa nicht weiterentwickelt und damit auch nicht entfremdet. Es ist ein Stück mehr Folklore, die unserem großartigen Verein Schmuck verleiht.

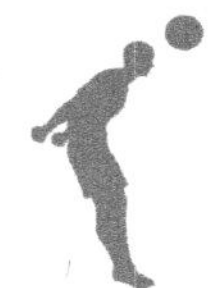

26. GRUND

Weil Barça selbst an spielfreien Tagen viele Leute vor den Fernseher lockt

Primetime im katalanischen Fernsehen. Das heißt circa 22 Uhr, denn in Spanien ist der ganze Tag fast zwei Stunden im Vergleich zu Deutschland nach hinten versetzt.

Etwa 1,4 Millionen Zuschauer[126] schalteten zur Saison 2009/10 regelmäßig den katalanischen Sender TV3 ein, wenn die auf Sport getrimmte Satire-Show *Crackòvia* über den Äther flimmert. (Bei digitalem Fernsehen heißt das jetzt bestimmt anders.) Die bemerkenswerten Einschaltquoten von einem Share von 31 Prozent sprechen nicht nur für die Qualität der von Minoría Absoluta produzierten Sendung, sondern veranschaulicht auch, dass Barça einen festen Platz im Alltag der Menschen genießt.

Durch das wöchentliche Format und die Ausstrahlung am Montag ist für einen aktuellen Bezug zum Geschehen des Wochenendes gesorgt. Den Großteil der 30-minütigen Sendezeit nimmt Barça ein. Das Programm macht aber vor niemandem halt, der mit dem Sportzirkus zu tun hat und eine gewisse Popularität genießt, sei er nun Formel-1-Fahrer, Basketballer oder Sportreporter. Die Sendung lebt davon, dass gute Schauspieler durch Zuhilfenahme von

Verkleidungen und Parodien Avatare der Stars kreieren, die nahe genug am Original bleiben, aber ihre Macken und die sie charakterisierenden Eigenschaften sehr gut herausarbeiten. Einmal erfolgreich erschaffen, bleibt das Abbild gleich, und begünstigt durch die gewisse Konstanz in Form von wöchentlichen Folgen, bekommt die Figur schließlich ein Eigenleben.

Guardiola und Mourinho verfremdeten den Text von *Die Schöne und das Biest* und führten einen herrlichen Tanz auf.[127] Puyol ist eine sehr gelungene und beliebte Figur, immer gut gelaunt und mit Vorfreude auf das Training wird er jeden Morgen in seinem rustikalen Dorf La Pobla De Segur von seinem Wecker in Form seines treuen Gefährten, einem Hahn namens Wembley, um Punkt 5.30 Uhr geweckt.[128]

Iniesta ist immer so weiß geschminkt, dass er in einem Sketch einem Autogramm suchenden Fan bei dessen Selfie mit Iniesta davon abrät, einen Blitz zu verwenden. Er, Iniesta, habe ja schon einen Blitz eingebaut und sonst wäre das Foto zu stark überbelichtet.

Messi kann keiner einzigen Konversation folgen, weil er nur an Fußball denken kann und selbst in der Kabine alle ausdribbelt.

Süffisant überspitzt dargestellt sind auch der selbstherrliche und Verschwörungstheorien witternde Präsident Laporta und Cristiano Ronaldo als selbstverliebte,[129] einen Handspiegel ständig bei sich tragende Diva, die sich von den Mannschaftskameraden in der Kabine hofieren lässt. Nur wenn der Name »Messi« fällt, gerät CR7 aus der Fassung und gleicht der bösen Königin aus *Schneewittchen*: »Das darf ja wohl nicht wahr sein, dass in 600 Kilometern Entfernung jemand noch viel schöner beim Fußballspielen ist als ich!«[130]

Auf Mesut Özils Fähigkeit, den perfekten Pass zu spielen, wurde angespielt, indem er in Manier eines Chamäleons seine weit geöffneten Augen mit einem kullernden Geräusch versehen blitzschnell verdrehen konnte.[131]

Sympathisch doof kommt die Karikatur von Sergio Ramos rüber. Mit seinem nicht minder blöden Busenkumpel Guti[132] lässt er keine

Party aus, selbst wenn es eine Meisterfeier von Barça ist. Sein frohes Gemüt und die Lossagung von jeglicher geistigen Reflexion lassen ihn immer gut drauf sein.

Bernd Schuster als Trainer von Real Madrid war auch zum Schreien. Mit einem überhöhten deutschen Akzent versehen, war jede Pressekonferenz ein Misstrauensvotum gegen alles.[133] Mit Pantoffeln auf dem Sofa rief er dann immer wieder bei der Hotline von Barça an, um sein Jahresabo, das carnet del Barça, zu verlängern. (Selbst als Trainer von Madrid blieb er weiterhin eingeschrieben und zahlte pünktlich seinen Beitrag).

Dass man auch in Madrid über diesen satirischen Beitrag zur schönsten Nebensache der Welt lachen kann, zeigt sich daran, dass der in Madrid ansässige Sender Telemadrid die Rechte erwarb, um das erfolgreiche Format auf Real Madrid umzumünzen.

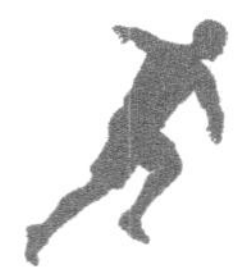

27. GRUND

Weil Barça Schulden macht

Verbindlichkeiten und Schulden sind im Sprachgebrauch negativ besetzt. Oft werden sie als Vorbote von Insolvenz gesehen. Und im globalen Fußballgeschäft wird mit solch immensen Zahlen hantiert, dass uns normalen, sterblichen Bürgern schwindelig wird. Eine Transfersumme von 100.000.000 Euro für einen einzigen Spieler entfacht in Zeiten globaler Wirtschaftskrisen kontroverse Diskussionen[134] um ethische und moralische Vertretbarkeit.[135] Nach kurzer öffentlicher Aufregung gewinnt beim eingefleischten Fan meist schnell die Begeisterung für diesen neuen Star die Oberhand und die 135 Euro für das mit Namen und Nummer geflockte Trikot[136] sitzen locker in der Tasche.

Ein Spielerkauf, egal welch finanzieller Größenordnung, stellt die Mittelverwendung dar und wird auf der Aktivseite der Bilanz verbucht. Es wird sozusagen in den sportlichen Erfolg investiert. Aktiv- und Passivseite einer Bilanz halten sich die Waage, sodass dem Wert des Spielerkaufs Posten auf der Passivseite entsprechen, die sozusagen die Herkunft dieser Gelder beschreiben. In den seltensten Fällen lässt sich eine Investition mit eigenen Geldern, vereinfacht gesagt, den erzielten Gewinnen aus vorherigen Jahresabschlüssen, schultern. Die Finanzwirtschaft wird der ihr zugedachten Rolle gerecht, indem sie Kredite bereitstellt. Das wird dann der Fall sein, wenn das Risiko für den Kreditgeber angemessen erscheint. Zinssatz, Laufzeit und Sicherheiten sind nur einige der Stellschrauben, Geld-Nachfrage und Angebot in einem funktionierenden Markt abzubilden.

Die Kreditgeber schauen unter anderem darauf, worin das Geld investiert ist. Im Falle eines Fußballvereins sind das hauptsächlich die Spieler und die Sportanlagen. Da kommt Barça zugute, dass sich Camp Nou samt Grundstück und weiterer Flächen im Eigentum von Barça befindet. In den Gründerjahren um 1910 hätten die hohen und im Zuge der einsetzenden Immobilienblase weiter steigenden Platzmieten den Club fast in den Bankrott geführt.[137]

Laporta und seine Führungsriege übernahmen 2003 einen wirtschaftlich stark angeschlagenen Verein. Mit nur 123 Millionen Euro Einnahme war der FC Barcelona weit abgeschlagen auf dem 13. Platz der Football Money League, Manchester United konnte das Doppelte an Einnahmen einstreichen. Die lang anhaltende sportliche Dürre macht das annus horribilis komplett.[138]

Laportas Team stellte die Weichen für Barças Zukunft, indem sie die Marke Barça weltweit positionierten und etablierten. Die nachfolgenden Präsidenten Rosell und Bartomeu gingen den Weg weiter und konnten zum Beispiel mit dem Trikotsponsoring neue Einnahmequellen erschließen.[139] Außerdem hat Barça eine sehr erfolgreiche Strategie in Bezug auf die sozialen Netzwerke gefahren. Mit 61 Millionen Followern bei Facebook und Twitter ist der FC Barcelona einsame Spitze unter allen Vereinen der beliebtesten Sportarten weltweit.[140]

Sportliche Erfolge allein lassen sich aber nicht in der Bilanz verbuchen, geschweige denn, es ließe sich mit drei Punkten aus der Liga eine Teilschuld bedienen. Indirekt sind Titel und Erfolge aber eine Grundvoraussetzung, um das weltweite Interesse an Barça am Leben zu halten. Diese Sehnsucht nach Barça zahlt sich aus. Über Fernseheinnahmen, Sponsorengelder, den Verkauf von Trikots und Merchandisingartikeln, Ticketeinnahmen aus regulären Spielen und die unverzichtbaren Sommertouren durch Asien und Amerika im Stile der Harlem Globetrotters wird viel Geld in die Kassen von Barça gespült. Diese Einnahmen durchbrachen bei der Präsentation vom finanziellen Lagebericht 2013/14 erstmals die magische Grenze von 500 Millionen Euro. Damit liegt Barça knapp hinter Real Madrid auf den Top-Plätzen der globalen Fußballrangliste des Geldes. Den Einnahmen stehen Ausgaben von 254 Millionen Euro für feste Spielergehälter gegenüber.

Mit der sich ergebenden Relation von Gehältern zu Einnahmen erfüllt Barça die Vorgaben vom Financial Fair Play. Ferran Soriono, Vizepräsident unter Laporta, erklärt in seinem Buch *La pilota no entra per atzar*, der Ball gehe nicht zufällig ins Tor, dass es bezüglich des Verhältnisses von Gehältern und Einnahmen Parallelen zwischen dem Fußballbusiness und Hollywood gebe. Die Stars nehmen sich das größte Stück vom Kuchen. Für den Club bleibt wenig übrig, Gewinnerzielung wie bei anderen Wirtschaftsunternehmen ist nicht das primäre Ziel.

Werden zudem Abschreibungen, laufende Kosten (86 Millionen Euro), Nicht-Spieler-Gehälter (32 Millionen Euro) und sonstige Posten (35 Millionen Euro) abgezogen, so bleibt ein Gewinn von 53 Millionen Euro übrig. Ja, Fußballspieler werden abgeschrieben, für 2013/14 mit 65 Millionen Euro. Ohne Bilanzen einzusehen, kann man als Fan mit ansehen, wie die Maschine altert und nicht mehr die Leistung bringt. Aus den Abschreibungen, die Transfersumme wird linear über die Vertragslaufzeit abgeschrieben, finanziert der Verein die neuen Stars. Bei 287 Millionen Schulden müsste Barça somit das 2,1-fache vom EBITDA[141] aufwenden, um die Schulden zu bedienen. Das ist ein guter Kennwert.[142]

Das *Forbes Magazin* sieht den FC Barcelona auf dem 2. Platz der weltweit wertvollsten Clubs. 2,461 Milliarden Euro Gesamtwert bestehen zu 22 Prozent aus Verwertung Stadion, 35 Prozent Übertragungsrechte, 29 Prozent Merchandising und 14 Prozent Marktwert.[143] Der Markenwert vom FC Barcelona wirkt wie ein Hebel für die Preise, die Barça für sein Erlebnisprodukt verlangen kann.

Der Vizepräsident des aktuellen Präsidiums Javier Faus kommentierte, dass gerade bei der Verwertung Stadion noch Luft nach oben sei. Barça befände sich im Hintertreffen gegenüber direkten Konkurrenten. Vom angestrebten Stadion Neu- beziehungsweise Umbau verspreche man sich jährliche Mehreinnahmen von 20 bis 25 Millionen Euro.[144] Und Cruyff prägte schon den Spruch, dass das Geld auf den Platz gehört und nicht auf die Bank. Kein Grund zur Sorge also. Das Spektakel wird uns erhalten bleiben, man muss ja auch das (neue) Stadion füllen.

28. GRUND

Weil Eintrittskarten kaufen etwas für Anfänger ist

In Spanien werden die Anstoßzeiten und manchmal sogar der definitive Spieltag erst einige Tage vorher festgelegt. Die Eintrittspreise für die Barça-Spiele richten sich nach dem Gegner, dem Wettbewerb und bei K.-o.-Wettbewerben auch nach dem Fortschritt des Wettbewerbs. Dementsprechend ist es am teuersten, ein Spiel des FC Barcelona gegen Real Madrid im Halbfinale der Champions League live zu erleben. Doch entgegen der weitläufigen Meinung, man brauche Kontakte, um bei gefragten Spielen ins Stadion zu kommen, ist es relativ einfach, an Karten zu gelangen.

Dafür sorgt ein spezieller Schwarzmarkt, der sich aus den ausgegebenen Dauerkarten speist, den sogenannten Abonaments. Grundvoraussetzung für diese Verbriefung des Anspruches auf einen der heiß begehrten Sitzplätze ist die Mitgliedschaft. Wegen Überzeichnung – 153.458 Mitgliedern, die 177 Euro Jahresbeitrag zahlen (Stand Juli 2014)[145], stehen 85.000 als Dauerkarten ausgeschriebene Plätze gegenüber[146] – gibt es eine Warteliste, um als soci einen Stammplatz zu ergattern. Das kann schon mal ein halbes Jahrzehnt dauern, bis man drankommt. Wem das zu lange dauert, kann sich Zeit erkaufen, indem er einen Dauerkartenbesitzer auslöst, sodass dieser dem Anwärter die Karte überschreibt.

Weil Barça halt mehr als ein Verein ist, stellt das Abonament auch ein Statussymbol dar. Es gehört bei vielen katalanischen Familien zum guten Ton. Lieber verzichtet man auf nötige, aber nicht dringende Anschaffungen, als das Abonament aufzulösen, um die 217 Euro bis 799 Euro pro Saison[147] einzusparen, die der Livefußball je nach Platzkategorie kosten kann. Und das Leben ist unberechenbar, und so passiert es nur allzu oft, dass ein paar Tausend der Abonament-Besitzer zur Spielzeit verhindert sind. Im Idealfall freut sich dann ein Familienangehöriger darüber, kostenlos zum Barça-Spiel gehen zu können.

Aber ein gehöriger Anteil dieser frei werdenden Plätze landet auch auf dem Schwarzmarkt. Es gibt dabei alle möglichen Ausprägungen, wie diese schließlich einen Abnehmer finden. Da wären die kartellartig organisierten Verkäufer, welche einen ganzen Stapel von Dauerkarten managen. Diese sind meist nicht sonderlich vertrauenseinflößend. Jeder Zuschauer, der nicht als einheimischer culé wahrgenommen wird (blondes Haar reicht dafür meist schon aus), macht mit ihnen wahrscheinlich Bekanntschaft, denn sie stellen sich strategisch günstig um das Stadion herum auf, um die Passanten zu ködern. Sie wollen einen glauben machen, dass alle Karten verkauft seien und ihre weitaus überteuerte »Karte« die letzte Chance sei, Messi einmal in seinem Leben live zu sehen. Sollte man anbeißen, zahlt man eindeutig zu viel und hat irgendwann später ein seltsames Gefühl, verprellt worden zu sein oder etwas Verbotenes gemacht zu haben, wenn man von einem anderen Mittelsmann durch mehrere Stadiontüren bis zu seinem Platz geschleust wird. Die Dauerkarte im Kreditkartenformat hält man dabei nie in den Händen. Die Helfer öffnen mit dem aufgedruckten Strichcode die Drehkreuze bis zur finalen Sitzanweisung.

Mein liebstes Kollektiv sind wahrhaftige, selbstlose Einzelpersonen. Meist kommen sie in Gestalt eines älteren Herrn rüber, nennen wir diesen Gentleman mal Luis. Er ist natürlich nicht so aggressiv wie seine quasi professionellen Kollegen. Er hat auch einen persönlichen Grund, warum seine zweite Dauerkarte heute frei wird. Seine Gattin fühle sich heute nicht so gut. Der Arzt meine zwar, nichts Schlimmes, sondern nur das Alter, jedenfalls zieht sie heute das Sofa vor. Mit Sympathie und kreativen Bemühungen, die Sprachbarriere zu überwinden, wird man sich dann mit Luis über den Preis einig. »20 Euro nur?«, fragt man etwas ungläubig nach. Und Luis erklärt, dass er mit Barça keine Geschäfte mache, sondern nur anteilig den Saisondauerkartenpreis einspielen möchte. Was bei gegenseitiger Sympathie dann folgt, sind alle möglichen Anekdoten rund um Barça. Und Luis zuzuhören, wie er Johan Cruyff, Maradona und Schuster als Spieler erlebt hat, ist unbezahlbar. Authentischer kann man ein Barça-Spiel nicht sehen.

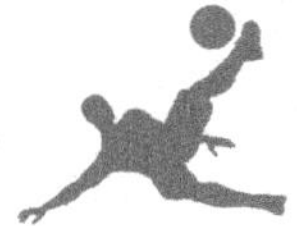

29. GRUND

Weil Kunst halt ihren Preis hat

»Museum ist gleich Kunst« und damit per Definition etwas entrückt von der Fußballwelt von Bier und Stadionwurst. Das mögen viele Leute meinen. Dass Kunst aber nur für wenige zugänglich ist, wie das hervorragend amüsant von Hape Kerkeling im *Hurz*-Klavier-

Konzert[148] kolportiert wurde, stimmt allerdings bei Barça nicht. Man muss sich mal vor Augen führen, dass 2013 über 1.500.000 Menschen das Barça-Museum besichtigt haben. Dabei müsste der stramme Eintrittspreis von 23 Euro, marketinggerecht als Barça-Experience verpackt, doch eigentlich für eine gewisse Exklusivität sorgen. Mit diesen Besucherzahlen liegt das Museum vom FC Barcelona auf dem ersten Platz in einem starken Feld von Konkurrenten wie Picasso und Dalí (wo haben die eigentlich gespielt?).

Es wurde 1984 unter der Präsidentschaft von Josep Núñez eröffnet. Seitdem ist die Trophäensammlung extrem angeschwollen und Fußball zum weltweit vermarkteten Event geworden. Das Museum befindet sich direkt im Stadion, was für das nötige Ambiente sorgt. Auf 3.550 Quadratmetern wird die Geschichte von Barça beleuchtet. Multimediasektionen wechseln sich mit zur Schau gestellten Relikten aus einer anderen Zeit ab. Darunter befinden sich zum Beispiel die Bekanntmachungen der Zeitung, dass der neu gegründete FC Barcelona um Mitglieder wirbt. In einer anderen Vitrine kann man Goalgetter Alcántaras Schuhe bewundern, der in den 20er-Jahren die Tormaschen mit seinem harten Schuss zerfetzte.

Ausgestellt ist auch ein Trikot mit der Inschrift »C.F. Barcelona« im Wappen (siehe 16. Grund). Das ist die spanische Schreibweise. Mit dieser Maßnahme versuchte der Franco-affine Fußballverband, Barça die katalanische Gesinnung auszutreiben.[149] Überhaupt wird dem Besucher bewusst, dass der FC Barcelona viele schwierige und kritische Momente in seiner Geschichte durchmachen musste, aber immer wieder wie Phönix aus der Asche auferstanden ist, zum Beispiel als das Clubgebäude während des Spanischen Bürgerkrieges 1938 von Bomben ereilt wurde und Feuer fing. Der Hausmeister Josep Cubells trotzte der Gefahr und rettete wichtige Dokumente und symbolträchtige Gegenstände vor den Flammen.

Auch die Rolle von Barça als Mittel zur Integration für die Neuankömmlinge wird den Besuchern näher gebracht. Ausgelöst durch den wirtschaftlichen Aufschwung der Industrialisierung rollte in den 60er-Jahren des 20. Jahrhunderts eine Zuwanderungswelle von 1,2 Millionen Menschen, vornehmlich aus dem Rest Spaniens, auf Katalonien zu. Viele hegten Sympathien für den FC Barcelona, weil der Club als Gegenpol zum zentralistischen Spanien wahrgenommen wurde und einen demokratischen und inklusiven Charakter versprühte. Der Präsident Narcís de Carreras nahm bei seiner Amtsannahme 1968 diese Stimmung auf, als er den legendären Satz sagte: »El Barça és més que un club«, Barça ist mehr als ein Verein.

Ronald Koemans Schuhe erinnern an die 111. Minute des Spiels gegen Sampdoria Genua, als der schussgewaltige Holländer das 1:0 erzielte und Barça den lang ersehnten Europapokal der Landesmeister erstmals in die Hafenmetropole holte. Gianluca Vialli, Sampdorias Galionsfigur, war schon ausgewechselt worden und vergrub sein Gesicht in einem Handtuch, weil er wohl ahnte, dass Hunderttausende Barça-Fans telematisch ihre Sehnsucht und Entschiedenheit auf Koeman projizieren würden, sodass der Schuss nur im Tor landen könnte. Die Tour führt auch zur Pressetribüne und die Einspielung berühmter Livekommentare schwört Gänsehaut herauf. So in Stimmung versetzt, kann man sich gleich erproben, ob man als Kommentator taugt. Diese Selbsterfahrung lässt einen nächstes Mal ein bisschen weniger auf die Beckmanns und Reifs schimpfen.

In der Gästekabine hängen Bilder der größten Spieler, die Barça mit ihren jeweiligen Clubs herausgefordert haben. Vom Rasen des Camp Nou blickt man ehrfürchtig auf die (leeren) Ränge, die sich vor einem auftürmen. Auch hierbei wird einem schnell bewusst, wie leicht es sein muss, einen Elfmeter zu vergeigen, wenn 99.000 Zuschauer pfeifen. Nach dieser emotionalen Zeitreise mit ständigem Bezug zur ruhmreichen Gegenwart wird man abschließend mitten im Barça-Shop rausgelassen. Aufgewühlt von den Ungerechtigkeiten, die Barça in der Vergangenheit widerfuhren, und eingehüllt in die emotionale Decke aus den Materialien Erfolg, Glamour und Rivalität sitzt dann die Kreditkarte ziemlich locker.

Kommt dann die Ernüchterung bei der Abrechnung, sagt man sich nicht ganz uneigennützig mit einem leisen Seufzer: »Na ja, es ist ja für einen guten Zweck!«

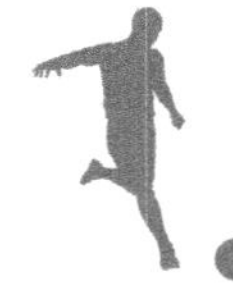

30. GRUND

Weil Barça eben in Barcelona spielt

Barcelona ist eine bezaubernde Stadt. Sie kann sich einer landschaftlich sehr attraktiven Lage erfreuen, begrenzt durch den Montjuïc, den Tibidabo und das Mittelmeer.[150]

Womit soll ich anfangen? Mit dem mediterranen Wetter, das für viele Sonnenstunden pro Jahr sorgt? Oder mit der fantasievollen Architektur, die Antoni Gaudí Barcelona mit seinen Jugendstil-Bauten vermacht hat? Oder dem Erbe der Olympischen Spiele von 1992, welche Barcelona einen enormen Facelift bescherten und vergessene Viertel neu entdecken ließen?

Oder etwa die international bewunderte Küche, welche aus dem Vollen schöpfen kann, weil Fisch, Meeresfrüchte und andere Zutaten nicht nur in der weltbekannten Markthalle La Boqueria appetitlich um Aufmerksamkeit ringen, sondern auch die Kreativität der Starköche beflügeln? Der bekannteste von ihnen ist Ferran Adrià. Um im Fußballjargon zu bleiben: Seine Trophäensammlung an internationalen Anerkennungen und Auszeichnungen, darunter bester Koch und bestes Restaurant der Welt, kann es mit der von Barça aufnehmen.

Hier im Markt könnte der Tag langsam mit einem Café con leche und einem Croissant beginnen, wenn Trubel und Menschengewimmel noch nicht Einhalt in den Gängen zwischen den bunten Ständen geboten haben.

Danach gehts zum Schlendern in die Altstadt. Jahrhundertalte Geschäfte konkurrieren mit gestylten Modeboutiquen. Hat man sich der Qual der Wahl erfolgreich gestellt und eines der über 1.000 Restaurants auserkoren, kann man sich meist für ein Mittagsmenü begeistern, welches für neun bis 15 Euro ein Drei-Gänge-Menü bestehend aus Vorspeise, Hauptspeise und Nachtisch anbietet. Das ist noch ein Relikt aus der Zeit unter der Diktatur von General Franco.[151] Demnach sollte jedem Spanier ein erschwingliches und komplettes Essen möglich sein, damit er im Anschluss an die Mittagsruhe wieder gestärkt die Arbeit aufnehmen kann.

Wenn wir nun weiter in Richtung Meer flanieren, haben wir uns das erfrischende Bad und die anschließende Siesta auf dem Handtuch wirklich verdient. Nun noch einen kühlen Drink in die Hand und wir sind bestens gewappnet für das, was noch kommen mag. Im Hochsommer kann es zwar ganz schön eng werden, aber an dem acht Kilometer langen Stadtstrand sollte dennoch jeder Sonnenanbeter ein Plätzchen finden. Am Boulevard vom Strand von Barceloneta lässt man dann den Badespaß langsam ausklingen. Ein Mojito, eine Sangría, ein Bier oder auch ein frisch gepresster Orangensaft bieten sich bestens dafür an, die letzten Sonnenstrahlen im Müßiggang zu genießen. In dieser Relaxphase kann man allerhand schräge oder besonders attraktive oder kuriose Typen beobachten.

Wer genug von dem quirligen Leben der Stadt hat und wieder ein bisschen Ruhe vor dem späteren Barça-Sturm sucht, kann sich in Richtung Montjuïc aufmachen. Am Ende von Barceloneta steigen wir in eine der roten Gondeln und genießen den Sonnenuntergang und den Blick auf die Barcelonawelt von oben.

Bei der Fahrt mit Blick über die Stadt lässt sich schon erahnen, welche Ausmaße das Hafengebiet Barcelonas hat und wie groß inzwischen seine Bedeutung im Kreuzfahrttourismus ist. Der Ort ist ein Magnet für Kreuzfahrtschiffe. Nach drei Häfen in der Karibik nimmt er weltweit die Nummer vier ein, was die jährlichen Gäste der Kreuzfahrten betrifft.[152]

Der Boom lässt sich auch in dem Anstieg der Hotelübernachtungen ablesen. Während 1993 noch 4,3 Millionen Übernachtungen gezählt wurden, so waren es im Jahr 2013 schon mehr als 16 Millionen. Für die Popularität spricht auch, dass Barcelona in der Liste der meistfotografierten Städte der Welt auf Platz drei liegt.[153] Angesichts dieser Touristenströme ist es doch eigentlich verwunderlich, dass nicht jedes Spiel von Barça sehr gut besucht ist. Verwöhnt durch die Schönheit, Vielseitigkeit und Dynamik Barcelonas, ist Barça manchmal nur das i-Tüpfelchen auf einem ohnehin schon perfekten Tag.

Auf dem Berg angekommen, genießen wir ein letztes Mal den rosa eingefärbten Panoramablick, bevor es in Richtung Camp Nou geht. Wenn Barça dann ein Feuerwerk abbrennt und im Rausch die gegnerische Mannschaft aus dem Stadion schießt, ja, dann seufzt man zufrieden in sich hinein: (Fußball-)Herz, was willst du mehr?[154]

Aber erst einmal müssen wir zum Camp Nou kommen. Nach dem Verlassen der Metro trennen uns nur noch ein paar Schritte vom Stadion, der kleine Fußmarsch führt uns durch ein Wohnviertel. Eingefleischte Fans hätten die Möglichkeit, ein paar Meter entfernt zu wohnen und sich an dem Schimmern über dem Stadion zu erfreuen, wenn die Flutlichtanlage in Betrieb ist. Wenn man sich zu diesem Zeitpunkt nicht mit Sicherheit selbst auf seinem Dauerkartensitz befinden würde, wäre es auch möglich, den Spielstand und die vorherrschende Stimmung im Camp Nou mitzufühlen.

Die Einwechslungen und die anfängliche Mannschaftsaufstellungen auch ohne Fernseher oder Radio bei offenem Fenster mitzuerleben wäre auch kein Problem. Man möchte sich nur einmal die Endminuten eines bisher unentschiedenen Duells bei Stromausfall vorstellen. Jeden Leser, der sich kurz in dieses Szenario versetzen möchte, wird allein beim Gedanken daran leichte Nervosität packen. Barcelona hat die Lösung. Wenn gar nichts mehr klappt: Ab auf den Balkon, den Straßenverkehr und die Sirenen der vorbeifahrenden Ambulanzen ausblenden und das Gehör fein einstellen auf Camp Nou.

3. KAPITEL

DNA BARÇA

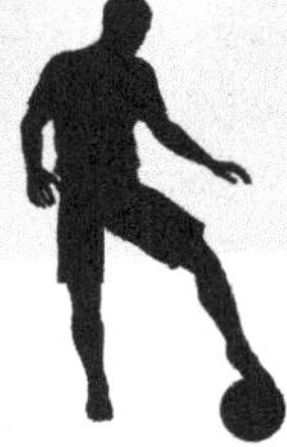

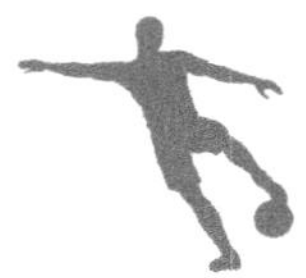

31. GRUND

Weil Barça die schöneren Spiele(r) hat

Die Kamera zielt auf das Gesicht des Portugiesen – dann schwenkt sie auf Ganzkörper und fängt seine inszenierte Cowboypose ein. Unweigerlich schießen mir Bilder von einem Duell im Wilden Westen in den Kopf, und ich bilde mir ein, das Knarren der Saloontür im Wind zu hören. Inmitten dieser Anspannung platzt es herein: »Aber hübschere Spieler hat Madrid schon.«

Ich könnte im Gegensatz zu manch anderen recht gut ohne Fußball leben[155], dennoch war auch ich gerade in den Ball vom Freistoß vertieft, hoffend, dass er den Weg in das Barça-Tor nicht findet. Ich tue also erst mal so, als fühle ich mich nicht angesprochen. Das klappt ganze zwei Sekunden. Nun kommt der zweite Versuch stochernd hinterhergedrückt. »Cristiano Ronaldo sieht ja nun wirklich gut aus.« Leider war es nicht einmal eine Frage, sondern eine Feststellung, die so klang, als würde sie nur noch auf die sicher geglaubte Zustimmung warten.

Vielleicht bin ich schon zu lange ein Anhänger von Barça, als dass ich nicht die Attraktivität abstrahiert von dem Rest sehen kann und will, die einen Spieler ausmacht. Ohne Frage, Cristiano ist ein Athlet, der meinen Respekt verdient, aber darauf zielte der in den Raum geworfene Kommentar wohl nicht ab. Und nun fliegen diese Worte im Zimmer herum, vorwiegend um meinen Kopf, und warten darauf, aufgegriffen zu werden.

Es ist doch immer wieder schön, in gemischter Runde Fußball zu schauen, gern auch wichtige Aufeinandertreffen in der Champions League oder eben gleich »El Clásico«. Es lauern viele Fettnäpfchen auf den Gelegenheitsgucker. Mit Halbwissen punkten wollen, gegnerische Spielszenen loben oder bei Strafraumaktionen durch das Bild laufen, um Bier zu holen, gehören allesamt zu dieser Gattung von Fauxpas. Die Schuhmode und die Frisur der Spieler zu kommentieren, spielen in derselben Liga.

Beneidenswert ist ja, dass Männer darauf evolutionär reagiert haben, indem sie diese Kommentare scheinbar ausblenden können, als ob es da einen eingebauten Filter gäbe. Aber ich für meinen Teil scheine da nicht mehr rauszukommen. Mein inneres Objektiv schaltet den Bildschirm auf unscharf, und ich werde das Gefühl nicht los, der anderen Zuschauerin eine Reaktion schuldig zu sein.

Es ist manchmal merkwürdig. Man wollte nichts anmerken, wollte sich einfach raushalten, und dann fühlt es sich an, als würde man die Befestigung eines Dammes brechen. Wo eben noch ein ruhiger Stausee war, befindet sich nun eine reißende Strömung. Die Wörter überschlagen sich und es kommt zu einer glasklaren Gegendarstellung. Gegeltes Haar gegen wehende Lockenpracht, glatt gegen kernig, Ego gegen »Einer für alle«, Künstler der überzogenen Mimik gegen »ach, das bisschen Blut, lasst mich wieder auf den Platz!« à la Figur Carles Puyol.

Es geht eine Magie von Menschen aus, die scheinbar genau das tun, wofür ihr Herz schlägt, und die dafür geboren wurden, ihr Talent auf den Punkt genau auszuleben. Und diese Aura umgibt einige Spieler vom FC Barcelona. Das, was wir da im Fernsehen verfolgen können, ist echt und würde sich wahrscheinlich genauso abspielen, wenn es in dem vor Stimmung fast berstenden Stadion weit und breit *keine* Kameras gäbe.

Niemand verschwendet auch nur einen Gedanken daran, ob Messi nicht auch ein guter Schauspieler geworden wäre, Iniesta ein talentierter Pianist oder Xavi der jüngste Präsident Kataloniens. Der Gedankenspagat, der noch am wenigsten schwerfällt, ist wohl der, sich Puyol bei einem Liveauftritt mit seiner Band am Schlagzeug vorzustellen.

Zum Glück entschieden sich Messi, Iniesta, Xavi und Puyol anders. Als Verfechter der Schönheit und Authentizität im Spiel von Barça sorgen sie für einen Hi-Fi-Genuss, was Fußball anbelangt. Die Zeit bleibt stehen, während man einen Spielzug beobachten kann, der so abgerundet und perfekt in sich, so voll von Leichtigkeit und merklicher Spielfreude ist und so einfach nicht geplant werden kann.

All das gehört so sehr zu Barça wie die Locken zum Capità. Die Einzelstücke fügen sich somit zum Mosaik zusammen, Barça nur im Zoom zu betrachten oder sogar auf vorhandene Symmetrie im Gesicht einzelner Spieler zu reduzieren, scheint daher unangemessen. Und die Frage blieb dieses Mal *nicht* offen im Raum stehen, denn manchmal muss man eben Farbe bekennen, in diesem Fall eindeutig Blaugrana.

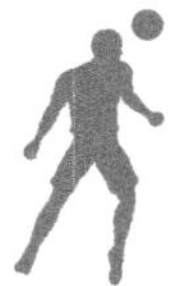

32. GRUND

Weil der »rondo« Barças Antwort auf die Quadratur des Kreises ist

Rondo oder auch Kreis bezeichnet eine Trainingsübung, die aus meist acht bis zwölf Spielern besteht, wobei ein numerisches Übergewicht den Spielern zukommt, die im Kreis stehend die aktiven Akteure und Anspielstationen bilden. Den intensiven und körperlich anstrengenden Part haben die anderen Spieler (neun gegen zwei ist eine typische Ausprägung), indem sie im Inneren des Kreises laufend und grätschend versuchen, einen dieser Pässe abzufangen. Diese Spieler kommen erst dann frei, wenn sie einen Ball berühren oder einer der äußeren Spieler den Ball mehr als einmal berührt oder einen Fehlpass spielt.

Die Idee vom rondo als Trainingseinheit geht auf Laureano Ruiz zurück[156], der 1976 für den geschassten Hennes Weisweiler als Interimslösung für 14 Spiele einsprang, bevor Rinus Michels das Traineramt übernahm. Die Jahre zuvor hatte er sich für die Jugendabteilung verdient gemacht und den rondo eingeführt, dessen Blütezeit mit Johan Cruyffs Rigide von 1988 bis 1996 begann. Unter ihm ist diese Trainingseinheit mit Ball der Inbegriff für den

Kombinationsfußball von Barça geworden (siehe 35. Grund). Als Unterbau für den Tika-Taka Fußball wird er sogar im Zusammenhang mit Schwarmintelligenz genannt, welche den Wirtschaftsunternehmen als Beispiel für Kollaboration dienen kann.[157]

Genauigkeit und Schnelligkeit im Pass-Spiel und das Treffen von Entscheidungen unter Druck werden dadurch speziell gefördert. Es liegt auf der Hand, dass ein anhaltender und aktiver Kreisel ein großes Ballvermögen aller beteiligten Spieler voraussetzt. Um sich ein Bild von der Geschwindigkeit zu machen, mit welcher der Ball zirkuliert, seien hier ein paar Statistiken zitiert. Anfang 2014 fingen die Fernsehkameras eine Sequenz von 25 direkten Pässen in 22 Sekunden ein.[158] Vor dem Champions-League-Finale 2011 gegen ManU vergnügten sich die Spieler zum Aufwärmen in zwei rondos.[159] Das war sozusagen ein Vorgeschmack auf die Galavorstellung der Leichtigkeit des Seins, die mit dem 3:1 folgen sollte. 2001 brannte Barça an der Anfield Road von Liverpool ein Festival von 29 Pässen in 65 Sekunden ab, welches durch das entscheidende Tor zum 1:3 von Marc Overmars einen würdigen Abschluss fand.[160] Trainer war Carles Rexach und am Kreisel beteiligt waren Cocu, Christanval, Frank de Boer, Sonny Anderson, Rivaldo, Xavi und Rochemback.

Stellen Sie sich abschließend einmal vor, dass Sie ins Innere des Kreises berufen sind. Dabei dürfen Sie sich sogar aussuchen, wer ihr Partner ist, lassen wir der Fantasie mal freien Lauf und nehmen den italienischen Weltfußballer, Weltmeister und Verteidiger Fabio Cannavaro. Ganz nüchtern und völlig real besteht der Kreis aus Iniesta, Xavi, Messi, Neymar, Busquets, Pedro und Luis Suárez. Da bleiben Ihnen nur die Hoffnung und der Trost, dass es irgendwann dunkel wird oder die Künstler anfangen, sich zu langweilen oder Mitleid zu bekommen.

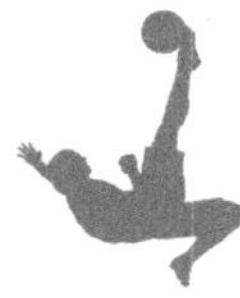

33. GRUND

Weil Barça mit La Masia eine Schule hat, die niemand gern schwänzt

Was haben Luis Milla, Carlos Busquets, Guillermo Amor, Albert Ferrer, Oscar García, Josep Guardiola, Lluís Carreras, Sergi Barjuan, Jordi Cruyff, Francisco Rufete, Toni Velamazán, Roger Garcia, Albert Celades, Iván de la Peña, Gerard López, Xavi Hernández, Oleguer Presas, Luis García, Carles Puyol, Albert Luque, Mikel Arteta, Pepe Reina, Thiago Motta, Andrés Iniesta, Víctor Valdés, Sergio García, Cesc Fàbregas, Lionel Messi, Gerard Piqué, Bojan Krkić, Pedro Rodríguez, Giovani dos Santos, Sergio Busquets, Jordi Alba, Jonathan dos Santos, Thiago Alcántara, Marc Bartra und Cristian Tello alle gemeinsam?

Sie waren auf der Barça-Akademie La Masia, der besten Fußball-Akademie der Welt.[161] Cruyffs Vermächtnis und Anteil an Barças Erfolgen der letzten Jahre kann gar nicht hoch genug eingeschätzt werden, denn er war es, der die Prinzipien der legendären Ajax-Fußball-Schule in Barcelona institutionalisierte, als er 1988 das Traineramt antrat. Cruyff erntete gewissermaßen die Früchte, die er selbst im Jahr 1978, schon als Exspieler Barças, durch seine Beratertätigkeit säte. Er überzeugte den damaligen Präsidenten Josep Lluis Núñez, ein Internat zu Ausbildungszwecken ins Leben zu rufen.[162] 1979 offiziell gegründet, stellt die Masia einen ganzheitlichen Ansatz dar, welcher die jungen Talente nicht nur im Umgang mit dem Ball formt, sondern auch auf ihre Persönlichkeitsentwicklung achtgibt.

Mit den von der Masia vermittelten Werten Respekt, Verantwortung und Bescheidenheit würden man den Eltern ein gutes Gefühl vermitteln: Talent ohne Kompromiss – Arbeit und Einsatz seien halt nicht ausreichend. Außerdem läge man als Teamsport viel Wert auf Zusammenhalt, Kommunikation, Führungsstärke und Empathie.[163]

Der schulischen Leistung wird ebenfalls ein hoher Stellenwert beigemessen, denn nur wenige Schüler können später ihren Unterhalt mit dem Fußballspielen verdienen. Die Internatsschüler werden also darauf vorbereitet, dass sich somit nicht für jeden von ihnen der Traum erfüllen kann. Es wird die Philosophie verfolgt, dass Barça-Spieler von klein auf die eigenen Barça-Mechanismen wie Direktpass-Spiel und Stellungsspiel verinnerlichen. Das erleichtert das Eingewöhnen und verkürzt die Zeit der Adaption, wenn Jugendspieler den Sprung in die erste Mannschaft vollziehen. Daher kommt auch, dass man über die DNA Barça spricht. Als prominentes und jüngeres Beispiel für das Fehlen ebendieser Erbinformation kann Zlatan Ibrahimović angeführt werden. Es war auffällig, wie er als Millioneneinkauf oft als Fremdkörper wirkte, während debütierende Jugendspieler sich nahtlos ins System einfügten.

Doch die Masia ist nicht nur ein Konzept. Das ursprüngliche Gebäude im Stile eines Bauernhauses versprüht noch heute einen besonderen Zauber, obwohl es 2011 durch ein modernes und größeres Zentrum abgelöst wurde. Die neue Heimat der Stars von morgen befindet sich in der Ciudad Deportiva Joan Gamper in San Joan Despí. Zu Ehren des berühmten Talentspähers und Verfechters der Barça-Schule erhielt sie den Namen Oriol Tort Martínez.[164] Die neuen Anlagen sind fünfmal so groß wie die alte Masia. Sie verfügen über 6.000 Quadratmeter und erhalten ein Jahresbudget von 8.000.000 Euro. 84 Schüler kann die neue Masia beherbergen. Barças Datenbank umfasst 17.340 Spielerkarteikarten und 20.371 analysierte Spiele.[165]

Zu besonderen Terminen kann man die »alte« Masia noch besichtigen und sollte das auch tun, wenn man die Gelegenheit dazu bekommt. Sie grenzt direkt an das Camp Nou und offenbart dem Besucher Einblicke in lebendige Fußballgeschichte. Die Wände der Masia sind mit Fotos geschmückt, darauf zu sehen sind beispielsweise ein blutjunger Guardiola und andere Stars beim Verrichten von alltäglichen Aktivitäten aus dem Internatsleben wie Rasieren, Schulaufgaben erledigen oder Kickern.

Im Frühling 2014 verkündete die FIFA, Barça wegen Unregelmäßigkeiten bei der Verpflichtung von Jugendspielern für zwei Wechselperioden vom Transfermarkt auszuschließen. Im Glauben an die eigene Unfehlbarkeit und gepaart mit diplomatischer Ungeschicktheit verstieß Barça sicherlich gegen bestehende Regeln, weshalb die Strafe nicht unberechtigt erscheint. Stein des Anstoßes ist, dass Spieler unter 16 Jahren nur dann verpflichtet werden dürfen, wenn die Eltern oder Erziehungsberechtigten auch ihren Wohnort an den Ort des verpflichtenden Vereins legen. Das war wohl bei ein paar Ausnahmen nicht der Fall. Dennoch ist die vorherrschende Meinung, dass Barça unverhältnismäßig hart sanktioniert wird, weil die FIFA wohl ein Exempel statuieren möchte. Eltern der Masia-Spieler ergriffen Partei für Barça: Wer würde seinem Kind schon den Eintritt in Harvard verwehren?[166] Die leidtragenden Personen seien die Jugendspieler.

Am darauffolgenden Spieltag schmückte ein riesiges Plakat die Tribüne. Darauf zu sehen war ein Kreis von Spielern der Jugendmannschaft, die sich kameradschaftlich auf das Spiel einschwören. »La Masia no se toca« (»Die Masia steht nicht zur Debatte«) stand darauf zu lesen. Eine trotzige Reaktion, aus der ein verletzter Stolz spricht. Die Masia als Talentschmiede wird wie ein Familienmitglied gesehen.

Mittlerweile hat die FIFA die Sanktion bis auf Weiteres ausgesetzt.[167] Dadurch ist Barça für die Wechselperiode zur Saison 2014/15 doch noch zugelassen. Das war Ansporn genug, damit sich der FC Barcelona auf eine teure Einkaufstour begeben hat, um den Umbau der Mannschaft voranzutreiben und für ein eventuelles, späteres Inkrafttreten der Sperre gewappnet zu sein.

Für eine bezeichnende Anekdote sorgte der Jugendspieler Martí Riverola. Als Guardiola ihn im Jahr 2011 vor seinem ersten Profi-Einsatz in der ersten Mannschaft fragte, ob er bereit sei, erwiderte dieser: »Ja, selbstverständlich. Ich habe mich ein Leben lang auf diesen Moment vorbereitet.«[168]

34. GRUND

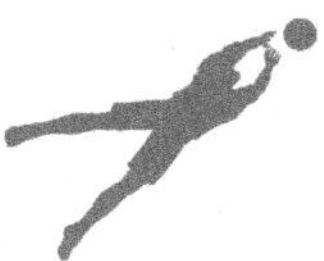

Weil Barça keinen Plan B hat

Die wahnsinnigen Erfolge der letzten Jahre haben die Erwartungshaltung in astronomische Höhen getrieben. Eine erfolgreiche Saison fängt ab zwei Titeln an, sofern auch mindestens das Halbfinale in der Champions League erreicht wird. Als Halbfinalist sechsmal in Folge hat man ja schließlich ein Abo darauf.

Erschwerend kommt hinzu, dass die *culés* nur jene Spielweise akzeptieren, welche die DNA von Barça trägt. Angesichts Barças Übermacht konzentrierten sich viele Trainer darauf, einen Plan dagegen auszuhecken. Sie formierten sozusagen Koalitionen, um ein Kryptonit zu entdecken, ein Gegengift also, was Super-Barça unschädlich machen würde. Als Meister dieser Klasse seien Mourinho, Simeone und Heynckes genannt.

Barças Gegner haben nicht nur aufgeholt, sondern wir sind überholt worden (Stand 2014). Das ist ein Dilemma, denn Barça ist Zwängen unterlegen, taktische Änderungen vorzunehmen, welche weit darüber hinausgehen, ob Xaxi oder Messi den Freistoß aus aussichtsreicher Position schießen sollen. Das Barça-Umfeld ähnelt da einem intakten Immunsystem, welches sich sofort auf den Plan gerufen fühlt, wenn eine taktische Neuerung ansteht, die nicht in das ästhetische Grundschema von Ballbesitz, Direktpass-Spiel und Kombinieren bis in den Fünf-Meter-Raum passt.

So wurde der unglückliche argentinische Trainer »Tata« Martino von allen Richtungen beschossen, als er den Ballbesitz preisgab, um Rayo Vallecano in deren Stadion mit Kontern beizukommen. Das Experiment ging zwar mit einem 4:0-Auswärtssieg auf, doch als Bumerang kam es zurück. Barça verlor so seine Serie von fünf Jahren und 315 Spielen mit mehr Ballbesitz als der Gegner.[169]

Das alles führt dazu, dass wir keinen Plan B haben[170], den Abwehrriegel aus zehn Mann in zwei dicht beieinander stehenden

Reihen, treffenderweise im spanischen Fußballjargon »Autobus« genannt, zu knacken. Es geht von der Anlage her nur spielerisch. Es gibt also keinen Plan B, geschweige denn C. Zlatan Ibrahimović, im Jahr 2009 von Inter Mailand verpflichtet, hätte wohl das Zeug dazu gehabt, sozusagen in Personalunion allein eine Alternative darzustellen.

Aber auch er wurde sozusagen Opfer von dieser stilisierten Art und Weise, den Fußball zu verstehen. Er wirkte wie ein verstimmtes Instrument in der Symphonie aus kleinen »großen« Spielern. Nach nur einem Jahr verließ er im Streit mit Guardiola den Verein. Guardiola wollte ihn unbedingt loswerden und Ibra war ein Prestigetransfer von Sandro Rosells Vorgänger im Präsidentenamt Joan Laporta. Obwohl diese beiden Herren noch 2003 die Vereinsführung antraten und als sogenannte PowerPoint-Generation[171] gemeinsam die Weichen für die erfolgreichsten Jahre der Clubgeschichte stellten, lagen sie mittlerweile im Clinch. Dem ausgeschiedenen Präsidenten die Schuld zuweisend, verzeichnete Barça in nur einem Jahr einen irrwitzigen Transferverlust, der wahrscheinlich rekordverdächtig ist.

Alle Gegner mal herhören: »Plan A« also. Weitschüsse sind verpönt, da sie ein Anzeichen von Ohnmacht sind, Flanken bringen nichts, weil selbst Sprungfedern die fehlenden Zentimeter unserer Zauberer nicht wettmachen können. Gegen sehr gute Mannschaften und einem Rückstand hinterherlaufend gelingt das Siegen also nur noch, wenn unsere Künstler einen guten Tag erwischen.

Wir sind somit Geiseln unserer eigener Erfolgsgeschichte. Wir ergötzen uns an diesem Fußball der Leichtigkeit und der Fantasie, der durch die glückliche Fügung, Iniesta, Messi, Xavi und Guardiola zu vereinen, seinen maximalen Ausdruck fand. Es ist teilweise schizophren, denn die *culés* mögen nicht von ihrem Verständnis der Barça-Spielkultur abweichen. Andererseits verzeihen sie nur schwer, wenn mal die Titel ausbleiben. Ein Radiokommentator vom Barça-affinen katalanischen Sender RAC1 griff dies neulich trefflich auf: Wären wir *culés* in den letzten Jahrzehnten nicht so fordernd, engstirnig und unflexibel gewesen, dann wären wir auch nie in den Genuss gekommen, die Exzellenz der letzten Jahre zu erreichen.[172] Das ist wiederum eine Lesart, der ich mich anschließe. Weiterhin gewinnen, aber ja schön spielen! Von A nach B ist ein weiter Weg …

35. GRUND

Weil wir fünf Jahre mehr Ballbesitz hatten

Im September 2013 gewann der FC Barcelona sein Auswärtsspiel beim Madrider Vorstadt-Club Rayo Vallecano mit 4:0 Toren. An sich ist das jetzt nicht unbedingt außergewöhnlich, dennoch war bei diesem Erfolg eine kleine, aber äußerst relevante Sache (siehe 104. Grund) anders: Zum ersten Mal seit über fünf Jahren hat der FC Barcelona ein offizielles Spiel mit weniger Ballbesitz als sein Gegner beendet. In dem besagten Spiel erreichte Rayo eine Ballbesitzquote von 51 Prozent gegenüber den 49 Prozent von Barcelona. Auch in der Vorsaison war Rayo Vallecano die Mannschaft, die gegen Barça am meisten das runde Leder hatte, obwohl sie Barça damals nicht übertreffen konnte. Das davor letzte Mal, dass Barça in dieser Statistik besiegt wurde, war im Mai 2008, als sie im Ligaspiel gegen Real Madrid im Santiago-Bernabéu-Stadion mit 1:4 unterlagen. Seitdem sind unglaubliche 315 Spiele vergangen. Wohlgemerkt waren das nicht nur Spiele gegen vermeintlich zweitklassige Mannschaften, sondern beinhalteten auch sämtliche Champions-League-Spiele der vergangenen Jahre und etliche »Clásicos« gegen Real Madrid.

Ballbesitz hat sich in den letzten Jahren zum Erkennungsmerkmal von Barça entwickelt. Der Spielstil, der auch des Öfteren »Tiki-Taka« bezeichnet wird, basiert auf permanenter Ballkontrolle mit Pässen und noch mehr Pässen, so lange, bis eine kleine Lücke in den Abwehrreihen des Gegners gefunden wird (siehe 32. Grund).

Unter der Ära von Pep Guardiola wurde dieser Spielstil bis zur Perfektion ausgeübt und vor allem deshalb hat der FC Barcelona während seiner gesamten Trainerzeit von 2008 bis 2012 in jedem offiziellen Spiel die Ballbesitzstatistik dominiert.

Auch unter seinem Nachfolger Tito Vilanova setzte sich diese Statistik fort, insbesondere in Spielen, die deutlich verloren gingen, wie zum Beispiel das Champions-League-Halbfinale 2013 gegen Bayern München. Trotz eines deutlichen Gesamtergebnisses von 0:7 konnten sie mehr Ballbesitz aufweisen. Dass die Kontrolle des runden Leders jedoch nicht zwangsläufig mit einem Sieg gleichzustellen ist, zeigte das Champions-League-Spiel im November 2012 gegen Celtic in Glasgow. Trotz einer weltrekordverdächtigen Ballbesitzquote von 89 Prozent ging das Spiel 1:2 verloren. Dennoch sind diese Art, Fußball zu spielen, und die Dominanz in dieser Spielstatistik ganz eng mit der erfolgreichsten Etappe des Vereins verbunden, welche uns wahrlich eine Flut von Pokalen und Trophäen beschert hat.

Aber das hat sich seit der Ankunft von Gerardo »Tata« Martino zur Saison 2013/14 geändert. Der argentinische Trainer hat einige Veränderungen vorgenommen, wobei der Ballbesitz nicht mehr die alleinige Hauptwaffe ist. Zunehmend werden auch weite Pässe geschlagen. Ob das Spiel gegen Rayo Vallecano – trotz eines Sieges – nun Auslöser für die erste titellose Saison seit sieben Jahren und den Rücktritt von »Tata« Martino zum Saisonende war, könnte reiner Zufall sein, sicher aber sind die daraus resultierenden Debatten und Diskussionen über Spielstil und Fußballphilosophien.

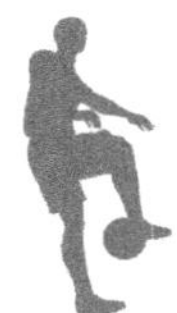

36. GRUND

Weil man sich unsere Namen merken sollte

Nike ist spätestens seit den Michael-Jordan-Werbespots[173] für sehr gute Werbung bekannt. 2005 lief ein Werbespot der Marke, welcher den Straßenfußball in Reinform zelebrierte. In dem 60-Sekunden-Spot waren verschiedene öffentliche und belebte Plätze Barcelonas zu sehen. Deren Dynamik und Drive wurden noch dadurch verstärkt, dass Teenager in Straßenkleidung dort mit dem Ball Kunststücke darboten: Dribbeln, Jonglieren, Finten und gefühlvolle Schüsse gehörten zu ihrem Repertoire. Andere Streetfighter und unbeteiligte Passanten jeden Alters, vornehmlich mit Einkaufstaschen behangen, ließen die Jungs gekonnt wie Slalomstangen aussehen. Jeder Regieschnitt sorgte für eine andere Szenerie mit neuen Plätzen und neuen Akteuren. Dazu lief eine Version der Barça-Hymne, welche um einige Beats per Minute gedrosselt und mit E-Gitarre aufgepeppt wurde.

Mit Fortschritt des Werbespots[174] war schließlich auch der Trainingsplatz der Masia zu sehen. Musik und Abfolge der Bilder nahmen Fahrt auf und jeder Akteur blickte nach seiner Darbietung selbstbewusst und herausfordernd in die Kamera, wenn er sich mit seinem Namen vorstellte und einen Satz hinzufügte, der sich bei einem dieser Youngsters als wahre hellseherische Fähigkeiten herausstellen sollte: Ich bin Lionel Messi.[175] Merke dir meinen Namen. Da war er gerade einmal 17 Jahre alt. Der Rest der Geschichte ist bekannt.

Im Jahr 2014 könnte sich eine solche Prophezeiung problemlos wiederholen, denn die Masia strotzt vor Kraft (siehe 33. Grund). Die Saison 2013/14 wurde mit großem Erfolg in allen Kategorien abgeschlossen. 14 von 15 Mannschaften wurden Meister in ihrer Klasse.[176] Außerdem gewann Barça de Youth Champions League gegen Benfica Lissabon mit 3:0.[177]

Das hohe Niveau, auf dem jedes dieser Teams spielt,[178] lässt sich auch daraus ablesen, dass Barça B in der zweiten spanischen Liga spielt. Damit es nicht zu einem Aufeinandertreffen von Barça B mit der ersten Mannschaft kommen kann, bedeutet dies das Ende der Fahnenstange. Ein Aufstieg ist nicht mehr drin. Mit dem dritten Platz in Liga 2 fuhr Barça B die beste Platzierung in der Vereinsgeschichte ein. Alle anderen Kategorien bilden den Unterbau, um dieses Niveau zu halten und letztendlich die erste Mannschaft mit frischen Talenten zu versorgen. In diesem Sinne. Merkt Euch *deren* Namen: Munir[179], Halilovic, Samper, Adama, …[180] Vielleicht ziert einer davon unser Trikot der Saison 2017/18.

4. KAPITEL

MÉS QUE UN CLUB: KATALANISCHE IDENTITÄT, DEMOKRATIE, BREITENSPORT UND UNIVERSALITÄT

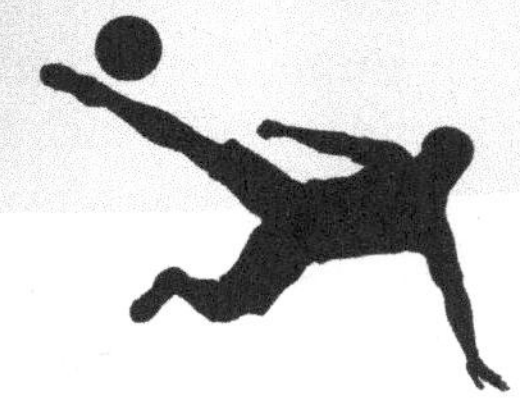

37. GRUND

Weil Barça fast nur halb so schön ohne die Frauen wäre

»Männer sind, und Frauen auch, überleg dir das mal.«[181] lautete Loriots unbeholfener Aufklärungsversuch in seinem Kinoerfolg *Pappa ante Portas*. Vielleicht meinte er aber auch, dass sich beide Geschlechter zu Barça hingezogen fühlen. Wer einmal ein Spiel im Camp Nou besucht hat, dem wird aufgefallen sein, wie hoch die Frauenquote bei den Zuschauern ist. Auf 25 Prozent beläuft sie sich bei den eingeschriebenen Mitgliedern.

Die »Socias« aller Altersklassen sorgen für Schönheit bei Barça, selbst wenn diese im Spiel der Mannschaft mal ausbleibt. Dabei handelt es sich nicht um ein relativ junges Phänomen, das mit der weltweiten Vermarktung von Vereinen und Ikonen der Fußballzunft zu tun hat. Dass perfekt inszenierte und Mode prägende Aushängeschilder wie Cristiano Ronaldo das Interesse junger und nicht ganz so junger Frauen wecken, gehorcht Marktmechanismen, um die Zielgruppe so breit wie möglich aufzuspannen. Über 110 Millionen Facebook und Twitter Follower[182] für Cristiano Ronaldo sprechen eine deutliche Sprache.

Das innige Verhältnis von Barça und der Weiblichkeit geht also über farbenfrohe Fußballschuhe und trendige Frisuren hinaus. Dabei möchte ich dem Schönling Piqué und dem Magier und Rebell Neymar nicht den positiven Einfluss absprechen, den sie sicherlich ausüben, damit ein Besuch im Stadion zur Augenweide wird. Gleichberechtigung in allen Lebenslagen ist nicht einmal in den Ländern selbstverständlich, denen der höchste Wohlstand bei gerechter Verteilung und großen Freiheitsgraden für die Bürger bescheinigt wird. Frauenquoten für das Management und Gesetze zur Elternzeit zeugen davon.

Der Fußball ist natürlich in die Gesellschaft eingebettet und wird von dieser konditioniert. Das war auch in der Geschichte von Barça nicht anders. Ursprünglich wurde nur den Männern erlaubt, dem Verein beizutreten. In den Gründerjahren war es zudem Bedingung, dass die Mitglieder aktiv eine Sportart ausübten. Die Präsenz von Frauen bei den Sportveranstaltungen war im frühen 20. Jahrhundert erwünscht, weil sie dem Event Glanz verliehen. Ihnen war die sportliche Ertüchtigung untersagt. Man(n) befürchtete eine Beeinträchtigung ihrer Fruchtbarkeit.

Einschneidende Wechsel und eine Modellierung von festgefahrenen Denkstrukturen kommen nicht von heute auf morgen zustande. Es bedarf immer besonderer Persönlichkeiten, die als Agenten des Wechsels auftreten. Im Falle von Barça war eine dieser Personen Edelmira Calvet. Ihrer Entschlossenheit, dem Verein beizutreten, ist es zu verdanken, dass sie als Mitglied Nummer 86 am 1. Januar 1913 aufgenommen wurde. Das ist insofern beachtlich, als die Statuten von 1911 ausdrücklich nur den Beitritt von Männern zuließen. Die Präsidentschaft zu dieser Zeit stellte mit der Missachtung dieser Regel die Weichen für die Öffnung des Vereines. In den 20er-Jahren wurde Frauen das Recht eingeräumt, Tennis zu spielen. Insgesamt wurde Barça durchlässiger für alle gesellschaftlichen Gruppen. Der Präsident Josep Suñol i Garriga meißelte diese Werte 1935 in Stein, als er von Barça und »Sport und Volk« sprach.

Die Leichtathletin Anna Maria Martínez war 1934 die erste Frau im Präsidium des FC Barcelona. Unter der Franco-Diktatur kam es zu einer rückläufigen Entwicklung. Die Teilnahme der Frauen am Vereinsleben rutschte in die Bedeutungslosigkeit ab. Erst in den 60er-Jahren gelang ein Aufschwung durch die Wiederbelebung der Leichtathletikabteilung. Großen Zuspruch bei dem weiblichen Geschlecht fand die zum Anlass der Einweihung des Eispalastes gegründete Eiskunstlaufabteilung.[183]

Als weiteren Meilenstein kann man die Gründung der Frauenfußballmannschaft in den 70er-Jahren ansehen. Anfänglich mit großem Widerstand begegnet, hat sie sich mittlerweile sogar international behauptet. 2013/14 hat man mit Erfolg das Finale der

Champions League gegen den VfL Wolfsburg erreicht. Wie hoch die Männerquote unter den Zuschauern bei diesem von Wolfsburg gewonnenen Finale war, ist mir nicht bekannt. El Barça ist im Spanischen und Katalanischen übrigens männlich.

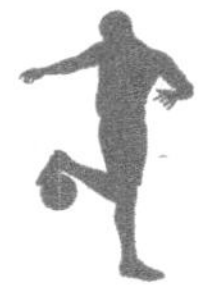

38. GRUND

Weil Barça eine Diva ist

»El Barça está por encima de las personas« (»Barça steht über den Personen«) lautet jenes Motto, welches die Größe von Barça und seine Unabhängigkeit veranschaulicht. In schweren Stunden, wenn Skandale den Verein umranken und Schmutzkampagnen Fahrt aufnehmen, wird dieser Ausspruch von denjenigen angebracht, welche sich von der Aufregung unbeschadet gehalten haben und in irgendeiner Funktion Barça repräsentieren. Damit kommt der Losung eine Aufgabe wie Weihwasser zu, damit eingerieben bleibt die Institution Barça weitestgehend unbefleckt. Die Wogen glätten sich bald wieder und die Barça-Familie kann sich regenerieren.

Die Person, auf die mit diesem Leitspruch Bezug genommen wird, erhält somit die kollektive Abstrafung vom barcelonisme. Aktuelle Beispiele für »Ausgestoßene« dieser Art sind die Präsidenten Joan Laporta und sein Nachfolger Sandro Rosell. Letzterer hatte sich im Transferwirrwarr um Neymar heillos verstrickt, während Laporta mit Aktionen ins Rampenlicht geriet, die einen gewissen Größenwahn durchblicken ließen. Champagner-Duschen in Begleitung hübscher Frauen in Barcelonas legendärer Diskothek Luz de Gas und im Barça-Dunstkreis abgewickelte dubiose Geschäfte in Usbekistan sind nur einige Auswüchse dieser Verselbstständigung vom Präsidenten Laporta. Sich anzumaßen, die menschliche Verkörperung Barças zu sein, und damit unverzichtbar zu werden, damit ist bisher niemand auf lange Sicht gut gefahren. Diese eingebaute Schutzschaltung ist klug eingefädelt, denn Barça ist trotz aller selbst auferlegten Wertestandards natürlich nicht davor gefeit, dass Schurken, Betrüger und Alleinherrscher – Barça im Schilde führend – für negative Schlagzeilen sorgen.

Außerdem wird es benutzt, wenn Spieler, die einen halb göttlichen Status bei den culés genießen, den großen FC Barcelona verlassen. In fast allen Fällen sind die großen Spieler im Streit von Barça gegangen (siehe 83. Grund). Das Leitmotiv ist ja ohnehin negativ besetzt, weil es indirekt die Person mit Schuld belädt, während eine Abstraktion von Barça stattfindet.

Die in dieser Weise diffamierten Stars und ehemaligen Lieblinge lassen dies nicht auf sich sitzen und feuern zurück. Der barcelonisme bezieht sich auf diese Dynamik mit der Äußerung, dass alle Spieler Barça durch die Hintertür verlassen würden. Eine erfreuliche Ausnahme hat es jüngst mit der Verabschiedung von Carles Puyol gegeben (siehe 8. Grund). Zu seiner letzten Presse-Konferenz[184] kam sogar Johan Cruyff, der eigentlich im Dauerclinch mit der Vereinsführung liegt und deswegen jegliche öffentliche Veranstaltungen meidet.

In einer eingespielten Videobotschaft nimmt sich sogar Van Gaal selbst auf die Schippe, indem er Puyol als »siempre positivo«, immer positiv eingestellt, würdigt. Das ist eine Anspielung auf eine denkwürdige Pressekonferenz, in der er als Barça-Trainer den Pressevertretern misstraute und ihnen Schwarzmalerei vorwarf.[185] Auf den Capi bezogen heißt das, immer positive, eben auch 100-prozentige Hingabe und zwar jeden Tag, seit er für den FC Barcelona auf dem Rasen steht, und das sind bei 19 Jahren nicht wenige.

Die Diva hat mit Puyol einen Vertrauten der besonderen Art an ihrer Seite, nicht den leichtfüßigen endlos kreativen, sondern ebendiesen Charakter, der sie daran erinnert, wofür sie steht und was diese Werte bedeuten, zu jeder Zeit. Und zwar auch oder ganz besonders dann, wenn die Barça-Diva eine Vorstellung mit berstendem Erfolg hatte, der Vorhang sich unter Jubel schließt und sich die vielen Blumensträuße, die ihre Bewunderer in die Garderobe schicken ließen, türmen.

Genau dann tritt diese Persönlichkeit heran und erinnert, dass Wasser in die Vasen muss und die Füße doch bitte auf dem Boden bleiben sollen, denn morgen gibt es die nächste Vorstellung.

Vielleicht ist das einer der Gründe, warum nicht der Bühnenausgang genutzt wurde für den Dankesabend an Carles Puyol, sondern dieses Mal eine kleine Gala mit ihr als Gastgeberin gegeben wurde. In gehobener Stimmung kann die Diva auch sein, der »Tiburón«, der Puyol-Hai wird weiterhin seine Kreise im Barça-Gewässer ziehen und ihr zur Seite stehen, auch wenn es einsam wird an der Oberfläche oder auch am Grund des Fußballozeans.

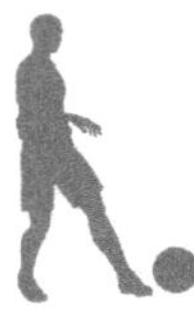

39. GRUND

Weil man bei Barça keinen Babysitter braucht

Obwohl das Camp Nou am Stadtrand von Barcelona liegt, ist es größtenteils von einem Meer aus Wohnhäusern umgeben. Die Straße Aristide Maillol geht westlich am Camp Nou vorbei und kittet Barcelona und das benachbarte L'Hospitalet zusammen, welches mit 264.000 Einwohnern die 16. größte Stadt in Spanien ist. Der Raum Barcelona ist für seine hohe Bevölkerungsdichte bekannt, und den Anwohnern und Besuchern der Spiele steht eine große Auswahl offen, mit öffentlichen Verkehrsmitteln zum Camp Nou zu gelangen.

Gen Norden grenzen die Anlagen vom FC Barcelona an die Diagonal, auf der Südseite befindet sich die Travessera de les Corts. Südlich befinden sich die Metrostationen Ler Corts und Collblanc, während man von Norden kommend am besten mit der Station Palau Reial bedient ist.

Auf einer dieser Anreisen im Strom von Fußballfans wurde ich einmal Zeuge vom Aufeinandertreffen zweier Welten. Barça spielte in der Champions League gegen eine deutsche Mannschaft. Aus Sorge um ungerechtfertigte Verleumdung ihrer Anhängerschaft werde ich nicht verraten, um welchen Hauptstadt-Club es sich handelt.

Die weit gereisten Auswärtsfans nutzten vorbildlich umweltschonend die Metro. In Vorfreude auf das Spiel schob sich diese Schar kontinuierlich den U-Bahn-Tunnel in Richtung Ausgang. Die Mehrzahl von ihnen war »belustigt« und Sprechchöre skandierend sorgten sie für viel Stimmung. Das rhythmische, starke Klopfen auf alles Metallische erhöhte die Lautstärke erheblich. Die 80er-Jahre-anmutenden Jeansjacken mit allerlei Ansteckern und Aufnähern rundeten das Bild ab.

Unsere besonnenen und familiären Barça-Fans wurden bestens durch ein Ehepaar fortgeschrittenen Alters repräsentiert. Wahrscheinlich waren sie schon Urgroßvater und Urgroßmutter. Sie hatten sich chic gemacht, das Sakko saß, die Bluse war ordentlich gebügelt, und dezent dekorierte ein Barça-Pin das feierliche Outfit.

Opa-Barça ließ seinen Beschützerinstinkt aufblitzen und hielt Oma zurück, bis dann die Gefahr gebannt war. »Són uns animals« (»Das sind ja Tiere«) war ihr Kommentar, der Verwunderung, Unverständnis und Angst durchblicken ließ. Barça ist halt ein Familienereignis. Kinder, Frauen und Rentner sind absolut keine Seltenheit, und niemand käme auf den Gedanken, sie schief anzugucken. Sie machen einen Großteil der Besucher eines »normalen« Spiels aus.

Um ein solches handelt es sich, wenn verträgliche Anstoßzeiten vorliegen und mit Adrenalin in Massen gerechnet werden kann, was Gegner und Wettbewerb anbetrifft. Barça fördert dies aktiv, indem Kinder in Begleitung eines erwachsenen soci der kostenlose Eintritt ermöglicht wird. Die kleinsten Barça-Fans setzen sich dann eben auf den Schoß ihrer Aufsichtsperson, wenn kein Sitz in der Nähe des zugewiesenen Dauerplatzes frei sein sollte. Da ist man weniger prinzipientreu als in anderen Breitengraden. Piqué und Shakira gehen mit Beispiel voran. Viele der »nens« (»Kinder«) werden schon kurz nach der Geburt[186] als soci eingeschrieben. Adel verpflichtet.

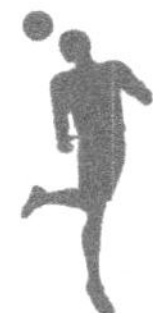

40. GRUND

Weil Barça Demokratie vorlebt

Wir sind stolz darauf, dass Barça bis heute keine Aktiengesellschaft ist und somit nicht dem Wohlwollen und den Launen irgendeines Scheichs oder Oligarchen ausgesetzt ist. Es ist ein ungewöhnlicher Zustand für das Jahr 2014, in denen die Vereine professionell geführt werden und als globale Marken mit Merchandising und Übertragungsrechten Geld einspielen müssen. Bei Barça haben wirklich noch die Mitglieder die Kontrolle und das Mitspracherecht über die wichtigen Entscheidungen, Spielertransfers mal ausgenommen, was wahrscheinlich gar nicht so schlecht ist …

Die Mitgliedschaft gilt als Erlaubnis, öffentlich zu aktuellen Themen Stellung zu beziehen. Der Verein gehört den Mitgliedern, daraus leitet sich dieses Selbstverständnis ab. Seit 1978 sind alle Mitglieder im Vierjahresrhythmus dazu aufgerufen, den Präsidenten zu wählen. Die Bedingung, das Wahlrecht ausüben zu können, ist Volljährigkeit und eine Mitgliedschaft seit mindestens einem Jahr.

Auf 40 Präsidenten kommt der FC Barcelona in seiner Geschichte. In Zeiten des Bürgerkriegs leitete ein Komitee aus Angestellten die Geschicke des Clubs, außerdem kam es zu fünf Interimslösungen, um nach vorzeitigem Ausscheiden eines Präsidenten ein Machtvakuum zu verhindern und die Zeit zur nächsten Neuwahl zu überbrücken.

Zwischen 1939 und 1953 während der Diktatur Francos wurde der Präsident von den Befehlshabern fremdbestimmt. Das galt dem Zweck, die katalanische Identität vom FC Barcelona zu untergraben, die dem Club seit seiner Gründungsjahre anheftete. Das Bestreben der Katalanen, sich von der Zentralregierung zu emanzipieren, wurde als einer der Auslöser für den Spanischen Bürgerkrieg gesehen.[187]

Diese Vermengung von Politik und Sport ist dem FC Barcelona bis zum heutigen Tage erhalten geblieben. Der FC Barcelona sei kein politischer Führer der Katalanen, aber der Club tauge als Spiegelbild der katalanischen Gesellschaft und mache die Hintergrundmusik für das aus, was sich auf der politischen Bühne abspielt.[188]

Nach diesem kleinen Exkurs in das schwierige Terrain von Politik und Nationalismus widmen wir uns erneut der Demokratie als »Herrschaft des Volkes«[189], bestehend aus mehr als 150.000 Mitgliedern. Um 2010 eine Kandidatur ins Rennen zu schicken, brauchte man 2.095 Unterschriften der Mitglieder[190] und eine Bürgschaft über 15 Prozent der Ausgaben des Jahresbudgets, eine Summe, die sich auf 23,2 Millionen Euro belief.[191]

Die Regel, einen Großteil des Etats bei gewonnener Wahl hinterlegen zu müssen, richtet sich nach spanischem Sportrecht und hat zum Ziel, Misswirtschaft durch Haftungsprinzipien einzudämmen. Der FC Barcelona prüfte 2009, einen Antrag zu stellen, die Bürgschaft auf ein Mindestmaß zu reduzieren, damit eine Kandidatur mehr Mitgliedern offensteht.[192]

Meist kommt es dann zu fünf bis zehn Kandidaten, welche gemäß aktueller Wahlprognosen und Übereinstimmungen im Wahlprogramm Bündnisse schmieden, sodass die Mitglieder schlussendlich zwischen weniger als einer Handvoll Optionen entscheiden müssen. Gespickt ist die ganze Show mit dem einen oder anderen Fernsehduell und Wahlplakaten, die Barcelonas Straßen schmücken. Am Wahltag selbst ist das Camp Nou ein riesiges Volksfest, denn der Verein fördert die familiäre, demokratische und freiheitliche Stimmung, indem Spiele für Kinder organisiert werden oder lokale Musikgruppen live spielen. Bei einer Wahlbeteiligung von

50 Prozent und mehr kommen somit mehr als 50.000 wahlberechtigte Mitglieder zusammen, die ihrerseits Freunde und Familienangehörige mitbringen.

Obwohl noch manchmal an der Wahlurne heftig gestikulierend seine Meinung vertreten wird, bleibt alles friedlich und versöhnlich. Der barcelonisme, die Art und Weise, Barça zu leben, erfreut sich weiterhin bester Gesundheit. In dieser friedlichen Atmosphäre spürt man förmlich den Stolz eines jeden culés, dass Barça auch ihm ein Stück gehört.

Einige Mitglieder nehmen von ihren Rechten dermaßen Gebrauch, dass sie wahre seismische Störungen bei Barça auslösen können. So verlangte ein Mitglied vom Präsidenten Rosell, die wirtschaftlichen Fakten des Neymar-Transfers offenzulegen (siehe 85. Grund). Die Situation spitzte sich derart zu, dass Rosell seinen Hut nehmen musste. Der Stein war von dem Mitglied ins Rollen gebracht worden. Ein anderes Mitglied hatte das vorherige Präsidium von Joan Laporta auf nachträgliche Hinterlegung der Bürgschaft von 23 Millionen Euro verklagt, dieser Pflicht wären sie zur Saison 2006/07 nicht nachgekommen.[193]

Im April 2014 wurde konform der Statuten zur Abstimmung aufgerufen, ob die Mitglieder das Präsidium dazu ermächtigen, das altehrwürdige Camp Nou durch ein zeitgemäßes, neues Stadion zu ersetzen. Die culés gaben ihr Okay, sodass Barças Präsidium ein solches Projekt tätigen kann. Entsprechende Ausschreibungen können somit getätigt werden. Höchstpersönlich und inmitten der Mitglieder nahmen auch Spieler und Mitglieder wie Xavi, Iniesta, Puyol, Busquets und Cesc ihre demokratische Pflicht wahr. Das ist einzigartig und bleibt uns hoffentlich noch für lange Zeit erhalten.

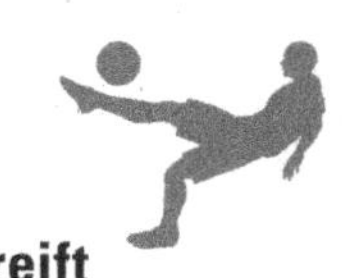

41. GRUND

Weil Barça gegen Rassismus durchgreift

Manche lernen es wohl nie! Seit Jahren werden von Vereinen und insbesondere auch von den internationalen Fußballverbänden, Kampagnen gegen Rassismus und für »Fair Play« geschaltet. Doch es gibt immer wieder Vorfälle, in denen aufs Gröbste dagegen verstoßen wird.

Es läuft das Relegationsspiel um den Aufstieg in die zweite spanische Liga zwischen Llagostera und Racing Santander im Mai 2014. Ein vermeintlicher Fan von Llagostera, in diesem Falle eine Frau, die hinter dem Tor sitzt, macht affenähnliche Gesten und Laute, die an den farbigen Spieler Mamadou Koné von Racing gerichtet sind, der von der Elfenbeinküste stammt. Die Frau hat wohl nicht damit gerechnet, dass die anwesenden Kameras ihre »Gorilla-Tanzeinlage« aufgenommen haben und sich die Bilder in Windeseile über die sozialen Netzwerke verbreitet haben. Es dauerte auch keine 24 Stunden, bis die Frau identifiziert und ihr vom Verein ein lebenslanges Stadionverbot aufgebrummt wurde.

Und was hat das bitte mit Barça zu tun? Zufällig wurde bei der Suche nach der besagten Frau zusätzlich bekannt, dass sie Angestellte des FC Barcelona ist. Sie arbeitet oder jetzt besser gesagt, sie war am Ticketschalter vom Barça-Museum beschäftigt. Der Verein hat beschlossen, die Frau zu entlassen, und zwar auf Basis des Ethikcodes des Vereins. Dieser wurde im September 2010 verabschiedet und ermöglicht Sanktionen aufgrund sämtlicher Arten von Rassismus.

Der FC Barcelona ist mit dem Thema Rassismus sehr vertraut, da auch schon des Öfteren eigene Spieler betroffen waren. Leider muss auch erwähnt werden, dass in Spanien solche Aktionen immer noch in viel zu häufiger Regelmäßigkeit vorkommen. Gut zu sehen, dass solche Taten nicht mehr nur als »Kavaliersdelikte« angesehen werden, sondern auch zivilrechtliche Folgen haben. Hoffentlich wird daraus gelernt und das harte Durchgreifen des FC Barcelona auch von anderen Vereinen umgesetzt.

Lebenslanges Stadionverbot und keine Arbeit mehr … Da hat sich die Frau mit dem Affengetue ja wahrlich einen Bärendienst erwiesen. Schwarze Schafe gibt es leider immer noch viel zu viele.

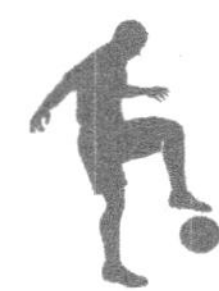

42. GRUND

Weil Barça für Freibier stand

Es war die Saison 1993/94, und ich erlebte als 18-Jähriger das erste Mal eine gewisse Fußballmüdigkeit. Aus dieser Lethargie befreite mich Barça mit einem Fußball, der so anders war, als ich ihn bis dato kannte (siehe 75. Grund und 78. Grund). Absolute Ballkontrolle und schnelle Ballstafetten anstatt Hausmannskost in Form von Grätschen und Abstaubern. Nichts gegen Uli Borowka und Roland Wolfart, auch diese Art von Fußball hatte und behält ihren Charme. Aber Barças Leitmotiv war anders. »Willkommen in der Fußballoper Europas«, so begrüßte der Eurosport-Kommentator Gottfried Weise die Zuschauer zu den wöchentlichen Highlights der Spiele des FC Barcelona.

Jede Woche sehnte ich die Ausstrahlung *EuroGoals* auf Eurosport herbei. Internet war in den Kinderschuhen. Jegliche noch so kleine Randnotiz über Barça wurde von mir aufgesogen, so wie eine Wüstenblume dem lang ersehnten Regen mit neuem Leben begegnet. Und diese Knappheit sorgte bei mir für das intensive Erleben aller Ereignisse, die etwas mit Barça zu tun hatten. Endlich bekomme ich durch das Buch die Gelegenheit, mich zu bedanken: Gottfried, du warst ein Katalysator für die Liebe zum großen FC Barcelona, die damals in mir wuchs.

Aber natürlich wollte ich immer mehr, ich war wie gebannt und emotional abhängig, meine Leidenschaft ständig zu stillen. Ich malte mir aus, welches Tor sich Romário, Laudrup, Stoichkov und Co. beim nächsten Spiel ausdenken würden. Mein Videorekorder erlaubte mir, alle Spiele und Ausschnitte aufzuzeichnen, um sie wieder und wieder anzuschauen. Im Fußballtraining versuchte ich dann, die Tricks nachzuahmen und so die Kreisklasse aufzumischen. Hat natürlich nicht geklappt …

Also sparte ich jegliches Geld, um es für Reisen nach Barcelona umzumünzen. Ich plante dann den Trip so, dass ich in 14 Tagen so viele Spiele wie möglich sehen konnte. Zweimal Liga und einmal Champions League waren eine sehr gute Ausbeute. Die Spiele auswärts schaute ich mir in Bars an. Kollektives Fußballschauen ist üblich in Spanien. Ohne spanisch, geschweige denn katalanisch zu sprechen, fieberte ich bei den Übertragungen mit. Als blonder junger Mann, vom Hauttyp Nordeuropäer, fiel ich ohnehin schon auf, denn die Olympischen Spiele von 1992 waren erst zwei Jahre her und die große Welle kreativer, erlebnishungriger rucksackbepackter Leute aus aller Welt oder betuchter Kreuzfahrttouristen war erst am Anrollen.

So kam es mehr als einmal vor, dass die anderen Gäste mich ansprachen, warum ich denn so für ihren Verein die Daumen drückte, obwohl ich doch offensichtlich nicht einheimisch sei und somit die wahre Dimension von Barça gar nicht verstehen könne. Mit Händen und Füßen und Pidginenglisch[194] von beiden Seiten wurde dann klar, dass meine Begeisterung Barça galt und mein (Fußball-)Herz nur die Farben *Blaugrana* kennen würde. Einige waren dann so gerührt, dass sie beim Verdrücken ihrer Tränen den Wirt um freie Getränke für diesen exotischen *culé* baten. Das trug sich in leicht abgewandelter Form mehrfach zu. Na dann, Prost Barça!

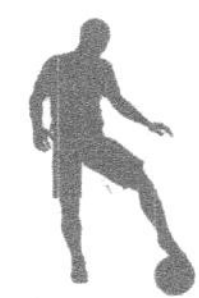

43. GRUND

Weil ein 14 Jahre alter Traum 61 Minuten Realität wurde

Es läuft die 15. Minute am 25. November 2012 im Auswärtsspiel des FC Barcelona gegen UD Levante aus Valencia. Der brasilianische Rechtsverteidiger Dani Alves muss verletzt runter und wird durch Martin Montoya ersetzt. Allein durch das Betreten des Spielfeldes hat Martin Montoya bereits etwas Historisches für den FC Barcelona geleistet. Zum ersten Mal in der Geschichte des Vereins besteht die komplette Mannschaft auf dem Spielfeld aus Spielern, die allesamt in der Jugendakademie »La Masia« ausgebildet worden sind.

Der Trainer Luis van Gaal drückte einst im November 1998 den Traum aus, dass es unheimlich wichtig sei, dass Barça irgendwann den Europapokal mit vielen Fußballern aus Katalonien gewinnen könne. Dies ist umso erstaunlicher, als van Gaal während seiner Trainerzeit eher auf seine holländischen Landsleute zählte als auf Spieler aus der eigenen Jugend. Den Höhepunkt markierte das Auswärtsspiel auf Mallorca 1999, bei dem mit Carles Puyol lediglich ein Spieler aus der Barça-Jugend auf dem Platz stand, während die restlichen zehn Spieler allesamt aus dem Ausland stammten. Ähnliche Szenarien sollten unter seiner Führung keine Seltenheit bleiben.

Es war schließlich ein Prozess, der sich über viele Jahre hingezogen hat und in dem jeder Trainer im Laufe der Zeit einen wichtigen Teil zum endgültigen Erfolg beigetragen hat. So ist die Gründung und der Aufbau der »La Masia« Johan Cruyff zu verdanken. Louis van Gaal hat die Planung vorangetrieben, während Pep Guardiola und Tito Vilanova hauptsächlich für die Umsetzung verantwortlich waren. Xavi Hernández, Carles Puyol, Andrés Iniesta und Víctor Valdés kamen unter van Gaal zu ihren ersten Einsätzen. Frank Rijkaard hat Leo Messi an die erste Mannschaft herangeführt, während Pep Guardiola die im jungen Alter nach England verkauften Gerard Piqué und Cesc Fabregás von Manchester United und Arsenal London zurückholte. Außerdem verhalf er Sergio Busquets und Pedro Rodríguez aus der Jugendabteilung ebenso wie Martín Montoya zu ihren ersten Minuten im Profikader. Komplettiert wurde die Elf durch den Rückkauf von Jordi Alba aus Valencia, initiiert von Tito Vilanova.

Die elf Spieler, die als Mannschaft etwas Historisches geleistet haben, waren somit: Víctor Valdés, Martin Montoya, Carles Puyol, Gerard Piqué, Jordi Alba, Xavi Hernández, Sergio Busquets, Andrés Iniesta, Pedro Rodríguez, Cesc Fàbregas und Lionel Messi. Acht der erwähnten Spieler wurden in Katalonien geboren, während die übrigen drei bereits im jungen Alter nach Barcelona zogen, um für den Verein zu spielen. Offensichtlich handelte es sich auch im Spiel gegen Levante nicht um ein europäisches Finale, sondern lediglich um ein Meisterschaftsspiel, dennoch bleibt der klare 4:0-Sieg aufgrund des besonderen Ereignisses in Erinnerung.

Der Traum endete in der 76. Minute, bis nämlich Jordi Alba durch Adriano ersetzt wurde. Angesichts der Menge an Träumen, die niemals in Erfüllung gehen, sind diese 61 Minuten durchaus eine bemerkenswerte Leistung.

44. GRUND

Weil wir jetzt auch unerlaubterweise gegnerische Abwehrketten durchbeißen

Was ist nicht alles über Luis Suárez geschrieben worden, nachdem sein Biss auf Brasiliens WM-Bühne weltweite Aufmerksamkeit erlangte und er den zweifelhaften Beinamen »der Zahn Gottes« erhielt[195]. Dass seine Aktion geahndet werden musste, darüber war man sich vermutlich auch in Montevideo klar, doch die Strafe von neun internationalen Spielen und vier Monaten zwangsverordneter

Abstinenz jeglicher fußballerischer Aktivität nimmt vom Ausmaß und von der Ausgestaltung her alttestamentarische Züge an und beschäftigt auch Arbeitsrechtler, ob einem Profifußballer das Recht verweigert werden kann, mit seiner Mannschaft zu trainieren.

Der FIFA, wegen ihrer Praktiken bei den Vergaben zur Austragung der Weltmeisterschaften selbst in Verruf geraten, kam es wahrscheinlich ganz gelegen, hier ein Exempel zu statuieren und sich als Wächter von Sportgeist und Fairness zu geben. Maradona meinte salopp, dass nur noch gefehlt hätte, dass man Suárez nach Guantanamo geschickt hätte. Beißen, Kratzen und Spucken ist eben gesellschaftlich nicht gut angesehen, egal wo man sich auf der Welt befindet.

Bei Luis Suárez zeugen diese Kurzschlussreaktionen von Ohnmacht und offenbaren wegen ihrer wiederholten Ausführung ein gewisses Muster, in bestimmten Situationen die Selbstkontrolle zu verlieren. Beim Beißen hat man ja als Übeltäter auch schlechte Karten. »Ich wollte ja nur den Ball spielen« taugt jedem Raubein, der des Gegners Knöchel zerschmettert, aber für den notorischen Dental-Ausflügler ist hierbei Schweigen Zahngold. Luis Suárez' schlechtes Image nährt sich auch daraus, dass der Vorfall in Brasilien kein Ausbeißer war und er sich oftmals als uneinsichtig gezeigt hatte, wenn er wegen Unsportlichkeit in die Kritik geraten war. Eine Entschuldigung kommt ihm nur schwer über die Lippen. Er ist ein beschriebenes Blatt, sodass er vonseiten der Disziplinarkommission kaum auf Milderung hoffen kann.

2011 nannte er während eines Premier-League-Spiels Liverpool gegen ManU wiederholt seinen Gegenspieler Patrice Evra *Negro*, was so viel wie »Schwarzer« oder »Neger« bedeutet. Zu seiner Verteidigung führte man an, dass im spanischen Sprachgebrauch *Negro* nicht so negativ besetzt sei, wie dies in England der Fall ist. Ich kann bestätigen, dass dieser Ausdruck im spanischen Sprachgebrauch nicht diese rassistische Konnotation wie im angelsächsischen hat. Vielleicht zeigt dies aber auch nur, wie latent Rassismus in vielen Breitengraden noch vorhanden ist.

Als Dani Alves im April 2014 spontan von der Banane aß, die ihm ein Zuschauer in rassistischer Anspielung vor die Füße warf, zeigten sich viele Größen aus Sport, Politik und Showbusiness mit Alves solidarisch. Selfies mit Bananensnack und »Nein zu Rassismus«-Slogans wurden in sozialen Netzwerken Trending Topic. Luis Suárez unterstützte die Aktion ebenso[196].

Reinwaschen lässt sich sein Image mit einem Tweet allerdings nicht. Der zweifache Familienvater und Family Man Luis Suárez trägt unsympathische Charaktereigenschaften an sich, die nach Meinung ehemaliger Weggefährten daher rühren, dass er partout nicht verlieren kann. »Was auf dem Platz passiert ist, bleibt auf dem Platz« ist sein Motto und taugt noch am ehesten als Erklärung seines Fehlverhaltens. Fußball in Uruguay hat eigene Gesetze. Die Mentalität des »Siegen um jeden Preis«-Gedankens beschreibt eine kleine Fußballnation, die sich umgeben von den weitaus einwohnerstärkeren Fußballschwergewichten Argentinien und Brasilien stets behaupten konnte[197]. Zwei Weltmeistertitel und aktuelle Stars wie Cavani und Francescoli in den 80er-Jahren sprechen für die Wettbewerbsfähigkeit des Fußballs aus Uruguay.

Uruguays Präsident Mujica nahm Suárez jedenfalls in Schutz: Sein Traum ist es, ein guter Fußballer zu sein, er ist nicht angetreten, um eine Diplomatenlaufbahn einschlagen können. Die Kurzschlussreaktionen von Luis Suárez lassen sich nicht schönreden. Wahrscheinlich ist es nur ein Versuch von mir, mein aus den Fugen geratenes Wertesystem wieder in Einklang zu bringen. Suárez passt so gar nicht zum Saubermann-Image, was Barça in den letzten Jahren so anhaftete. Vielleicht ist die Verpflichtung von Suárez ein weiterer Schritt Richtung Normalität beim FC Barcelona.

Von Botschaftern des Guten zu Fußballspielern. Barças Sportdirektor Andoni Zubizarreta wurde von einem englischen Medienvertreter gefragt, ob Barça denn mit der Verpflichtung von Suárez nun endgültig vom Prinzip »més que un club« Abschied genommen hätte. In der internationalen Presse war davon die Rede, Barças Anspruch an sich selbst sei ins Zwielicht geraten[198]. Zubizarreta verneinte dies und konterte geschickt: »Wir akzeptieren die Menschen in ihrer Ganzheit mit all ihren Unzulänglichkeiten, richtigen Entscheidungen, Fehlern und den Lehren daraus. Auch das gehört zu unseren Werten.« Und dann sage mal einer, dass Presseabteilungen überflüssig wären.

Die culés sind jedenfalls aufgeregt und malen sich aus, was dieser einmalige Sturm um Messi, Neymar Jr. und Luis Suárez so an Delikatessen auftischen wird, und ob er an sich halten kann, damit er von Sperren verschont bleibt, denn mit jeder Sanktion ist Barça der Leidtragende. Die astronomische Ablösesumme von circa 80 Millionen Euro würde einem dann noch mal mehr vorkommen.

Zur Relativierung: Luis Suárez setzt ja nicht wie ein Raubtier an der Halsschlagader seines Gegners an. Seine Beißopfer können im nächsten Spiel wieder auflaufen. Von Zuñigas Opfern kann man das nicht behaupten. Einfach mal bei Neymar Jr. nachfragen, was ihm lieber gewesen wäre, ein kurzer Schmerz wegen eines kräftigen Bisses oder ein gebrochener Lendenwirbel durch Knieaufprall bei einem »fairen« Zweikampf …

5. KAPITEL

GESCHICHTEN UND EPOCHEN – THOSE WERE THE DAYS

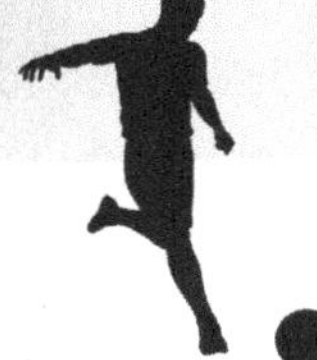

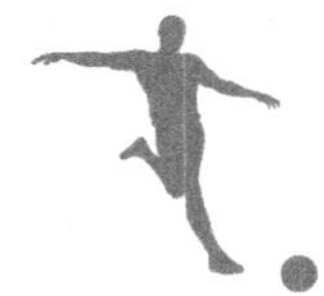

45. GRUND

Weil die zwölf Apostel nicht nur in der Bibel vorkommen

Als ein Apostel wird im Verständnis der christlichen Tradition jemand bezeichnet, der von Jesus Christus direkt als sogenannter Gesandter beauftragt worden ist. Jesus hatte insgesamt zwölf Apostel. Was aber hat das mit dem FC Barcelona zu tun? Zuweilen wird ja dem FC Barcelona ein religionsähnlicher Status zugesagt, aber fangen wir von vorn an.

Am 22.Oktober 1899 erscheint in der katalanischen Wochenzeitung *Los Deportes* unter der Rubrik »Vermischtes« eine Kleinanzeige, worin ein gewisser Hans Gamper, zugleich auch Herausgeber der Zeitung, Gleichgesinnte zur Gründung eines Fußballvereins sucht.

Hans Gamper ist geborener Schweizer, wird 1877 in Winterthur als drittes von fünf Kindern geboren und wächst, nach dem frühen Tod der Mutter, in Zürich, der Heimatstadt des Vaters, auf. Heutzutage würde man den jungen Hans als absolute Sportskanone bezeichnen. Neben regionalen Erfolgen im Fahrradfahren spielt er auch Rugby, Tennis und Golf und ist zudem ein begeisterter Fußballspieler.

Als 18-Jähriger gehört er den Gründungsmitgliedern des FC Zürich an und läuft im selben Jahr auch noch für den FC Basel auf. Jedoch soll sich Hans Gamper nach den Vorstellungen seines Vaters nicht als professioneller Sportler betätigen, sondern stattdessen als Kaufmann im Import- und Exportgeschäft arbeiten.

Um beim Aufbau von Zuckerfabriken zu helfen, macht er sich schließlich 1898 auf den Weg nach Afrika. Allzu weit sollte er jedoch nicht kommen, da er auf dem Weg dorthin seinen Onkel in Barcelona besuchte. Wie viele Leute vor ihm und wohl noch mehr nach ihm verguckt auch er sich in die wunderbare Stadt am Mittelmeer und bleibt hier hängen. Neben einer Tätigkeit als Buchhalter widmet er sich auch dem Zucker- und Kaffeehandel und gründet zudem die bereits erwähnte Sportzeitung.

Um auch in der neuen Heimat seinem Lieblingshobby nachzueifern, macht er sich auf die Suche nach Gleichgesinnten. Dabei machen ihm allerdings zwei Probleme zu schaffen. Zum einen gehört er der protestantischen Minderheit in Barcelona an, zum anderen ist er Ausländer. Deswegen wird er bei einem bereits bestehenden Fußballverein abgewiesen, da dort ausschließlich katalanische Spieler aufgenommen werden. Daraufhin macht er sich durch die oben erwähnte Zeitungsanzeige eigenständig auf die Suche nach Mitspielern.

Die Resonanz ist durchaus positiv und so vereint sich am 29. November 1899 in einer in der Altstadt gelegenen Turnhalle, hinter der berühmten Markthalle »La Boquería«, eine Gruppe von jungen Leuten verschiedener Nationalitäten, darunter aus der Schweiz, aus England, Deutschland und Spanien. Neben Hans Gamper selbst sind dies Walter Wild, Lluís d'Ossó, Bartomeu Terrades, Otto Kunzle, Otto Maier, Enric Ducal, Pere Cabot, Carles Pujol, Josep Llobet, John und William Parsons. Kurz vor Mitternacht wird schließlich der neue Verein unter dem englischen Namen »Football Club Barcelona« gegründet, mit dem Engländer Walter Wild als erster Präsident. Hans Gamper selbst tritt lieber als Kapitän der Mannschaft auf. Die Anzahl der Gründungsmitglieder ist zwölf, sozusagen die zwölf Apostel des FC Barcelona und somit ein erstes Indiz, dass der Verein im Laufe seiner Geschichte religionsähnliche Züge annimmt.

46. GRUND

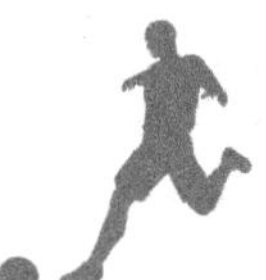

Weil einen der Verein nicht loslässt

Ursprünglich hatte der Gründer des FC Barcelona, Hans »Joan« Gamper, nicht vor, das Präsidentenamt auszuüben. Viel lieber führte er die Mannschaft als Kapitän und Mittelstürmer auf den Platz, was er auch durchaus erfolgreich machte. Von 1899 bis 1903 erzielte er in knapp 50 Spielen über 100 Tore. Dass er am Ende doch insgesamt fünfmal das Präsidentenamt innehielt und dadurch den Verein des Öfteren vor dem Aus rettete, musste er am Ende auf tragische Art und Weise bezahlen. Aber großen Männern scheint nun mal ein schicksalhaftes Ende vorbestimmt zu sein – und warum sollte da ausgerechnet der Gründer des großartigsten Fußballvereines der Welt eine Ausnahme machen?

Alles fängt damit an, dass sich der Verein knapp zehn Jahre nach seiner Gründung im Jahr 1899 in einer desolaten Situation befindet. Sowohl die sportliche als auch finanzielle Lage sind miserabel und zudem verlassen mehr und mehr Mitglieder den Verein. In einer Krisensitzung in derselben Turnhalle, in der noch vor einigen Jahren enthusiastisch die Gründung gefeiert wurde, schmeißt der aktuelle Präsident nur kurz nach seiner Benennung das Handtuch und erklärt den Verein praktisch für tot. Die darauffolgende, schier endlose Stille wird erst von Hans Gamper unterbrochen, der sich mit der Unterstützung aller verbliebenen Mitglieder bereit erklärt, das Präsidentenamt zu übernehmen.

Voller Tatendrang und Elan geht er seine neue Aufgabe an und schafft es tatsächlich, viele Mitglieder zurückzugewinnen und mit Hilfe von lokalen Geschäftspartnern den Bau des ersten eigenen Stadions zu initiieren. Auch sportlich gelingt der Weg zurück in die Erfolgsspur und in der Saison 1908/09 triumphiert der FC Barcelona ungeschlagen die katalanische Meisterschaft (Campeonato de Catalunya). Aufgrund beruflicher Gründe tritt Hans Gamper nach nicht einmal einem Jahr zurück, bleibt jedoch dem Präsidium erhalten und hinterlässt einen durchaus gefestigten Verein.

Inzwischen hat er sich mit einer Dame aus streng katholischem Hause vermählt und begeistert sich für den Katalanismus, wodurch auch seine gesellschaftliche Anerkennung in Barcelona steigt. Zudem lässt er seinen Vornamen zu »Joan« katalanisieren und spricht die katalanische Sprache deutlich besser als das Spanisch.

Kein Jahr später, im November 1910, wird er von den Mitgliedern um Wiederaufnahme des höchsten Postens gebeten. Diese Amtsperiode wird vor allem durch interne Konflikte der voranschreitenden Professionalisierung und der Antipathie zum spanischen Fußballverband gekennzeichnet. Zwischenzeitlich tritt der FC Barcelona sowohl aus dem spanischen als auch aus dem katalanischen Fußballverband aus. Müde von allerlei Grabenkämpfen gibt Joan Gamper sein Amt nach drei Jahren wieder auf.

Während seiner dritten Amtszeit von 1917 bis 1919 verpflichtet er den ersten Profitrainer in der Geschichte des Vereins und die zu Mythen aufsteigenden Offensivspieler Josep Samitier und Torhüter Ricardo Zamora (siehe 48. Grund).

Die vierte Amtszeit beginnt 1921, und erneut ist die Existenz des Vereins aufgrund politischer Querelen und Zerwürfnisse stark gefährdet, und wieder ist es Joan Gamper, der den Verein rettet. Unterdessen hat er sich durch seine Tätigkeiten als Kaufmann ein stattliches Vermögen erarbeitet und unterstützt mit einer Million Peseten den Bau des neuen Stadions Les Corts im gleichnamigen Stadtviertel. Am Ende seiner Amtszeit 1923 ist die wirtschaftliche Situation des Vereins beneidenswert, und auch die Mitgliederzahl übersteigt zum ersten Mal 10.000. Auch danach hat ihn der Verein nicht losgelassen (Fortsetzung siehe 49. Grund) …

47. GRUND

Weil der Druck der Massen Wirkung zeigte

Bevor Leo Messi auftauchte, gab es beim FC Barcelona bereits einen überragenden Spieler, der in 357 Spielen sage und schreibe 357 Tore erzielte. Er hieß Paulino Alcántara und erhielt den Spitznamen »El Romperredes«, was so viel heißt wie derjenige, der die Tornetze zerschießt. Er wurde 1896 auf den Philippinen geboren, hat eine philippinische Mutter und einen spanischen Vater, mit denen er kurz darauf nach Barcelona auswanderte. Daher kamen auch der dunkle Hauttyp und die eingefallenen Augen, die ihm mit einem immerzu traurigen Blick versahen, obwohl er doch vor allem dem Barça-Anhang so viel Freude bereitete.

Alcántara konnte nicht gerade mit seiner physischen Stärke auftrumpfen. Obwohl er sehr dünn und schwächlich wirkte, konnte er den damaligen Präsidenten Joan Gamper dennoch von seinen Qualitäten als Fußballer überzeugen. Der Wunderknabe debütierte mit 15 Jahren für die erste Mannschaft, und es dauerte nicht lange, bis sich die Fans in seine Tore verliebten.

Zu den Zeiten, als die Zeitungen das einzige Kommunikationsmedium waren, wurde die Spielweise von Paulino aufs Höchste geehrt und gepriesen. Er spielte stets mit einem weißen Tuch um die Hüften, ideal, um sich den Schweiß abzuwischen, wie er betonte, was ihm eine gewisse Eleganz verlieh und ihn für jedermann sofort erkennbar machte. Obwohl er in ganz Katalonien bejubelt wurde, schien seine Bestimmung nichts mit dem Ball zu tun zu haben.

Im Mai 1916 kehrte er mit seinen Eltern zurück auf die Philippinen, um dort Medizin zu studieren. Selbstverständlich spielte er auch dort weiterhin Fußball, zusätzlich aber auch Tischtennis, worin er Vizemeister wurde und sein Land bei den Asienmeisterschaften vertrat.

Alsbald flatterte bei ihm ein Telegramm des FC Barcelona ein, in dem der Verein sehnsüchtig nach seiner Rückkehr verlangte, nachdem seit seiner Abwesenheit keine Titel mehr gewonnen wurden. Nach heftigen Diskussionen mit seinem Vater kehrte er schließlich im April 1918 zurück nach Barcelona, um keine vier Tage nach seiner Ankunft wieder auf dem Platz zu stehen und mit drei Toren zum nächsten Sieg beizutragen.

Seine Rückkehr erweckte riesige Hoffnungen bei den Anhängern, bis der Trainer entschied, Paulino Alcántara in der Verteidigung aufzustellen. Seiner Meinung nach musste ein Stürmer mindestens so kräftig wie ein Baumstamm sein. Der Trainer rechnete allerdings nicht mit der heftigen Reaktion der Zuschauer. Unter Androhung, ihre Mitgliedsbeiträge nicht zu zahlen, falls Paulino nicht wieder als Stürmer aufgestellt werden würde, beugte sich der Trainer den Massen. So ging die noch nie zuvor da gewesene Torausbeute weiter.

Seinen Spitznamen »El Romperredes« verdiente er sich in einem Länderspiel zwischen Spanien und Frankreich in Bordeaux im April 1922. Er nahm einen Ball an der Strafraumgrenze auf und schoss ihn mit einer dermaßenen Wucht und Geschwindigkeit ins Tor, dass das Tornetz riss und selbst einen Soldaten, der mehrere Meter hinter dem Tor stand, umhaute.

Zusammen mit anderen mythischen Spielern wie Samitier und Zamora (siehe 48. Grund) prägte er maßgeblich die goldenen 20er-Jahre des Vereins. Mit nur 30 Jahren beendete er seine Fußballkarriere, um sich ganz und gar auf seine Tätigkeit als Arzt zu konzentrieren. Als einziger Wermutstropfen verbleibt, dass er ein Jahr vor Gründung der Liga seine Karriere beendete und somit in den offiziellen Statistiken nicht aufgeführt wurde.

48. GRUND

Weil einigen Spielern vieles verziehen wird

Im Jahr 1919 wechseln zwei Spieler zum FC Barcelona, die einen Wendepunkt in der Geschichte des Vereins markieren. Allein ihre Spitznamen verheißen schon Außergewöhnliches: Der Magier und Der Göttliche.

Eine Hose, eine Jacke und eine Uhr mit leuchtendem Zifferblatt sind der Preis, den der FC Barcelona für die Dienste von Josep Samitier, kurz Sami, bezahlt. Seine erfindungsreiche Spielweise und unwahrscheinliche Beweglichkeit auf dem Platz begeistern die Barça-Fans so sehr, dass sie ihm den Spitznamen »El Mago« (»Der Magier«) verleihen. Seine Technik ist herausragend und sein höllischer Schuss bei allen Torhütern gefürchtet. Sami schießt mit der Pike, sodass er einen schier unberechenbaren Verlauf nimmt.

Wohl deswegen erzielt er unglaubliche 326 Tore in 454 Spielen während seiner 15 Jahre bei Barça. In der ewigen Torschützenliste des Vereins liegt er nur hinter Paulino Alcántara und natürlich Leo Messi auf dem dritten Rang. Sami ist gut, sogar sehr gut, und wird zu seiner Zeit als einer der Besten in Europa, wenn nicht sogar weltweit, gehandelt. Neben zahlreichen Titeln in der katalanischen Meisterschaft (Campionat de Catalunya) war der Gewinn der ersten landesweiten Liga in ihrem Premierenjahr 1928 der größte Erfolg. Es sollten 16 lange Jahre vergehen, ehe der FC Barcelona wieder diesen Titel gewinnt und zwar wieder dank Sami, dann als Trainer.

Worauf wir bei Barça nicht besonders stolz sein können, ist die Tatsache, dass Josep Samitier der erste in einer langen Liste von Spielern ist, der sowohl für den großartigen FC Barcelona als auch für den nicht so großartigen Erzrivalen Real Madrid gespielt hat, und zwar durch einen Wechsel der beiden Vereine. Was allerdings am erstaunlichsten ist: dass er insgesamt zweimal nach Madrid wechselt und trotzdem beide Male wieder wie der verlorene Sohn mit offenen Armen sowohl vom Verein als auch vom Barça-Anhang empfangen wird.

1933 zieht es ihn aufgrund finanzieller Unstimmigkeiten nach Madrid, wo er als Spieler fürstlich entlohnt wird und zudem wieder mit seinem Freund Zamora spielt. Nach vielen Jahren kehrt er als Trainer zurück nach Barcelona und gewinnt die Liga 1945, um zwei Jahre später erneut nach Madrid als technischer Direktor zurückzukehren. Bei seiner zweiten Rückkehr, die ihm ein weiteres Mal verziehen wird, zeigt er ein tolles Auge, indem er für Barça einen jungen heimatlosen Spieler verpflichtet, den späteren Jahrhundertspieler Lászlo Kubala.

Zur gleichen Zeit (1919) wird auch der Torwart Ricardo Zamora vom Lokalrivalen Espanyol verpflichtet. Obwohl er seinem Vater versprochen hatte, mit dem Fußball aufzuhören, um in seine Fußstapfen als Arzt zu treten, benötigen die Barça-Offiziellen nicht viele Argumente, um ihn von einem Engagement zu überzeugen. Nach drei überaus erfolgreichen Jahren verlangt er eine Verbesserung seiner Bezüge, die ihm seitens des Vereins verweigert wird. Daraufhin kehrt er zurück zu Espanyol, um einige Jahre später zu Real Madrid zu wechseln. Vor allem dank einer herausragenden Leistung während der Weltmeisterschaft in Italien 1934 bekam er seinen Spitznamen »El Divino« (»Der Göttliche«) und der folgende Satz erlangte Berühmtheit: »Es gibt nur zwei Torhüter: Ricardo Zamora auf der Erde und Petrus im Himmel.« Auch wenn er hauptsächlich mit Espanyol in Verbindung gebracht wird und lediglich drei Jahre für Barça spielte, hinterlässt er einen bleibenden Eindruck. In Anlehnung an seine hervorragenden Leistungen wird seit der Saison 1958/59 in der spanischen Liga der Torhüter mit den wenigsten Gegentoren mit dem »Trofeo Zamora« (Zamora-Pokal) ausgezeichnet.

Josep Samitier und Ricardo Zamora, die eine dicke Freundschaft pflegten, waren ungemein populär und gehörten zu den ersten Profis, die auch medial auf sich aufmerksam machten. So wirkten sie sowohl in Werbefilmchen als auch in Spielfilmen mit. Beide verstarben in den 80er-Jahren in ihrer Heimatstadt und sind neben dem Vereinsgründer Joan Gamper die einzigen Spieler, nach denen in Barcelona eine Straße benannt ist.

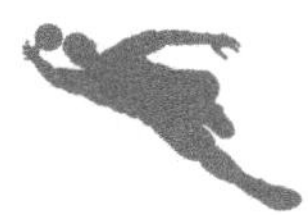

49. GRUND

Weil ein tragisches Ende einfach dazugehört

Die fünfte und letzte Amtsperiode von Joan Gamper als Präsident beginnt 1924, im Jahr des 25-jährigen Jubiläums. Nach erneuten

Spannungen im Verein schafft es Joan Gamper zum wiederholten Mal, die Gemüter zu beruhigen, und die Jubiläumsfeierlichkeiten sind ein totaler Erfolg. Zum schicksalhaften Eklat kommt es schließlich am 14. Juni 1925. Um den folgenden Eklat zu verstehen, muss man einen Blick auf die politischen Verhältnisse jener Zeit werfen.

Im Jahr 1923 übernimmt General Miguel Primo de Rivera die Macht in Spanien und installiert eine Militärdiktatur. Dank vager Autonomieversprechungen stehen die konservativen Katalanisten und das katalanische Bürgertum zunächst hinter ihm. Die Stimmung ändert sich jedoch rasch, als das Regime gegen die katalanische Sprache und katalanische Symbole vorgeht und diese verbietet. Das harte Vorgehen der Militärdiktatur verstärkt umso mehr die Popularisierung des katalanischen Nationalismus.

Zurück zu dem besagten Tag im Juni 1925: Anlässlich eines Benefizspiels wird eine Kapelle der britischen Royal Marines engagiert, deren Schiff zufällig im Hafen von Barcelona liegt. Ahnungslos, ob der heiklen politischen und kulturellen Situation, spielt das Orchester vor Beginn der Partie die spanische Nationalhymne. Dies wird von dem Barça-Publikum mit einem gellenden Pfeifkonzert quittiert. Daraufhin wechselt die Kapelle schlagartig auf die englische Hymne, worauf das Publikum in Jubelstürme ausbricht. Die im Stadion vertretenen Militärs fühlen sich aufs Äußerste gekränkt und reagieren mit drastischen Maßnahmen. Zum einen wird das Stadion für eine Dauer von sechs Monaten geschlossen, zum anderen wird Joan Gamper, der als Präsident für die Aktion verantwortlich gemacht wird, wärmstens ans Herz gelegt, Barcelona so schnell wie möglich zu verlassen.

Falls einem das Leben lieb ist, lässt man sich so etwas in einer Militärdiktatur natürlich nicht zweimal sagen. Von diesem Zeitpunkt an verliert Joan Gamper seinen sonst so großen Enthusiasmus und sein gesundheitlicher Zustand verschlechtert sich zunehmend. Zwar darf er später wieder zurück nach Barcelona, aber lediglich unter der Bedingung, keinerlei Kontakte zum Verein und dessen Umfeld zu unterhalten. Dies kommt seinem Todesurteil gleich. Von Depressionen geplagt und aufgrund des Börsencrashs von 1929 völlig ruiniert, erschießt sich Joan Gamper 1930 im Alter von 52 Jahren in seinem Haus in Barcelona. Die Stadt nimmt großen Anteil und Tausende folgten der feierlichen Prozession vom Fußballstadion Les Corts bis hin zum Friedhof von Montjuïc.

Hans »Joan« Gamper wurde aufgrund seiner außerordentlichen Gastfreundschaft von durchweg allen Fußballvereinen, die in Barcelona Station machten, aufs Höchste gelobt. Zudem wurde immer wieder sein toller Führungsstil hervorgehoben, wobei er bei allen Verhandlungen stets großzügig auftrat und es bestens verstand, sämtliche Streitereien zu schlichten.

Eigentlich wollte der FC Barcelona sein aktuelles Stadion Camp Nou, im Jahr 1955 erbaut, nach ihrem Vereinsgründer benennen, dies wurde jedoch von der damaligen Militärdiktatur unter Franco verboten. Seit 1966 wird nunmehr das sogenannte »Trofeo Joan Gamper«-Turnier ausgetragen. Dabei handelt es sich um das traditionelle Saisoneröffnungsspiel vor Beginn der spanischen Liga. Zudem wurde das im Juni 2006 neu eröffnete Vereinsgelände in Sant Joan Despi am Stadtrand von Barcelona, »Ciudad Deportiva Joan Gamper«, als Huldigung nach ihrem Vereinsgründer benannt.

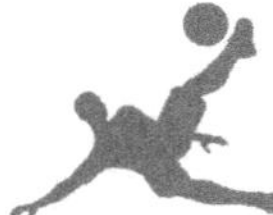

50. GRUND

Weil ein falsches Wort fatale Folgen haben kann

Josep Sunyol geht als »Märtyrer-Präsident« in die Geschichte des FC Barcelona ein, als er unter mysteriösen Umständen während der Anfänge des Spanischen Bürgerkriegs von Francos Truppen im Sommer 1936 einen tragischen Tod erlitt.

Sunyol wurde 1898 in Barcelona geboren und stammte aus einer wohlhabenden Familie. Er war ein Mann von außergewöhnlicher

Persönlichkeit und genoss höchsten Respekt bei sämtlichen Barça-Verantwortlichen, als er 1928 dem Vorstand des Vereins beitrat, und zwar ausgerechnet unter der Amtszeit von Arcadi Balaguer, der als überzeugter Monarchist galt, während er selbst der konträren politischen Gesinnung war. Zusätzlich war er auch der Vorstand des katalanischen Fußballverbandes und Präsident des hiesigen Automobilclubs, was ihn zu einem äußerst einflussreichen Mann machte.

Sunyol war stets bekannt für seine politischen Aktivitäten, als Führer einer linksorientierten Partei und ebenso für sein großes Engagement in der Welt des Sports. So war er auch Gründer und Besitzer des Wochenmagazins *La Rambla*, eines Sportmagazins, welches ebenfalls linksorientiert war und keine Gelegenheit ausließ, das politische System zu attackieren und zu kritisieren.

Im Juli 1935 wurde Josep Sunyol zum Präsidenten des FC Barcelona gewählt. Die Mitglieder erhofften sich von ihm vor allem, dass er die kritische finanzielle Situation des Vereins lösen und den Verein in den schwierigen Zeiten der Repressionen durch die Militärdiktatur stützen könnte.

Und anfangs sah es auch recht Erfolg versprechend aus. Barça gewann in seiner ersten Saison die katalanische Meisterschaft, erreichte das spanische Pokalfinale und beendete das Jahr mit einer positiven Bilanz. Dann aber passierte etwas kaum Vorstellbares, nach dem Motto: Zur falschen Zeit am falschen Ort oder, besser gesagt, das falsche Wort am falschen Ort.

Es ist im August 1936 und zusammen mit seinem Chauffeur und einem Journalisten fährt Sunyol in Richtung Madrid durch die Sierra de Guadarrama. Er ist davon überzeugt, dass sie sich bereits auf republikanischem Gebiet befinden, und so lässt er voller Stolz die katalanische Flagge aus dem Wagen wehen. Jedoch hat sich der Fahrer nicht wissend zwar nur geringfügig, aber dafür ganz entscheidend im Weg geirrt.

Sie gelangen an einen militärischen Kontrollposten, und Sunyol steigt aus dem Wagen, um sich ein wenig die Beine zu vertreten und seiner politischen Gesinnung mit dem Schlachtruf »Es lebe die Republik« freien Lauf zu lassen. Nur leider befinden sie sich in einer von Francos Nationalisten kontrollierten Zone. Als die schwer bewaffneten Soldaten den Politiker und Präsidenten erkennen, eröffnen sie sofort das Feuer und richten alle Insassen ohne jegliche Möglichkeit des Entkommens hin.

Es dauerte über eine Woche, bis die Nachricht vom tragischen Tod Sunyols Barcelona erreichte und für große Erschütterung in allen Teilen der Bevölkerung sorgte. Als Ehrung nach seinem Tod wurde er von den Verantwortlichen des Vereins von November 1937 bis Januar 1939 weiterhin als Präsident geführt, allerdings »in Abwesenheit«.

51. GRUND

Weil von einer Reise nicht alle zurückkehren, auch der Liebe wegen

Zu Beginn des Spanischen Bürgerkrieges befindet sich der FC Barcelona in einer existenziellen finanziellen Krise. Die Saison 1936/37 wird mit hohen Verlusten abgeschlossen und die Mitglieder haben immer mehr Probleme, ihre Beiträge zu zahlen. Das geht sogar so weit, dass ein Mitglied mit einer Tischtennisplatte zahlen möchte.

Zur gleichen Zeit bekommt der Verein einige Angebote, um in Mexiko eine Tour zu spielen, jedoch werden sämtliche Angebote aus finanziellen Gründen abgelehnt, bis ein Angebot von Manuel Mas Serrano, einem katalanischen Geschäftsmann in Mexico, auf den Tisch flattert. Für rund 15.000 Dollar soll Barça insgesamt sechs Freundschaftsspiele bestreiten. Außerdem werden sämtliche Hotel- und Reisekosten bezahlt. Ein solches Angebot – ob dafür oder dagegen – ist in der aktuellen Situation einfach unmöglich auszuschlagen. Gleichzeitig wird die Reiseerlaubnis bei den Behörden beantragt, schließlich herrscht Kriegszustand und die Spieler könnten jederzeit als Nachtrupp an die Front geschickt werden. Erstaunlicherweise gibt es von den Behörden nichts auszusetzen.

Angeführt vom Clubsekretär Rossend Calvet, startet am 18. Mai 1937 eine Gruppe von 16 Spielern von der Zugstation in Barcelona ihre lange Reise über Frankreich, um von dort mit dem Schiff nach Mexico zu gelangen. Begleitet werden sie zudem von Masseur Angel Mur, dem Arzt Amoros und dem irischen Trainer Patrick O'Connel.

In Mexiko werden die Spieler des FC Barcelona begeistert empfangen und hinterlassen einen bleibenden Eindruck. Nach den vereinbarten sechs Spielen – vier Siege und zwei Niederlagen – bleiben sie noch für weitere Spiele. Anschließend reist die Truppe nach New York. Auch dort werden ihnen von den Verantwortlichen der dortigen Fußballvereinigung weitere Freundschaftsspiele angeboten. Ohne groß darüber nachzudenken, wird auch dieses Angebot wahrgenommen. Schließlich kann der Verein die gezahlten Antrittsprämien bestens gebrauchen, und zum anderen hat es niemand wirklich eilig, in ein Barcelona im Kriegszustand zurückzukehren. Alle vier Spiele in New York werden gewonnen und zum Ende der Tour stellt der Clubsekretär Rossend Calvet seinen Spielern die Rückkehr nach Barcelona frei. Insgesamt bleiben neun Fußballer in Mexiko und zwei Spieler in Frankreich.

Einer der Spieler, die in Mexiko bleiben, ist Martí Ventolrà. Während eines Empfangs bei dem mexikanischen Präsidenten verliebt er sich in dessen Enkeltochter. Zwei Jahre später läuten die Hochzeitsglocken. Aus der Ehe stammen vier Söhne, wobei einer von ihnen bei der Weltmeisterschaft 1970 für Mexiko aufläuft.

Nach einem knappen halben Jahr kehrt die enorm reduzierte Gruppe im Oktober 1937 nach Barcelona zurück. Die Massenflucht der Spieler hat verderbliche sportliche Folgen, finanziell ist die Reise allerdings ein voller Erfolg. Calvet trifft eine weise Entscheidung, als er die Gesamteinnahmen von knapp 15.000 Dollar auf eine Bank in

Frankreich einzahlt. In Barcelona wären diese Einnahmen sicherlich im Namen der Revolution beschlagnahmt worden. Sämtliche Schulden des Vereins sind beglichen und bis 1939 befindet sich der Verein in einer hervorragenden finanziellen Lage. So war nach Ende des Spanischen Bürgerkrieges im Mai 1939 der Neustart gesichert.

52. GRUND

Weil wegen eines Heimatlosen das größte Haus errichtet wurde

Ein Junge, geboren in Budapest, erzogen in einer slowakischen Familie mit polnischen Wurzeln, verändert die Barça-Geschichte. Ein Heimatloser, dem in Barcelona das größte Haus errichtet wurde: László Kubala.

Kubala wurde im Juni 1927 in Budapest geboren und wuchs unter ärmlichen Verhältnissen auf. Trotz des Zweiten Weltkrieges konnte er schon in jungen Jahren sein fußballerisches Können unter Beweis stellen, ehe er 1945 seinen ersten Profivertrag bei Ferencváros Budapest unterschrieb. Schon damals gehörte er zu jener seltenen Art von Offensivspielern, die sich selbst Tore überlegten und Spielzüge kreieren konnten. Jedoch schon kurze Zeit später floh er, um dem Militärdienst zu entkommen, in die damalige Tschechoslowakei, die Heimat seiner Mutter. Während er bei ŠK Slovan Bratislava spielte, schaffte er den Sprung in die dortige Nationalmannschaft, für die er in den folgenden zwei Jahren insgesamt sechsmal das Trikot trug.

Im Jahr 1948 kehrte er nach Budapest zurück, um für Vasas Budapest aufzulaufen. Hier konnte er sich mit den ganz Großen der Fußballwelt messen, wie Ferenc Puskás. Auch für die ungarische Nationalmannschaft bestritt er in dieser Zeit drei Spiele, ehe er abermals flüchtete. Diesmal vor den neuen kommunistischen

Machthabern. Als sowjetischer Soldat verkleidet flüchtete er im Januar 1949 nach Österreich, um von dort mit einem gefälschten Pass weiter nach Italien zu gelangen. In Italien zeigte der AC Turin, die damals beste Mannschaft, großes Interesse an Kubala. Die Verhandlungen kamen jedoch zu keinem Ergebnis. Das war das große Glück von Kubala, da kurz darauf die gesamte Mannschaft des AC Turin bei einem Flugzeugabsturz ums Leben kam. Jedoch sollten andere Probleme auf ihn zukommen.

Von seinem ehemaligen Verein und vom kommunistischen ungarischen Fußballverband angestachelt, wurden ihm Vertragsbruch und Fahnenflucht vorgeworfen. Die FIFA ging auf die Beschwerde ein und verhängte Kubala eine einjährige Pflichtspielsperre. Daraufhin landete er in einem Flüchtlingslager in der Nähe von Rom, wo er auf viele Leidensgenossen stieß, und stellte hier im Januar 1950 eine Fußballmannschaft aus Staatenlosen und Flüchtlingen zusammen. Sie nannte sich »Hungaria«, da sie mehrheitlich aus ungarischen Spielern bestand.

Es war eine sogenannte Nomaden-Mannschaft, die keine offiziellen Spiele bestreiten durfte und deshalb ähnlich einem Zirkus durch Europa tingelte und Freundschaftsspiele bestritt. Dabei verschlug es sie auch nach Spanien, wo sie unter anderem gegen Espanyol in Barcelona spielte.

Pep Samitier, der ehemalige Spitzenspieler und zu dieser Zeit Manager des FC Barcelona, erkannte sofort die unglaublichen Fähigkeiten des jungen blonden Mittelstürmers, der durch seine physische Kraft und seine Spielintelligenz auf dem Platz herausstach. Dazu war er noch beidfüßig, hatte einen herausragenden Schuss und die Übersicht eines Dirigenten. Sofort setzte er alles in Bewegung, um diesen Jungen zu verpflichten, auch wenn er vorerst – aufgrund seiner noch laufenden Spielsperre – nur Freundschaftsspiele bestreiten durfte.

Samitier startete erste Verhandlungen mit der spanischen Fußballvereinigung, und obwohl auch Real Madrid Bemühungen unternahm, den Ausnahmespieler zu verpflichten, war Kubala kurze Zeit später offiziell Spieler des FC Barcelona. Dabei ging der Verein auch auf die Bedingung des Spielers ein, den Trainer von »Hungaria« und zugleich seinen Schwiegervater Ferdinand Daucík zu verpflichten. Da der aktuelle Trainer Enrique Fernandez auch in seiner dritten Saison nicht überzeugen konnte, stimmte Samitier dem Deal zu. Bis er allerdings sein erstes offizielles Spiel für die Blaugrana bestreiten durfte, verging noch ein knappes Jahr.

Um dem Barça-Anhang zumindest den Spieler schmackhaft zu machen, wurden verschiedene Freundschaftsspiele organisiert, in denen der Ungar Meisterliches bot. Schließlich machte er im April 1951 sein erstes Spiel und verhalf Barça noch zum Pokalsieg. Mit Kubala auf dem Platz verbesserte Barça seine Leistung deutlich, und so legte der Ungar den Grundstein für eine der erfolgreichsten Epochen des Vereins. Das legendäre »Barça der fünf Pokale« (siehe 95. Grund) in der Spielzeit 1951/52 ist vorwiegend ihm zu verdanken.

Jeder wollte ihn spielen sehen und aufgrund der einsetzenden Begeisterung und der daraus resultierenden Zunahme der Zuschauerzahlen entschied sich die Vereinsführung, ein neues Stadion zu bauen, das Camp Nou (siehe 23. Grund). Damals sprach man vom »Haus, das Kubala erbaute«. Bis 1961 trug er in elf Jahren 345-mal das Barça-Trikot und schoss dabei 280 Tore. Letztendlich spielte er nach seiner Einbürgerung auch noch für die spanische Nationalmannschaft und wurde somit neben Alfredo Di Stéfano zum einzigen Spieler weltweit, der für drei verschiedene Länder das Nationaltrikot überzog, nahm jedoch nie an einer Weltmeisterschaft teil. Nach seiner aktiven Karriere wechselte Kubala in die Trainer- und Managementbranche und trainierte sowohl Barcelona als auch die spanische Nationalmannschaft. Er starb im Mai 2002 in der Hauptstadt Kataloniens.

Niemand hat den Verein wohl dermaßen geprägt und beeinflusst wie László Kubala. Viele Profis der goldenen ungarischen Generation, aber auch anderer Länder folgten ihm nach Barcelona und verhalfen dem Club, zu dem zu werden, was er heute ist, und zwar der großartigste Fußballverein der Welt.

Barça und Kubala verband ein ähnliches Schicksal. Sie waren beide Verfolgte und vermutlich deswegen liebten sie ihn umso mehr. 1999 wurde er von den Fans zu Barcelonas Spieler des Jahrhunderts gewählt und seit 2009 steht eine Bronzestatue vor seinem Haus, dem Camp Nou.

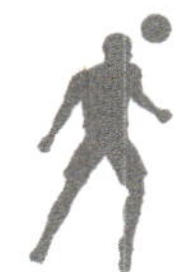

53. GRUND

Weil wir einen Chauffeur verpflichteten

1962 trat in Spanien eine Regel in Kraft, welche die Verpflichtung von ausländischen Spielern untersagte. Bis zu dieser Restriktion waren zwei ausländische Spieler pro Club erlaubt. Diese Maßnahme war eine Reaktion auf das schlechte Abschneiden der spanischen Nationalmannschaft bei der Weltmeisterschaft in Schweden. Man glaubte, die ausländischen Spieler hätten die spanischen verdrängt und so indirekt die schlechte Leistung heraufbeschworen. Außerdem befand sich der spanische Fußball in einer wirtschaftlichen Krise und musste Federn lassen, indem sich FC Barcelona, Atlético Madrid und Real Madrid von ihren Stars Luis Suárez (Inter), Luis del Sol (Juventus) und Peiró (Turin) trennen mussten.

Barça und Madrid waren gegen diese Regelung, weil spanische Spieler durch die Einlass-Sperre im Preis stiegen und beide Clubs die ausländischen Stars als Zugpferde brauchten, um ihre großen Stadien zu füllen. Die kontroverse Maßnahme schien zuerst den Zweck zu erfüllen, denn Spanien wurde 1964 Europameister. Doch das abermals schlechte WM-Turnier 1966 sorgte erneut für Wasser auf die Mühlen. Real Madrid war die Wichtigkeit abhandengekommen, denn eine talentierte Generation um die Spanier Amancio,

Pirri, Sanchís, De Felipe, Serena, Velázquez, und Grosso gewann den Europapokal der Landesmeister 1966.

Enrique Llaudet, damaliger Präsident von Barça, war entschlossen, diese Regel in die Knie zu zwingen. Er war ein gewiefter Mann der Entscheidungen. 1961 trat er das Amt an, und eine seiner ersten Amtshandlungen war es, die Basketballabteilung wegzurationalisieren, der er bis dahin selbst vorstand. Obwohl er zwei Jahre später die Entscheidung rückgängig machte, gab er damit dem Erzrivalen aus Madrid einen entscheidenden Vorsprung, der sich in vielen Titeln auszahlen sollte.

Zu seinen Verdiensten gehört, den Club wirtschaftlich saniert zu haben, indem er die Kassen mit dem Verkauf der Grundstücke des alten Stadions Les Corts auffüllte. Außerdem rief er 1966 das Gamper-Turnier ins Leben, welches seitdem die Generalprobe der Mannschaft zu Saisonbeginn vor eigenem Publikum darstellt. Die culés können sozusagen auf Tuchfühlung zur Mannschaft gehen, wenn sich der Vorhang öffnet. Das Gamper-Turnier konnte jeweils mit den besten Mannschaften der Welt aufwarten, Real Madrid wird selbstverständlich fast nie eingeladen. Nach Barça ist übrigens der 1. FC Köln die Mannschaft, welche die meisten Siege davontragen konnte.

Llaudet übte jedenfalls Druck auf den Funktionär Samaranch aus, die Regel fallen zu lassen. Dieser zeigte sich gesprächsbereit und ließ durchblicken, dass der Verband die Regel überdenken werde. Llaudet wiegte sich in Sicherheit und trieb die Verpflichtung des brasilianischen WM-Stürmers Walter Machado da Silva, voran. Vorher fragte er sogar bei Pelé an, aber die Kosten einer Verpflichtung waren außerhalb Barças Möglichkeiten. Die Ablösesumme von 180.000 Dollar war für damalige Verhältnisse ein immenser Betrag. Angesichts der Summen und der noch gültigen Verbotsklausel hielten Kritiker die Aktion für wirtschaftlich und sportlich riskant. Einem dieser Einwände begegnete Llaudet mit dem legendären Satz: »Also, wenn Silva nicht spielen kann, dann wird er eben mein Chauffeur. Ich wollte schon immer einen schwarzen Chauffeur haben.«[199]

Selbst zu dieser Zeit sorgten seine Äußerungen für einen handfesten Skandal. Von seinen rassistischen und von Überheblichkeit zeugenden Entgleisungen musste er Abstand nehmen, indem er verlauten ließ, dass *er* für den Fall der Sperre mit Freude den Fahrer von Silva spielen würde. Die Verpflichtung war unter Dach und Fach, aber Silva kam und kam nicht. Also fädelte Barça ein Freundschaftsspiel in Caracas ein, um die Winterpause von 1967 sinnvoll zu überbrücken. Schließlich galt es, den als neuen Pelé angepriesenen Angreifer im wahrsten Sinne des Wortes nach Barcelona zu holen. Silva tauchte zum Spiel nicht auf und entschuldigte seine Verspätung um vier Tage mit Visumproblemen.

Schlussendlich hatte Barça Silva im Gepäck nach Hause, wo er mit großer Erwartungshaltung empfangen wurde. Ein Wechsel in der Führung des spanischen Fußballverbands nährte die Hoffnung, dass Transfers ausländischer Spieler wieder erlaubt werden sollten. Ein Trugschluss, auf den Barça reagierte, indem sie Silva eine Bühne via Freundschaftsspiele gaben. Insgesamt 14-mal lief Silva für Barça auf, doch durch das Warten war ihm war eine gewisse Lustlosigkeit anzumerken.

Mit der Niederlegung seines Amtes zog Llaudet ehrenhaft die Konsequenzen aus dieser Affäre ohne Happy End und dem schlechten Abschneiden der Mannschaft in derselben Saison. Für die folgende Spielzeit lieh Barça Silva an Santos aus, vielleicht war ja die Lockerung nur eine Frage der Zeit. Entnervt gab man 1969 auf und verkaufte Silva in einem Verlustgeschäft für 100.000 Dollar an Bangú. Silva sollte noch einmal ins Camp Nou zurückkehren, um beim Gamper-Turnier die Massen zu verzücken. Die culés schwelgten in »Was wäre wenn«-Szenarien. Silva wurden ihnen durch eine Regel vorenthalten, die erst 1974 die fußballerischen Grenzen wieder öffnen sollte. Dann verpflichtete Barça keinen Geringeren als Johan Cruyff.[200]

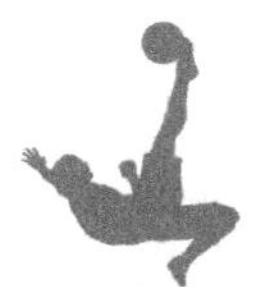

Weil wir auch gute Verteidiger hatten

Susan Cains TED talk »The power of Introverts« kann bisher über 8,9 Millionen TotalViews verzeichnen. In unserer modernen, vernetzten Welt sind Like Klicks, die Anzahl von Followern und virale Videos der Inbegriff von Erfolg und Reichweite. Susan Cain bricht eine Lanze für die introvertierten Menschen und erklärt die außerordentlichen Fähigkeiten derjenigen Zeitgenossen, deren Gedanken lauter als ihre Stimme sind.[201]

Vereinfacht gesagt nehmen in Analogie dazu die Verteidiger im Fußball den Part der introvertierten Menschen ein. Insbesondere bei Barça stehen die Stürmer im Rampenlicht, ihre Tore und Showeinlagen werden geteilt und hunderttausendfach bei YouTube angeklickt. Die Verteidiger bleiben meist im Schatten. Sie sind die Arbeiter des Fußballs, während die offensiven Spieler gern als Künstler firmieren.

Die horrenden Ablösesummen für die Besten ihrer Garde (David Luiz für 49,5 Millionen vom FC Chelsea zu PSG Paris) sind aber ein Indiz für die Wichtigkeit ihrer Arbeit. Im Barça der Post-Cruyff-Ära kommt ihnen neben dem Vereiteln von Torchancen außerdem die Rolle zu, das Spiel von hinten aufzubauen und den schottischen Flachpass zu beherrschen, obwohl der schon seit den 20er-Jahren des letzten Jahrhunderts als letzter Schrei galt.[202]

Nach 1.792 Tagen hat Barça mit Jérémy Mathieu endlich mal wieder einen Innenverteidiger verpflichtet. Jeder neue Verteidiger hat es schwer, aus dem langen Schatten seiner Vorgänger zu treten. Puyols Schatten ist nicht nur lang, sondern auch breit, wenn man an seine charakteristische Lockenpracht denkt.

Gerade weil die Lorbeeren meist den extrovertierten Spielern und »Goldenen Bällen« vorenthalten sind, lohnt sich ein Blick auf die hervorragenden Verteidiger, die für die Barça-Teams verschiedener Epochen Bewehrungsstahl waren und somit den Ruhm zementierten, den der FC Barcelona durch den Spagat zwischen Spektakel und Erfolg weltweit genießt.

Das Barça der fünf Pokale (siehe 95. Grund) konnte mit dem Duo Biosca und Bosch aufwarten. In den 50er-Jahren spielte man mit drei Verteidigern, wovon zwei Außenverteidiger waren und einer, hier Biosca, in der Mitte spielte. Bosch als vorgezogener Libero ergänzte Biosca bei seinen zentralen Abwehraufgaben.

Anfang der 70er-Jahre wurde das Gespann Torres und Costas zur Versicherung für das Barça von Rinus Michels. Costas konnte seine Fertigkeiten am Ball als Libero perfekt in Szene setzen, während Torres hinten dicht machte. Beide waren dabei, als Barça im Februar 1974 Geschichte schrieb und Real Madrid eine 0:5-Niederlage im Bernabéu zufügte. Diesem Erfolg der Mannschaft um Johan Cruyff wurde viel Bedeutung beigemessen und für viele Katalanen und nicht regimetreue Spanier war es eine Vorwegnahme dessen, was 1975 folgen sollte: General Franco segnete das Zeitliche und sein Tod öffnete Spanien den Weg von der Diktatur hin zur Demokratie. Aussagen wie Franco »starb an fünf (Tor-)Schüssen« lassen die historische Bedeutung dieses Triumphes erkennen.[203]

Erwähnenswert sind sicherlich auch die beiden Leuchttürme in der Brandung, Alexanko und Migueli. In den 80er-Jahren waren sie der Inbegriff für solide Abwehrleistung bei Barça. Ihre Statur und ihr Auftreten sorgten für Einschüchterung bei ihren Gegnern und warfen eine beachtliche Rendite in Form von Kopfballtoren ab.

Migueli konnte seine Position als Barças Abwehrchef sogar von 1973 bis 1989 behaupten. Diese Beständigkeit brachte ihm mit 549 offiziellen Spielen einen Rekord ein, der erst jüngst von Xaxi und von Carles Puyol geknackt worden ist.

Eine Anekdote verbindet Migueli mit Paul Breitner. Migueli hatte den Tick, beim Spiel als Glücksbringer ein Amulett zu tragen. Nach besonderen Aktionen gab er dieser »Jungfrau von Afrika« einen Kuss. Bei einem Spiel zwischen Spanien und Jugoslawien verlor er diese Kette. Ein jugoslawischer Spieler fand und behielt sie im Glauben daran, dass sie einem Kameraden verloren gegangen sei. Als sich kein Besitzer fand, war es schon zu spät. Als Jugoslawien auf Deutschland traf, hatte der treue Verwahrer die Idee, dass Paul Breitner doch als Bote nützlich sein könnte, als Spieler von Real Madrid habe er ja Zugang zu den spanischen Nationalspielern. Paul Breitner folgerte aus der Inschrift M. B. B., dass sie nur Migueli gehören könne, und übergab sie diesem nach einem hitzigen Barça–Madrid. Migueli zeigte sich überglücklich und umarmte Breitner herzlich.[204]

In den frühen 90er-Jahren waren Koeman und Nadal die Hüter des heiligen Grals von Cruyffs »Dream-Team«. In Anbetracht der ultra-offensiven Ausrichtung von Cruyff und frei nach der Devise »schießt der Gegner drei Tore, machen wir eben fünf«, war es keine leichte Aufgabe, aber Koeman und Nadal interpretierten sie mit Bravour, indem sie Spielverständnis und Kraft verschmelzen ließen. 1992 erlöste Koeman die culés von ihrem langen Warten auf den ersten Europapokal der Landesmeister. Sein Freistoß[205] in der 111. Minute im Wembley-Stadion fand den Weg ins Tor von Sampdoria Genua.

6. KAPITEL

ANEKDOTEN ZUM SCHMUNZELN, SCHÄMEN UND STAUNEN

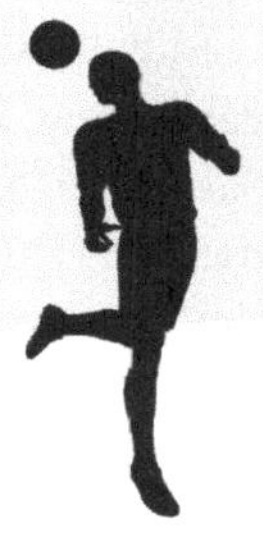

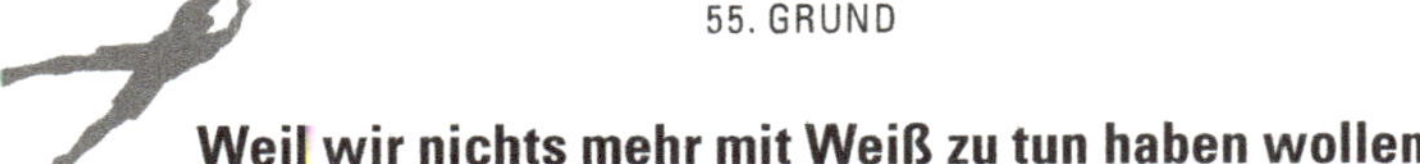

55. GRUND

Weil wir nichts mehr mit Weiß zu tun haben wollen

Zumindest als Laie der Farbenlehre würde man behaupten, dass das Gegenteil von Weiß Schwarz ist. Fußballtechnisch gesehen ist in Spanien das Gegenteil von Weiß allerdings Blaugrana. Die ewige Feindschaft zwischen dem FC Barcelona und Real Madrid lässt es heute als unmöglich erscheinen, dass die Farbe Weiß in irgendeiner Art und Weise mit Barça in Verbindung gebracht wird. Allerdings ist das nicht ganz richtig. Vor nicht allzu langer Zeit spielte Barça sogar einige Male in weißen Trikots.

In den 40er-Jahren lief Barça gelegentlich in weißen Trikots auf, vor allem, wenn es in Auswärtsspielen gegen Pontevedra oder Levante ging, deren Vereinsfarben ebenfalls Blau-Rot waren. In der Saison 1946/47 spielten sie sogar auch einmal im heimischen Stadion Les Corts gegen Levante in weißen Hemden, weil es zu dieser Zeit Sitte war, bei ähnlichen Trikotfarben, der Gastmannschaft den Vortritt zu lassen und als Heimteam in der zweiten Garnitur zu spielen. Auf europäischer Bühne trat Barça zwischen 1957 und 1979 des Öfteren in den Farben des jetzigen Erzfeindes auf. Diesem Spuk wurde schließlich ein Ende gemacht und das letzte Mal spielten sie am 7. März 1979 im UEFA-Cup bei Ipswich Town in Weiß. Es ist wohl müßig zu erwähnen, dass man in solchen Trikots nur verlieren kann.

Man möchte sich ja in den schlimmsten Albträumen nicht vorstellen, was passieren würde, wenn der FC Barcelona heutzutage ein weißes Trikot präsentieren würde. Es kam bereits zu großem Aufschrei seitens der Fans und Mitglieder, als das seit jeher traditionelle Heimtrikot mit den blauen und granatroten Längsstreifen einige weiße Fragmente aufwies. Im Jahr 1992 nämlich wurde der FC Barcelona von der italienischen Marke Kappa ausgestattet. Das neu designte Trikot enthielt weiße Streifen entlang der Schultern und der Ärmel. Erst der Präsident erinnerte die aufgebrachte Menge daran, dass die ersten Jahre nach Gründung des Vereins die Farbe durch weiße Hosen präsent war. Letztendlich aber hat dieses Trikot einen Meilenstein in der Vereinsgeschichte geprägt, da dieses vom sagenumworbenen »Dream-Team« getragen wurde. Trotzdem sind wir alle heilfroh, dass über die letzten Jahre jegliches Weiß aus den Trikots verschwunden ist. Dass stattdessen jedes Jahr aufs Neue eine noch scheußlichere Farbe das Auswärtstrikot ziert, lassen wir einfach mal außen vor.

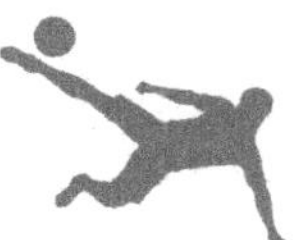

56. GRUND

Weil sportlicher Ruhm auch unerwartet eintreten kann

Barças Torwartgeschichte ist recht facettenreich (siehe 59. Grund). Zum Teil haben die besten Torwarte hier gespielt, zum Teil wurden die angeblich besten Torwarte eingekauft, um sie nach nur wenigen Spielen wieder in die Wüste zu schicken. Ebenso gab es genug namenlose Torwarte, die auch keinen Erfolg brachten. Einer, der zu dieser Sorte gehörte, ist auf jeden Fall erwähnenswert.

Jesús Mariano Angoy wurde 1966 in der Provinz Zaragoza geboren und spielte für mehrere Jahre als Torwart für Barça, was man allerdings auch ein bisschen anders sehen kann, denn »gespielt« hat er eigentlich nicht wirklich und ihn als »Torwart« zu bezeichnen, könnten andere Personen, die diesen Beruf ausüben, als Beleidigung ansehen. Und trotzdem hat er es noch zu sportlichem Ruhm im positiven Sinne geschafft.

Seit Mitte der 80er-Jahre gehörte er dem FC Barcelona an, ehe er 1989/90 zum Ligakonkurrenten CD Logroñés ausgeliehen wurde. Seiner fehlenden Qualität war es zu verdanken, dass der vermeintliche Startorwart bei dem Provinzverein auf beachtliche drei Spieleinsätze kam. Nach nur einer Saison musste der FC Barcelona seinen Spieler wohl oder übel wieder aufnehmen. Vermutlich half ihm dabei auch die Tatsache, dass sein Schwiegervater auf der Trainerbank saß, welcher kein Geringerer als die Barça-Legende schlechthin war, nämlich Johan Cruyff. Mit dem damaligen Stammtorwart Zubizarreta in Konkurrenz zu treten, war gar nicht erst zu denken. Nach seinem Weggang hütete vorerst Busquets das Tor, ehe ihn eine schwere Verletzung außer Gefecht setzte und Angoy urplötzlich die Chance seines Lebens bekam. Unter den zwei vorhandenen Ersatzkeepern ernannte Cruyff mysteriöserweise seinen Schwiegersohn als erste Wahl. Wer weiß, wie viele Familienessen für diese Entscheidung nötig waren? Nun ja, schließlich absolvierte Angoy dann auch sage und schreibe vier Spiele. Danach war wohl auch Cruyff klar, dass ihm sein Trainerposten wichtiger war als der familiäre Haussegen.

Nachdem Cruyff 1996 im Streit mit dem Präsidenten den Verein verließ, beendete auch Angoy seine Karriere und das im zarten Alter von nur 30 Jahren. Während seiner acht Spielzeiten in der ersten Liga (1988 bis 1996) kam er auf alles andere als rekordverdächtige zwölf Ligaeinsätze. Dafür gewann er aber insgesamt acht Titel, unter anderem den Pokal der Landesmeister 1992. Dass er dazu nicht eine Minute beigetragen hat, ist wohl überflüssig zu erwähnen. Böse Zungen behaupten, dass sein einziger guter Spielzug die Heirat in den Cruyff-Clan war.

Allerdings hatte das Schicksal dann doch noch sportliche Höchstleistungen mit ihm vor. Ebenso wie damals der Ex-Bundesligaprofi Manni Burgsmüller als Kicker bei Rhein Fire heuerte Angoy 1996 bei den Barcelona Dragons im amerikanischen Football an. Zu dieser Zeit erreichte diese Sportart ihren Höhepunkt in Europa, bevor sie wenige Jahre später ebenso schnell, wie sie auftauchte, auch wieder in der Versenkung verschwand.

Nun spielte also Angoy als Kicker. Das ist die Person, die lediglich auf den Platz tritt, wenn das sogenannte Football-Ei in ruhendem Zustand zwischen zwei Pfosten durchgeschossen werden soll.

Dafür schien Angoy außerordentliches Talent zu haben, denn er machte, zur Verwunderung aller, seine Sache ausgesprochen gut, sogar so gut, dass er bei seinem Karriereende nach sieben Jahren als zweitbester Kicker in die Geschichte dieser Sportart einging. Darüber hinaus erhielt er sogar ein Angebot aus der glamourösen amerikanischen Footballliga, um für die Denver Broncos aufzulaufen, was er allerdings ablehnte. Später hielt er sich noch in der Altherrenmannschaft des FC Barcelona fit ... als Mittelstürmer! Immerhin hat er im späten Alter noch selbst eingesehen, dass der Beruf des Torwarts wahrlich nicht seine Berufung hätte sein sollen. Lieber spät als nie.

57. GRUND

Weil wir nicht genug Spieler hatten

Heutzutage verfügt jeder Profiverein über einen Spielerkader, mit dem gut und gern zwei komplette Mannschaften ausgestattet werden könnten. Daher kommt es wohl äußerst selten vor, dass eine Mannschaft keine elf Spieler aufbieten kann. Eine solche Konstellation ist jedoch bei Barça schon vorgekommen.

24. April 2000, Montagabend – Flutlichtspiel. Das Rückspiel im Halbfinale um den spanischen Pokal gegen Atlético Madrid stand an. Nachdem das Hinspiel 3:0 verloren wurde, musste unbedingt einer der berühmten »Remontada« her, eine sogenannte Aufholjagd. Nichts schien sich von jeglichem anderen Spiel zu unterscheiden. Das Stadion wurde wie gewöhnlich geöffnet. Jedoch beim genaueren Hinsehen war schon zu erkennen, dass irgendetwas anders war.

Die Ticketschalter blieben geschlossen, und nur ein Minimum an Sicherheitspersonal war anwesend. Lediglich rund 2.000 Zuschauer hatten sich im großen Rund des Camp Nou eingefunden. Alles wie gehabt: 30 Minuten vor Anpfiff veröffentlichte ein Clubangestellter die Mannschaftsaufstellungen beider Teams. Die Barça-Aufstellung: Hesp, Puyol, Dehu, Abelardo, Sergi, Guardiola, Xavi, Gabri, Simao und Dani. Beim genaueren Hinsehen fiel auf, dass nur zehn Spieler aufgeführt wurden, nichts Außergewöhnliches. Unter den Pfiffen der anwesenden Zuschauer betrat zuerst die gegnerische Mannschaft das Spielfeld. Dann kamen die zehn aufgestellten Spieler des FC Barcelona aus ihrer Kabine, betraten jedoch nicht den Rasen, sondern reihten sich neben der Seitenlinie auf. Nach kurzer Zeit näherte sich lediglich Pep Guardiola, der Kapitän, dem Mittelpunkt, um dem Schiedsrichter mitzuteilen, dass die Mannschaft nicht antreten werde.

Bereits einige Tage vorher war das Geschehene absehbar. Die Vereinsführung hatte jedoch erst kurz vor Beginn der Partie mit Absprache des Trainers Louis van Gaal die unwiderrufliche Entscheidung getroffen, das Pokalspiel nicht zu bestreiten, da Barça lediglich elf Spieler zur Verfügung hatte, darunter zwei Torwarte. Aufgrund anstehender Länderspiele waren insgesamt neun Spieler, darunter sechs Holländer sowie Figo, Rivaldo und Litmanen, bereits zu ihren jeweiligen Nationalmannschaften abgereist. Zusätzlich waren drei Spieler verletzt und laut dem Reglement des Verbandes waren bei Pokalspielen nur drei Jugendspieler für einen Einsatz berechtigt. Somit hätte der FC Barcelona mit dem Ersatztorwart als Feldspieler auflaufen müssen, ohne die Möglichkeit zu haben, einen Spieler auszuwechseln.

Aufgrund der Gegebenheiten hatte Barça im Vorfeld erfolglos eine Verschiebung der Partie gefordert. Seitens des Verbandes stand jedoch aufgrund des engen Terminkalenders kein Ausweichtermin zur Verfügung. Mit der vorgenommenen Prozedur erfüllte der Verein lediglich sämtliche Voraussetzungen für ein Spiel, um nicht der vorsätzlichen Boykottierung des Wettbewerbs beschuldigt zu werden. Nachdem Guardiola die Entscheidung dem Unparteiischen mitgeteilt hatte, kehrten die Barça-Spieler in die Kabine zurück, während die Atlético-Spieler noch einige Minuten auf dem Feld verweilten, lediglich um das Protokoll eines offiziellen Spiels zu erfüllen.

Nach dem Spiel musste der Verband urteilen, wobei neben der verlorenen Partie noch eine Sperre für den folgenden Wettbewerb sowie eine hohe Geldstrafe im Raume standen. In der Tat war Atlético Madrid durch das Nicht-Spielen für das Pokalfinale qualifiziert. Wie so oft aber, wenn es um mögliche Bestrafungen des FC Barcelona oder auch des Erzrivalen aus Madrid geht, blieben weitere Sanktionen aus.

58. GRUND

Weil der FC Barcelona die berühmteste Serviette des Weltfußballs hat

Gewöhnlich benutzt man eine Serviette, um sich die Speisereste aus den Mundwinkeln zu entfernen. In Notfällen wird sie auch dazu gebraucht, um den Allerwertesten abzuputzen. Der FC Barcelona verwendete eine Serviette, um den spektakulärsten Deal in der Fußballgeschichte abzuschließen.

Carles Rexach, die treue Seele des Vereins (siehe 21. Grund), arbeitet in der Saison 2000/01 in beratender Funktion für das Präsidium unter Joan Gaspart. Was genau unter sein Aufgabengebiet fällt, ist ihm wahrscheinlich selbst auch nicht ganz klar gewesen, zumindest erhält er in dieser Zeit hervorragende Referenzen von einem zwölfjährigen kleinen Jungen aus Argentinien. Über einen Spielervermittler lässt er den Jungen im September 2000 mitsamt der Familie nach Barcelona anreisen und lädt ihn zu einem Probetraining ein. Dabei lässt er ihn gegen Jugendliche spielen, die bis zu zwei Jahren älter sind. Trotz seiner kleinen Statur überzeugt er mit einer herausragenden Ballbeherrschung und spielt weit besser als die deutlich größeren Gegenspieler.

Sowohl Carles Rexach als auch Joaquim Rifé, der damalige Jugendtrainer, sind sich sofort des außerordentlichen Talents des Jungen bewusst und sind hellauf begeistert. Die Schwierigkeit liegt allerdings darin, den neuen Präsidenten des Vereins, Joan Gaspart, der auf der Suche nach einem neuen Trainer und mehreren Spielern für die neue Saison ist, zu überzeugen. Zudem ist der Junge extrem klein und macht einen recht schwächlichen Eindruck. Er leidet unter einer Wachstumsstörung und gleicht in seiner Entwicklung eher einem Neunjährigen. Die monatlichen Behandlungskosten liegen weit über den finanziellen Möglichkeiten seiner Eltern und sind somit eine nicht verhandelbare Grundbedingung bei einer möglichen Vertragseinigung.

Dies war auch der Grund, warum der anfangs interessierte Verein River Plate aus Buenos Aires von einer Verpflichtung abrückte. Die zu diesem Zeitpunkt herrschende Wirtschaftskrise in Argentinien ließ die zusätzlichen Kosten und das damit verbundene Risiko nicht zu. Das war aber noch nicht alles. Wer lässt schon einen kleinen Jungen allein nach Barcelona ziehen? Im Falle einer Einigung muss somit zusätzlich seine gesamte Familie, inklusive der drei Geschwister, nach Barcelona umgesiedelt werden. Für den Vater muss außerdem eine Arbeit gefunden werden.

Wer kann es dem damaligen Präsidenten, Joan Gaspart, verdenken, nicht davon überzeugt zu sein, nach dem Weggang von Luís Figo statt eines internationalen Stars für die Mannschaft einen kleinwüchsigen Knirps für die Zukunft zu verpflichten. Zudem beruht Barcelonas Philosophie der Jugendarbeit besonders auf der Wahrung der heimischen Identität. Noch nie wurde ein ausländischer Spieler in so jungem Alter verpflichtet.

Dann vergehen mehrere Wochen ohne eine konkrete Stellungnahme seitens des Vereins. Die Familie des Jungen wird langsam ungeduldig, schließlich haben sie die weite Reise mit all den damit verbundenen Kosten nach Barcelona angetreten, die ihnen langsam, aber sicher über den Kopf wachsen. Schließlich kommt es in der Bar eines Tennisvereins in Barcelona zu einem weiteren Treffen, in dem der Vater des Jungen damit droht, dass es auch noch weitere interessierte Vereine gäbe.

Carles Rexach scheint den Ernst der Lage zu erkennen und ergreift die Initiative. Da er nichts Passenderes zur Hand hat, benutzt er eine Serviette. Darauf schreibt er den folgenden Text: »In Barcelona, am 14. Dezember 2000, und in Anwesenheit der Herren Minguella und Horacio (Gaggioli), verpflichtet sich hiermit Carles Rexach, technischer Berater des F.C.B., im Rahmen seines Verantwortungsbereichs und trotz einiger Widerstände den Spieler Lionel Messi zu verpflichten, die vereinbarten Summen vorausgesetzt.«[206]

Ja richtig, es handelt sich hierbei um die Verpflichtung von Leo Messi (siehe 14. Grund). Um genau zu sein, handelt es sich bei diesem Schriftstück um eine Absichtserklärung, der wirksame Vertrag wurde dann im darauffolgenden März unterzeichnet.

Mit 13 Jahren fing Messi in der Jugendmannschaft des FC Barcelona an, unter anderem mit seinen jetzigen Mitspielern Cesc Fàbregas und Gerard Piqué. Mit 13 Jahren war er kaum 1,40 Meter »groß«. Dank der Hormonbehandlung kommt er heute zumindest auf 1,69 Meter.

Zwölf Jahre später, mit 25 Jahren, gewann Leo Messi als erster Spieler überhaupt viermal hintereinander den Titel zum Weltfußballer des Jahres (siehe 101. Grund). Diese Serviette hat die Geschichte des FC Barcelona maßgeblich verändert. Mal sehen, wofür in Zukunft Servietten noch alles benutzt werden.

59. GRUND

Weil im Tor immer was los war

Der wohl undankbarste und schwierigste Platz im Team des FC Barcelona ist die Position des Torwarts. Grundsätzlich wird von ihm eigentlich nur eine recht einfach klingende Sache verlangt, nämlich keine Tore zuzulassen und sonst nichts.

Zwischen 1986 und 1994 hütete Andoni Zubizarreta in über 300 Ligaspielen das Tor des FC Barcelona. Erst 20 Jahre später, mit dem Weggang von Víctor Valdés 2014, hat ein Torwart wieder diese magische Marke übertreffen können. Dazwischen eine wahre Odyssee an Torwarten, die teils nach kürzester Zeit aufgrund erschreckender Darbietungen wieder vom Hof gejagt wurden.

Unter Bobby Robson wurde 1996 der Portugiese Vítor Baía zu der damaligen Rekordablöse für einen Torwart verpflichtet. Er hätte der Retter zwischen den Pfosten werden sollen und erledigte seine Aufgaben in der Anfangssaison auch recht passabel, doch immer wiederkehrende Knieprobleme und die Ankunft von van Gaal auf der Trainerbank ließen keine weiteren Glanzparaden zu. Der holländische Trainer brachte 1997 seinen Landsmann Ruud Hesp mit an Bord und machte ihn zur Nummer 1. Trotz seiner imposanten Statur, die beinahe den gesamten Kasten füllte, unterliefen ihm diverse grobe Schnitzer, und die Barça-Anhänger waren heilfroh, als im Jahr 2000 sein Vertrag endlich auslief.

Währenddessen kam aus der eigenen Jugend ein gewisser Francesc Arnau, der in seinen wenigen Einsätzen konstant gute Leistungen brachte, jedoch niemals das Vertrauen der Vereinsführung gewinnen konnte. Die Jahre unter Baía und Hesp waren in keiner Weise großartig, allerdings längst nicht so schlimm, was in den folgenden Jahren passieren sollte.

Van Gaal, mittlerweile in Barcelona zum Staatsfeind Nummer 1 mutiert, wurde im Mai 2000 gefeuert, aber die Hoffnung der Fans auf Besserung wurde leider nicht erfüllt. Dem neuen Trainer Llorenç Serra Ferrer wurde der nächste vermeintliche Weltklassemann an die Seite gestellt, nämlich der französische Keeper Richard Dutruel. Dutruel schaffte es nicht einmal, für eine halbe Saison seinen Stammplatz zu halten, und so kamen der junge Pepe Reina und Francesc Arnau zu einigen Einsätzen.

Zur nächsten Saison wurde wieder alles umgekrempelt. Wieder ein neuer Trainer und noch ein vermeintlicher Startorhüter. Diesmal der Argentinier Roberto Bonano. Er war wahrlich eine Steigerung zu Dutruel, allerdings auch nicht sein Geld wert. Bonano hielt es zumindest für zwei Spielzeiten aus, ehe auch er wieder das Weite suchte. Und dies war das erste Mal, als ein gewisser Víctor Valdés aus der eigenen Jugend ein wenig Aufmerksamkeit bekam.

Aber das Torwartkarussell drehte sich mit einer Riesengeschwindigkeit weiter. Diesmal an der Reihe ein junger deutscher Keeper, der bei Benfica Lissabon einige hervorragende Jahre hatte und sogar zum Kapitän aufgestiegen war: Robert Enke wurde im Sommer 2002 verpflichtet. Sein Prämierenspiel gab er im Pokal gegen einen Drittligisten und es hätte kaum schlimmer enden können. Barça verlor auch aufgrund einer entsetzlichen Torwartleistung. Zudem wurde Enke nach dem Spiel öffentlich von seinem Mitspieler Frank de Boer lautstark kritisiert und erholte sich nicht mehr von diesem Tiefschlag.

Ihm kam auch nicht unbedingt zugute, dass sich der Verein in einer äußerst turbulenten Phase befand. Van Gaal war zurück auf dem Trainerposten und mehr auf Konfrontation aus als je zuvor. Enke selbst war es dann auch, der den Torwartposten bei Barça als den schwierigsten Job der Welt bezeichnete, schließlich hat er auch nur ein Ligaspiel für die Katalanen absolviert.

Bei all den negativen Schlagzeilen, die van Gaal in Katalonien entgegenschossen, muss man ihm dennoch zugute halten, dass er stets ein besonderes Augenmerk auf die Jugendförderung legte. So stand Víctor Valdés, aus der eigenen Jugendakademie stammend, den größten Teil der Saison 2002/03 zwischen den Pfosten, auch wenn der Trainer zwischendurch gewechselt wurde. Obwohl Valdés vielversprechende Auftritte hatte und selbstverständlich auch Unsicherheiten und Fehler aufwies, wurde der Verein, der seit jeher kein großes Vertrauen in ihre eigenen Torwarttalente hatte, wiederum auf dem Transfermarkt tätig, um den türkischen WM-Torwart von 2002 Turk Rüştü zu verpflichten.

Es war schon sehr bizarr, wie dieser stets mit schwarz bemalten Balken unter den Augen wie der letzte Mohikaner aussah. Aber zum Glück kam die schier endlose Torwartmisere endlich zu einem Ende. Frank Rijkaard wurde als Trainer verpflichtet und vertraute ganz auf Víctor Valdés zwischen den Pfosten. Rüştü verletzte sich noch vor Saisonbeginn, monierte später, dass er nur aufgrund seiner fehlenden Sprachkenntnisse nicht eingesetzt wurde, kam zu insgesamt vier mickrigen Ligaeinsätzen und wurde nie wieder gesehen.

Víctor Valdés hat sich seitdem in den letzten zwölf Jahren zu einem absoluten Rückhalt der Mannschaft entwickelt. Selbstverständlich hat auch er so einige Schnitzer verursacht, allerdings in Eins-gegen-eins-Situationen, die aufgrund Barças weit aufgerückter Verteidigung oft vorkommen, war er absolute Weltklasse.

Zwischen Zubizarreta und Valdés haben in 20 Jahren weit über ein Dutzend Torhüter ihr Glück versucht, ein Großteil von denen hat es nicht einmal zu zweistelligen Ligaeinsätzen geschafft. Ja, es mag sicherlich recht einfach klingen, lediglich dafür zu sorgen, keine Tore zuzulassen, aber die Praxis sieht, wie so oft, dann doch ganz anders aus.

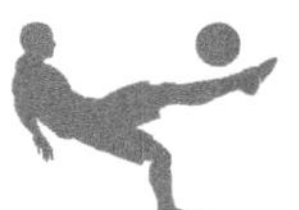

60. GRUND

Weil Menotti den besten Ausspruch geliefert hat

César Luis Menotti, die kettenrauchende Trainerlegende aus Argentinien, bekannt für seine Fußballphilosophie, die sich nicht nur am Sieg, sondern vor allem an Schönheit und Ästhetik orientiert, saß auch auf der Trainerbank des FC Barcelona. Im März 1983 ersetzte er Udo Lattek und blieb noch für die darauffolgende Saison.

Als besonders erfolgreich kann seine Zeit in Barcelona nicht bezeichnet werden. Vielmehr bleibt sicherlich seine Aussage über das »Dream-Team« 1992 in Erinnerung. In Anbetracht des Erfolgs und des Spielstils der Mannschaft um Ronald Koeman, Michael Laudrup, Hristo Stoichkov und Pep Guardiola ließ er sich zu dem folgenden Jubelausbruch verleiten: »Selbst wenn Claudia Schiffer und Naomi Campbell zusammen splitternackt im Camp Nou flanierten, wie lange würden die Menschen wohl hinschauen? Zehn, zwanzig Sekunden vielleicht, bis zum nächsten Angriff dieser Mannschaft.«[207]

Dem ist absolut nichts hinzuzufügen!

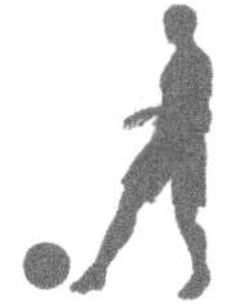

61. GRUND

Weil »wie der Vater, so der Sohn«

Dass Fußballspieler Kinder zeugen, ist wahrlich keine Sensation. Die Wahrscheinlichkeit, dass das geborene Kind ein Junge wird, liegt zumindest statistisch bei 50 Prozent. Damit dieser auch frühestmöglich mit dem Verein des Vaters in Verbindung gebracht wird, um während der Pubertätsphase nicht zu rebellieren und womöglich auf die Idee kommt, sich der Anhängerschaft des Erzfeindes anzuschließen, werden Babys bereits so früh wie möglich als Mitglieder angemeldet.

Obwohl der aktuelle Spieler Gerard Piqué im Jahr 2012 erst 25 Jahre alt wurde, wurde ihm im selben Jahr bereits eine Auszeichnung zur 25-jährigen Vereinszugehörigkeit überreicht, quasi die Silberne Hochzeit. Ähnlich wie sein Großvater keine unnötige Zeit verschwendete, seinen Enkel als Mitglied einzutragen, agierte nun auch er mit seinem eigenen Nachwuchs. Aus seiner Verbindung mit der kolumbianischen Sängerin Shakira wurde im Januar 2013 der gemeinsame Sohn Milan geboren. Kaum, dass ihm die Nabelschnur durchtrennt wurde, war er auch schon ein eingetragenes Mitglied des FC Barcelona. In vielen Familien in Katalonien ist das bereits eine übliche Familientradition.

Dass aber Kinder in die Fußstapfen ihrer Väter treten und ebenso für die Profimannschaft des FC Barcelona auflaufen, entspricht eher den selteneren Fällen und kommt dagegen nur alle Jubeljahre vor. Mit teils größerem und teils weniger Erfolg, wie die zwei folgenden Beispiele zeigen.

Ausgerechnet der Sohn der lebenden Legende Johan Cruyff (siehe 77. Grund) streifte auch das Barça-Trikot über. Während sein Vater den Trainerposten innehielt, debütierte Jordi 1994 für die erste Mannschaft. In zwei Jahren kam er immerhin auf 41 Ligaeinsätze, in denen er elf Tore erzielte. Dass er eine gewisse Qualität hatte, war offensichtlich, dass er aber nie an die Leistungen seines Vaters herankam, ebenso.

Als Johan Cruyff als Trainer entlassen wurde, war es nicht verwunderlich, dass sein Sohn ebenso den Verein verlassen musste. Zudem spielte er auch einige Einsätze für die holländische Nationalmannschaft und nahm an einer Europameisterschaft teil. Er war weder ein hervorragender noch ein schlechter Spieler. Sein größter Fehler – für den er am allerwenigsten konnte – war wohl einfach der, dass er mit einem Namen geboren wurde und daraufhin mit unrealistischen Erwartungen konfrontiert wurde.

Mit der Bürde des berühmten Namens wurde seine Karriere schwer beladen. Seine Karriere hat Jordi Cruyff wohl am besten selbst zusammengefasst: »Es gibt zwei Arten von Fußballspielern – die Legenden und die Sterblichen. Die Legenden, wie mein Vater, kommen, spielen und bleiben. Ich gehöre zu der großen Mehrheit der Sterblichen – wir kommen, spielen und sterben.«[208]

Wer es im Gegensatz zu seinem Vater besser machte und auch aktuell weiterhin aktiv ist, ist Sergio Busquets. Sein Vater, Carles Busquets, war ab 1990 für knapp zehn Jahre hauptsächlich als Ersatztorwart für Barça tätig, obwohl er auch während zwei Jahren als Stammtorwart spielte. Seine Leistungen können aber eher als irregulär bezeichnet werden, da er zugleich die spektakulärsten Paraden mit den unfassbarsten Pannen kombinierte. Von seinen Kritikern wurde er auch als Handballtorwart bezeichnet, zum einen, weil er stets mit einer langen Jogginghose spielte, zum anderen, weil er sich kaum auf den Boden warf.

Sein Sohn Sergio dagegen, Jahrgang 1988, gehört seit einigen Jahren zu den besten defensiven Mittelfeldspielern weltweit und sammelt Titel wie am Fließband. Was die beiden im Fußballzirkus zu etwas Besonderem macht, ist, dass sie erst das dritte Vater-Sohn-Gespann sind, die für denselben Verein den wertvollsten europäischen Vereinstitel gewinnen konnten.

Wie es Tradition in Spanien ist, falls der Sohn ebenfalls als Fußballprofi aktiv wird, werden auf den Trikots lediglich die Vornamen verwendet, daher hieß beziehungsweise heißt es auf den Rücken der Kinder nicht »Cruyff« und »Busquets«, sondern »Jordi« und »Sergio«! Da sind wir mal gespannt, was für Wundergeschichten in einigen Jahren von Milan Piqué-Shakira erzählt werden.

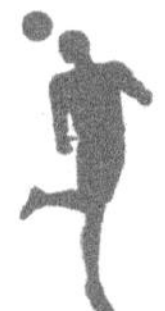

62. GRUND

Weil ein Linker rechter Verteidiger war

Die Glitzerwelt des Profifußballs lässt sich hervorragend am Fuhrpark der Spieler bewundern. Der Spielerparkplatz gleicht einer Autopräsentation der neuesten Generation. Von Luxusmodellen deutscher Ingenieurskunst bis zu italienischen Superflitzern ist alles vorhanden. In dieser Hinsicht unterscheidet sich der FC Barcelona wohl von keinem anderen europäischen Spitzenclub. Doch es gab auch eine Zeit, in der inmitten der Luxusschlitten ein Transporter stand, wie ihn der Gemüsehändler um die Ecke fährt. Und dieser gehörte nicht etwa dem Putztrupp oder dem Platzwart, sondern einem Spieler der ersten Mannschaft: Oleguer Presas Renom, kurz Oleguer, der etwas andere Profi, der als engagierter katalanischer Nationalist und Unterstützer der autonomen Szene bekannt war.

Geboren 1980 in Sabadell, vor den Toren Barcelonas, wechselte er mit 21 Jahren zu Barças zweiter Mannschaft. Nach gelegentlichen Einsätzen erkämpfte er sich ab 2004/05 einen Stammplatz im Starensemble unter Trainer Frank Rijkaard und gewann unter anderem die Champions League. Seine Spielweise kann als konzentriert und schmucklos bezeichnet werden. Bissig in Zweikämpfen und kopfballstark lieferte Oleguer zumeist als rechter Verteidiger stets eine unauffällige, aber zuverlässige Arbeit ab. Nach fünf Jahren in der ersten Mannschaft wechselte er zu Ajax Amsterdam, wo er 2011 seine Karriere beendete.

Während seiner Zeit bei Barça war er zusätzlich an der Universität eingeschrieben, wo er Anfang 2006 das Studium der Volkswirtschaftslehre abschloss. Im April desselben Jahres veröffentlichte er zusammen mit seinem Freund und Dichter Roc Casagran zudem ein Buch mit dem Titel *Camino de Ítaca*. Darin beschreibt er zum einen seine Erfahrungen als Fußballer, aber auch seine eigenen sozialen und politischen Gedanken, hauptsächlich gegen den Kapitalismus und für die katalanische Unabhängigkeitsbewegung. Die Buchvorstellung fand ganz stilgerecht in einem besetzten Haus statt. All das unterschied ihn bereits von einem herkömmlichen Fußballer. Zudem hatte er nie ein Problem, seine politische und vor allem prokatalanische Einstellung zum Ausdruck zu bringen. Abgesehen vom Buch schrieb er auch noch in verschiedenen politischen Zeitschriften gegen die neue Konstitution der europäischen Union oder gegen den Irakkrieg.

Vor allem ein Artikel schlug hohe Wellen: Im Februar 2007 äußerte er sich über einen, wegen 25-fachen Mordes zu mehr als 3.000 Jahren Haft verurteilten ETA-Terroristen und kritisierte damit den Rechtsstaat in Spanien. Der Terrorist befand sich im Hungerstreik und wurde im Gefängnis zwangsernährt, worauf Oleguer die Freilassung wegen schlechten Gesundheitszustandes forderte. Dies blieb selbstverständlich nicht ohne Folgen. In vielen Stadien der Liga wurde er lautstark ausgepfiffen und zudem kündigte ein Sponsor das gemeinsame Engagement. Andererseits bekam er aber auch Unterstützung, vor allem von unabhängigen Zeitschriften aus Katalonien und dem Baskenland.

Mindestens genauso viel Aufmerksamkeit erlangte er im Dezember 2005, als er von Nationaltrainer Luis Aragonés zu einem Vorbereitungstrainingslager der spanischen Nationalmannschaft eingeladen wurde. Oleguer, der bis dahin ausschließlich das Nationaltrikot der katalanischen Auswahl trug, und die Tatsache, dass er keinen Hehl aus seiner Unterstützung des katalanischen Separatismus machte, entfachte in den Medien wilde Spekulationen, ob er sich weigern würde, für die spanische Nationalmannschaft aufzulaufen. Laut eigener Aussage erklärte Oleguer dem Trainer seine Weltanschauung und deutete an, dass bei fehlendem Engagement die Auswahl zugunsten anderer Spieler wohl passender wäre. Aragonés dazu antwortete: »Ich frage meine Spieler nicht nach ihrer politischen Einstellung. Mir ist egal, ob ein Fußballer Separatist, Rechtsradikaler oder Kommunist ist. Es zählt allein das Engagement auf dem Platz.«[209] Fakt ist lediglich, dass Oleguer nicht mehr berufen wurde, und somit auch nicht in den Interessenskonflikt kam, das spanische Trikot zu tragen.

Der Fall Oleguer ist nicht der einzige Fall, in dem Politik und Sport zu einem explosiven und kontroversen Mix führten, aber konsequenterweise blieb Oleguer seiner Linie treu und trat nach seiner Fußballkarriere in die Politik ein und zwar in die CUP (Candidatura de Unidad Popular), eine der radikalsten linken katalanischen Unabhängigkeitsparteien.

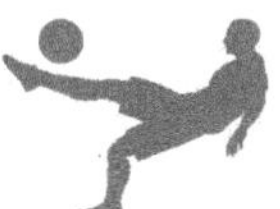

63. GRUND

Weil wir auch nicht auf alle Fans stolz sein können

Wie bei jedem Verein befinden sich auch beim FC Barcelona unter der Fangemeinschaft einige schwarze Schafe. In diesem Fall haben sie aber weniger etwas mit Schafen zu tun, sondern eher mit einer Bulldogge. Die Bulldogge ist nämlich das Logo der berüchtigten Ultras-Fangruppierung »Boixos Nois«, was so viel wie »Verrückte Jungs« bedeutet – genau genommen heißt es eigentlich die »Buchsbaum-Jungs«, da bei der Gründung des Fanclubs im katalanischen ein Übersetzungsfehler begangen wurde. Klingt eigentlich recht harmlos, ist es aber nicht unbedingt.

Der Fanclub wurde 1981 von linksgerichteten katalanischen Separatisten gegründet, ehe sich Mitte der 80er-Jahre die politische Ausrichtung wandelte. Durch den vermehrten Beitritt von Skinheads näherte er sich mehr und mehr dem rechten Lager an und fiel vor allem durch rassistische Aktionen auf. Dabei handelt es sich nicht etwa um eine Gruppe Jugendlicher, die ihren Verein frenetisch anfeuert und dabei gelegentlich über die Stränge schlägt, sondern sehr viel mehr um eine organisierte Bande von Erwachsenen, die auf ein Vorstrafenregister zurückblicken kann, dessen Länge leicht und locker mit der Trophäensammlung des Vereins mithalten kann.

Diese Personen, die den Fußball als Vorwand nehmen, um ihre kriminellen Handlungen zu rechtfertigen, wurden zum Teil von der Vereinsführung nicht nur toleriert, sondern sogar auch finanziell unterstützt. Joan Gaspart, im Sommer 2000 zum Präsidenten gewählt, unterband nicht etwa die Gewalt, sondern unterstützte sie sogar noch öffentlich, da die Ultras Schlachtengesänge, Begeisterung und viele bunte Fahnen ins sonst so ruhige Stadionrund brachten. Für viele andere agierten sie jedoch eher wie ein Schlägertrupp, der Angst und Schrecken verbreitete und zudem die allgemeine Sicherheit gefährdete.

Eine der wohl widerlichsten Aktionen der Boixos Nois fand 1986 statt, nach dem tragischen Tod von insgesamt 36 Fans beim Finale um den Pokal der Landesmeister im Brüsseler Heysel-Stadion zwischen Juventus Turin und FC Liverpool, verursacht von englischen Hooligans. Die angeblichen Barça-Fans entrollten in ihrem

Block, direkt hinter dem südlichen Tor, ein Plakat mit den Worten »Danke Liverpool«, außerdem wurde dabei der Stern der katalanischen Unabhängigkeitsfahne durch ein Hakenkreuz ersetzt. Nach einem kurzen Aufschrei der Entrüstung wurde die Truppe weiterhin vom Verein unterstützt, und zwar durch Gratiseintrittskarten, Fahrten zu Auswärtsspielen und sogar auch durch Geldgeschenke. Währenddessen gingen die Gräueltaten und Aggressionen gegen Ausländer und Andersdenkende unaufhörlich weiter. Es ist kaum zu glauben, dass 1997 sogar im Stadion eine Trauerminute für den verstorbenen Anführer der Boixos Nois abgehalten wurde, der kurz zuvor noch wegen grober Körperverletzung verurteilt worden war.

Erst der Expräsident Joan Laporta verbannte 2003 die zwielichtige Fangemeinschaft aus dem Stadion, verbot sämtliche Zeichen der Gruppe und strich alle Privilegien. Es ist fast unnötig, zu erwähnen, dass er daraufhin beschimpft, bedroht und gezwungen wurde, einen privaten Sicherheitsdienst zu engagieren.

Allerdings hat sein Nachfolger Sandro Rosell, der grundsätzlich gegenteilig zu seinem früheren Jugendfreund und zum späteren Intimfeind Laporta agierte, die Radikalen wieder zu Gesprächen an einen Tisch eingeladen. Zum Wohle des Fußballs und aller Beteiligten wird hoffentlich sowohl schwarzen Schafen als auch Bulldoggen der Eintritt ins Stadion für immer und ewig verweigert.

64. GRUND

Weil Hans Krankl nun eine katalanische Frau hat

Wenn man beim FC Barcelona über ausländische Superstars spricht, dann redet man gewöhnlich von Brasilianern und Argentiniern, auch Spieler aus Holland oder sogar Deutschland werden hier genannt. Allerdings würde man an die Alpenrepublik Österreich beim besten Willen nicht denken, sollte man aber.

Im Sommer 1978, nach einer auch für den deutschen Fußball unvergesslichen Weltmeisterschaft, wurde Hans Krankl von Rapid Wien verpflichtet, wo er gerade mit dem goldenen Schuh als bester Torschütze aller europäischen Ligen ausgezeichnet wurde. Von mehreren europäischen Spitzenmannschaften umworben, entschied er sich, beim FC Barcelona ausgerechnet die Nachfolge von Johan Cruyff anzutreten, und zumindest in seiner ersten Saison sollte er die hohen Erwartungen erfüllen. Darüber hinaus wurde er schnell zum Liebling der Fans und bekam den Spitznamen »El Goleador« (»Der Torjäger«). Und dies war wahrlich nicht unbegründet.

Während seiner Zeit bei Barça erzielte er eine Wahnsinns-Torquote, die kaum ein anderer Topstürmer bei Barça erreichte, und gewann in seiner ersten Saison mit beeindruckenden 29 Toren in 30 Spielen die spanische Torjägerkanone. Dabei erzielte er im Spiel gegen Rayo Vallecano unglaubliche fünf Tore. Seine Spielart war jedoch in keinster Weise mit der eines Johan Cruyff zu vergleichen. Hans Krankl war ein typischer Strafraumstürmer mit enormem Zug zum Tor, extrem schnell auf engstem Raum und ausgestattet mit einem fast waffenscheinpflichtigen linken Schuss. Aufgrund seiner Statur war er zudem äußerst kopfballgefährlich.

All diese Erfolgserlebnisse wurden jedoch auch von einem echten Schicksalsschlag geprägt. Zuerst wurde er beim Derbysieg im Mai 1979 gegen Espanyol Barcelona mit der Roten Karte des Feldes verwiesen und anschließend auf dem Heimweg in einen schweren Autounfall verwickelt. Dabei kamen vier der Insassen glimpflich davon, aber Hans Krankls Frau Inge wurde lebensgefährlich verletzt.

Zufälligerweise kam ausgerechnet der damalige Barça-Vizepräsident Joan Gaspart an der Unfallstelle vorbei und raste mit der Gemahlin ins Krankenhaus. Dort wurde sie um vier Uhr morgens von einem Spezialisten in einem fast fünf Stunden dauernden Eingriff operiert. Laut Aussage das Arztes hatte er in 25 Jahren nur einen ähnlich schwierigen Fall erlebt. Es bestand nur wenig Hoffnung. Inge Krankl erlitt eine schwere Leberverletzung und einen Milzriss, wobei sie unheimlich viel Blut verlor. Deswegen wurde die Bevölkerung über das Radio dringend zum Blutspenden aufgefordert und die Resonanz war überwältigend. Aus allen Teilen Kataloniens und auch aus anderen Regionen Spaniens reisten Hunderte von Anhängern an, um der Frau des geliebten Torjägers Blut zu spenden. Schnell wurde das Krankenhaus zum Treffpunkt für Anhänger, geschmückt mit unendlich vielen Madonnenbildnissen, Kreuzen und Aufmunterungsschreiben.

Ausgerechnet zehn Tage nach dem schweren Unfall fand in Basel das Europapokalfinale gegen Fortuna Düsseldorf statt. Fußballspielen war das Letzte, woran Hans Krankl denken konnte. Vom Trainer und seinen Mitspielern angefleht, doch mitzuspielen, willigte er erst ein, als ihn auch seine Frau Inge am Krankenbett dazu ermunterte. »Körperlich ist er voll da, geistig und seelisch aber zu 80 Prozent in Barcelona«, gestand sein Coach Joaquim Rifé. »Aber besser ein halber Hans als gar keiner.«[210] Und es kam, wie es kommen musste. Hans Krankl erzielt in einer denkwürdigen und mitreißenden Partie in der Verlängerung das entscheidende Tor und der FC Barcelona gewinnt mit 4:3 nach 13 Jahren wieder einen wichtigen europäischen Pokal.

Zudem verbesserte sich der Zustand seiner Frau stetig und nach über zwei Wochen konnte sie das Krankenhaus wieder verlassen. Die überwältigende Anteilnahme der Bevölkerung führte zu einer ewigen Verbundenheit mit Land und Leuten. Diese brachte Hans Krankl auch zu dem späterem Ausspruch: »Inge ist eine Katalanin. In ihr fließt nur noch katalanisches Blut.«[211]

Leider konnte er seine Qualitäten beim FC Barcelona anschließend nicht mehr unter Beweis stellen. Aufgrund von Diskrepanzen mit dem Trainer wurde er zunächst zurück in seine österreichische Heimat verliehen, ehe er beim nächsten Anlauf der neuen Ausländerbeschränkung zum Opfer fiel. Obwohl der neue Trainer große Stücke auf ihn hielt, befahl der Präsident des Vereins, dass seine teure Neuverpflichtung auflaufen müsse. Der neue Superstar war Bernd Schuster.

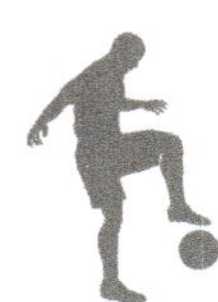

65. GRUND

Weil sie ihn nur den »Übersetzer« nannten

Heutzutage ist es kaum vorstellbar, dass ein gewisser Portugiese einst für insgesamt vier Jahre auf der Gehaltsliste des FC Barcelona stand. Derjenige, der in den letzten Jahren keine Gelegenheit ausgelassen hat – und vermutlich auch weiterhin nicht auslassen wird –, den Verein, den Trainer, die Fans oder sonst jemanden, der in jeglicher Verbindung mit Barça steht, mit Worten, Gesten oder Taten zu beschimpfen, zu demütigen oder zu provozieren (siehe 92. Grund). Die Rede ist vom selbst ernannten »Special One«, der allerdings hierzulande nur despektierlich als der »Übersetzer« bezeichnet wurde.

1996 wurde der sowohl als Spieler als auch als Trainer zum Volkshelden aufgestiegene Johan Cruyff von Präsident Núñez durch den Engländer Bobby Robson auf dem Trainerstuhl ersetzt. Da Robson weder spanisch noch katalanisch sprach, nahm er einen gewissen Portugiesen, der auf den Namen José Mourinho hörte, mit. Barça war lediglich an Robson interessiert und nicht an den Diensten des unbekannten Mannes. Robson jedoch fühlte sich dem jungen Portugiesen gegenüber verpflichtet, der ihm die letzten Jahre treu und zuverlässig bei Sporting Lissabon und FC Porto als Übersetzer und Assistent diente. Darum setzte er seine Verpflichtung durch, obwohl seine eigentliche Rolle von Anfang an unklar war.

Robson und Mourinho wurden von der spanischen Presse von Anfang an als das Klamauk-Duo betrachtet, weil keiner von beiden Trainererfahrung in Spanien vorweisen konnte. Der eine – Mourinho –, ein studierter Sportlehrer, konnte lediglich einige Trainerkurse vorweisen, während der andere – Robson – kaum ein vernünftiges Wort Spanisch sprach. Präsident Núñez nannte den Portugiesen nur den »Übersetzer«, was sowohl irreführend, als auch herablassend war, dennoch von der hiesigen Presselandschaft sofort aufgenommen wurde und seither mit Mourinho fest verbunden war.

Während seiner ersten Pressekonferenz bei einem Vorbereitungsspiel in Holland wurde sofort klar, dass er aufgrund seiner starken eigenen Meinung nicht in der Lage war, nur zu übersetzen. Einige der anwesenden Journalisten waren ebenfalls des Englischen mächtig und bemerkten, dass die Worte des »Übersetzers« scharfsinnig und wohlüberlegt waren, während die eigentlich gesprochenen Worte von Robson recht allgemein und breit gestreut waren. So wurde Mourinho nachgesagt, dass er eher seine eigene Meinung dazudichtete, anstatt ausschließlich die Worte des Trainers wiederzugeben. Darüber hinaus hegte er bei diversen Gelegenheiten am Spielfeldrand lautstarke Meinungsverschiedenheiten mit den gegnerischen Trainern, ebenso wie er sich mit Journalisten stritt, wenn es darum ging, seinen Trainer in Pressekonferenzen zu verteidigen. Halt ganz der Mourinho, den wir von heute kennen.

Seine starke Persönlichkeit und seine Fußballansichten waren so offensichtlich, dass er zunehmend nur die Worte Robsons übersetzte, dessen Meinung er ebenfalls war, und verdrehte die anderen Worte derart, dass lediglich seine Meinung zum Ausdruck kam, selbstverständlich ohne das Wissen des Trainers. Diese Selbstherrlichkeit führte fast zu seiner Entlassung, und die Clubverantwortlichen gingen so weit, dass sie ihm nur noch Übersetzungsdienste innerhalb der Umkleidekabine erlaubten.

Nach Bobby Robsons Abgang nach nur einem Jahr übernahm 1997 der Holländer Louis van Gaal das Ruder beim FC Barcelona. Nachdem der Portugiese hören musste, dass seine Dienste nicht mehr benötigt werden, geriet er völlig in Rage und schimpfte wie ein Rohrspatz. Selbst vor dem Präsidenten Núñez äußerte er lautstark seinen Unmut. Aufgrund all seiner Erfolge für die Mannschaft – spanischer Pokalsieger, Supercup und UEFA-Cup-Sieger – fühlte er sich wohl im Recht für weitere Aufgaben. Dies schien bei van Gaal einen bleibenden Eindruck hinterlassen zu haben und dieser engagierte ihn weiter als Teil seines Trainerteams für die folgenden drei Jahre. Er analysierte sämtliche Spiele und van Gaal war sehr zufrieden mit seinen Diensten und übertrug ihm mehr und mehr Aufgaben. Während der Copa Catalunya überließ er ihm sogar ganz den Trainerposten und gewann prompt den Pokal.

Die Ironie des Schicksals wollte es, dass je mehr Mourinho darauf aus war, seine Trainerkarriere zu forcieren, desto mehr von der hiesigen Presse sein Beiname der »Übersetzer« verfestigt wurde. Vielleicht rührte daher die große Abneigung, Hass und Missgunst gegenüber allem, was irgendwie mit dem FC Barcelona zu tun hat.

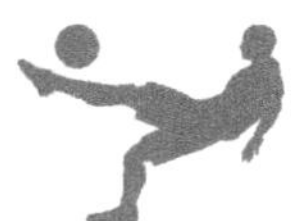

66. GRUND

Weil der FC Barcelona den berühmtesten Flitzer als Fan hat

Über Sinn und Zweck kann man getrost geteilter Meinung sein. Einige Leute halten ihn für einen Spinner, andere für eine Nervensäge, der notorisch nach Aufmerksamkeit lechzt und zudem noch wirtschaftlichen Schaden für den Verein verursacht. Wieder andere halten ihn für einen harmlosen, liebenswürdigen Barça-Fan. Die Rede ist von Jimmy Jump, der zwar auch während anderer Gelegenheiten auf sich aufmerksam gemacht hat, wohl aber hauptsächlich mit dem FC Barcelona in Verbindung gebracht wird – auch wenn der Verein dies vermutlich nicht gern sieht oder hört.

Die naheliegendste Berufsbezeichnung für seine Tätigkeit wäre wohl »Flitzer«. Allerdings scheint ihm der Ausdruck »Springer« wohl lieber zu sein. Als »Flitzer« werden Menschen bezeichnet, die auf öffentlichen Veranstaltungen durch das Geschehen laufen, um die Aufmerksamkeit auf sich zu lenken. In den meisten Fällen sind sie dabei sogar unbekleidet. Dieses Schicksal bleibt einem im Falle von Jimmy Jump glücklicherweise erspart. Eine rote Stoffmütze gilt als sein Markenzeichen. Dabei handelt es sich genauer gesagt um eine sogenannte Barretina, eine taschenförmige rote Wollmütze mit schwarzem Rand. Bis ins 19. Jahrhundert war die Barretina die typische Kopfbedeckung für die männliche Landbevölkerung in weiten Teilen Kataloniens. Heutzutage gilt sie als Symbol Kataloniens und wird vorwiegend nur noch bei volkstümlichen Veranstaltungen getragen – oder eben von Jimmy Jump.

Mittlerweile ist Jimmy Jump, der mit bürgerlichem Namen Jaume Marquet i Cot heißt, aus der Nähe von Barcelona stammend, über sämtliche Veranstaltungen mit hohem medialen Wert »gesprungen«, wie zum Beispiel den Eurovision Song Contest, die French Open, die Formel 1 oder die Verleihung des Goya, dem spanischen Oscar.

Das Hauptaugenmerk allerdings liegt auf dem Fußball und da hat er wirklich alles erreicht, ähnlich wie Michael Ballack und Bayer Leverkusen: die Endspiele der Europa- und Weltmeisterschaften, das Champions-League-Finale und natürlich kennt er das Camp Nou wie seine eigene Westentasche. Dort fing alles im Jahr 2002 an, als er in einem Spiel gegen Deportivo Alavés dem Ex-Barça-Spieler Pitu Abelardo huldigte.

Wie gesagt, man kann diesen Typen für bekloppt halten, allerdings stand seinetwegen auch das Camp Nou kopf, als er am 11. September 2004, der Diada, dem Nationalfeiertag Kataloniens, im Spiel gegen den FC Sevilla über den Rasen rannte und Samuel Eto'o eine Barretina aufsetzte. Dabei hielt er in der einen Hand eine Barça-Fahne und in der anderen eine Estalada. Die Estalada dient als ein Symbol der Unabhängigkeit Kataloniens und bedeutet für die Katalanen weit mehr als nur eine Flagge, sondern vielmehr ein Symbol nationaler Verbundenheit und regionaler Stärke.

Jedoch ereignete sich der Auftritt, der wohl jedem Barça-Fan ein verschmitztes Grinsen ins Gesicht zauberte, kurz vor Ende des Finales der Europameisterschaft 2004. Im Spiel zwischen dem späteren Sieger Griechenland und dem Gastgeberland Portugal warf er keinem anderen als dem portugiesischen Kapitän, Luís Figo, eine

Fahne des FC Barcelona ins Gesicht. Damit »huldigte« er dem ehemaligen Barça-Publikumsliebling seinen Weggang zum Intimfeind Real Madrid im Sommer 2000 (siehe 80. und 91. Grund).

Allzu oft werden wir ihn wohl in naher Zukunft nicht mehr erleben. Seine spontanen Auftritte haben ihm hohe Geldstrafen eingebrockt, zudem Stadionverbote in mehreren Ländern und bei Missachtung wartet eine mehrjährige Gefängnisstrafe auf ihn. Alle oder besser gesagt viele, hatten ihren Spaß an Jimmy Jump, aber wirklich vermissen wird ihn wohl auch niemand.

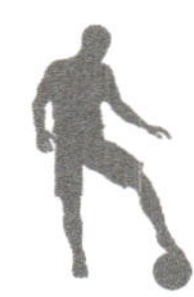

67. GRUND

Weil Ronaldinho die Welt beschäftigte, ohne ein Tor zu schießen

Es war im Herbst 2005 und ich war mit öffentlichen Verkehrsmitteln in Barcelona unterwegs. Da sich in dieser Fußball verrückten Stadt tagein, tagaus fast alles um das runde Leder dreht, war es auch nicht verwunderlich, dass ich eine hitzige Diskussion zweier anderer Fahrgäste mit halben Ohr mitbekam. Allerdings konnte ich nur einige Wortfetzen verstehen: »Ronaldinho … Latte … echt … falsch.« Dies war der Anfang von wilden Diskussionen und Spekulationen, die sich wie ein Buschfeuer über die ganze Stadt ausbreiteten. Ob am Zeitungskiosk in der Altstadt, in der Umkleidekabine im Sportverein oder am Kaffeeautomaten auf der Arbeit, es ging um nichts anderes mehr, und dabei hatte Ronaldinho noch nicht einmal ein Tor geschossen, ja sogar ganz im Gegenteil, er hatte »nur« die Latte getroffen.

Es ging um das folgende Video[212]: Man sieht Ronaldinho im Trainingsoutfit auf dem Rasen des »Mini Estadi« sitzen. Das »Mini Estadi« ist direkt neben dem Camp Nou gelegen. Es ist die Heimspielstätte der zweiten Mannschaft und hat für rund 15.000 Zuschauer Platz. Hier werden auch gelegentlich öffentliche Trainings der ersten Mannschaft abgehalten. Ein Herr mit einem goldenen Koffer taucht auf, in dem sich weiße Schuhe mit goldenem Schriftzug befinden. Extravagante Fußballschuhe waren damals noch eine Ausnahme – und die quietschbunte Schuhmode war noch nicht wirklich salonfähig, Gott sei Dank. Ronaldinho zieht die Schuhe an, scheint beeindruckt, schnappt sich einen ganz zufällig herumliegenden Ball und fängt an, mit diesem zu danteln, während er zur Strafraumgrenze schlendert. Dann donnert er den Ball aus 16 Metern präzise an die Latte des Tors, um ihn dann wieder direkt aus der Luft anzunehmen und dieses Kunststück weitere drei Mal zu wiederholen, wohl bemerkt ohne, dass der Ball jemals den Boden berührt. Anschließend spaziert er wieder zurück an den Anfangspunkt.

Dieses Video, von einem hier nicht zu erwähnenden Ausrüster initiiert, wurde im Internet millionenfach angeklickt und hat einen Hype über virales Marketing ausgelöst. Die Diskussion über die Echtheit dieses Videos hat weltweite Ausmaße erreicht. Fast alles an dem Video scheint »echt« zu sein. Die Aufnahme ist in einem Dreh gefilmt und Bildschnitte sind in keinem Moment zu erkennen. Egal, ob das Video nun echt oder falsch oder halb echt oder halb falsch ist, Ronaldinho würde man so etwas auf jeden Fall zutrauen!

68. GRUND

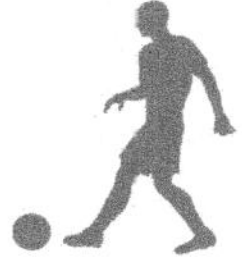

Weil auch ein Cruyff sein Wort bricht

Johan Cruyff hat nach seiner äußerst erfolgreichen Trainerzeit bei Barça 1996 seine Trainerkarriere für beendet erklärt. Trotz zahlreicher, sowohl finanziell als auch sportlich attraktiver Angebote blieb er stets seinem Wort treu, bis ihm schließlich ein nicht auszuschlagendes Angebot auf den Tisch flatterte. Und zwar vom katalanischen Fußballverband (FCF – Federació Catalana de Futbol). Somit hat er im November 2009 sein 13 Jahre altes Wort gebrochen und das Amt als Nationaltrainer von Katalonien übernommen. Schon von Anfang an stand fest, dass seine Titelsammlung dadurch nicht aufgestockt werden würde, da der katalanischen Nationalmannschaft die Teilnahme an offiziellen Wettbewerben verwehrt ist.

Bereits seit Jahren fordern die politischen Parteien in Katalonien, dass dieses an Welt- und Europameisterschaften teilnehmen darf, ähnlich wie die englischen »Regionen« Wales und Schottland. Der Weltverband FIFA lehnt allerdings eine Zulassung der Katalanen ab, da sich Spanien als FIFA-Mitglied dagegen sperrt.

Nachdem Cruyff drei Jahre später, im Januar 2013, sein Amt wieder aufgab, war seine Statistik durchaus ansehnlich, immerhin hat er während seiner gesamten Nationaltrainerlaufbahn kein einziges Spiel verloren. Ganz anders als Giampaolo Mazza, San Marinos Trainer, der vor Kurzem nach 15 Jahren seinen Posten aufgegeben hat, ohne je ein offizielles Spiel gewonnen zu haben. Vielleicht sollte man gerechterweise auch hinzufügen, dass die katalanische Nationalmannschaft gewöhnlich nur ein Freundschaftsspiel um die Weihnachtszeit bestreitet.

Somit hat Cruyff in seiner Zeit als Nationaltrainer lediglich vier Spiele absolviert: zwei Siege und zwei Unentschieden. Besonders in Erinnerung bleibt sein erstes Spiel im Dezember 2009. Gespickt mit vielen Stars der glorreichen Barça-Mannschaft der »6 Pokale«, gewinnt er gegen das von Diego Maradona trainierte Argentinien mit 4:2. Eine glorreichere Rückkehr ins Camp Nou ist wohl kaum vorstellbar.

Die Wahl zu seinen Gunsten hatte sicherlich auch einen politischen Hintergrund. Dank seines Namens erhoffte sich der Verband eine größere mediale Aufmerksamkeit wegen der erwähnten Problematik. Andererseits hat Johan Cruyff auch nie einen Hehl aus seiner Verbundenheit mit der Region und seinen Bewohnern gemacht und lebt inzwischen seit über 40 Jahren in Katalonien. Somit hat er nach seinen Stationen als Spieler und Trainer beim FC Barcelona und seinem Amt als Nationaltrainer sportlich gesehen wirklich alles erreicht, was ihn zu einer Ikone in diesem Teil von Spanien macht. Dass der prinzipientreue Cruyff einmal sein Wort brechen würde, hätte auch niemand gedacht. Wenn dies allerdings zum Wohl seiner Wahlheimat Katalonien geschieht, sollte man ihm das nicht krumm nehmen.

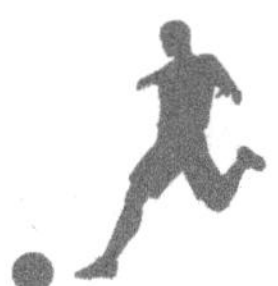

69. GRUND

Weil Barça der Wissenschaft dient

Wie laut ist eigentlich so ein Traumtor? Jeder Fußballfan hat schon welche erlebt. Manche sind so wunderbar, dass einem der Atem wegbleibt, einige setzen sogar die Rivalität außer Kraft. Welcher Fan erinnert sich nicht an den Volleyschuss von Marco van Basten im Finale der Europameisterschaft von 1988? Oder das Jahrhundert-Tor von Diego Armando Maradona, als er fast die gesamte englische Nationalmannschaft aus der eigenen Hälfte startend zu Slalomstangen degradierte und so das Weltmeisterschaftsviertelfinale 1986 für Argentinien entschied? Oder das Tor von Davor Šuker, als er Bodo Illgner mit einem Sohlen-Roller absolut lässig aussteigen ließ, um ganz Kroatien einen Freudentaumel zu bescheren?

Aber könnte man deshalb sagen, es entständen dabei soundso viel Dezibel? Barça sollte sich um diesen weißen Fleck kümmern. Wir hatten einige enttäuschende Jahre hinter uns, und ich meine wirklich blöde Jahre, denn das Wohlbefinden definiert sich nicht nur über den eigenen Erfolg, sondern erfährt noch einen Hebel durch die sportliche Lage des gehassten Erzrivalen. Und Madrid war zum Anfang des Jahrtausends das Maß aller Dinge. Der neue, dynamische und unerschrockene Präsident Laporta versüßte den culés seinen Amtsantritt, indem er Ronaldinho vom PSG verpflichtete. *Alle* wollten ihn sehen.

Es war im Spätsommer im Jahr 2003, als die kürzlich zuvor gestartete Liga Barça und den FC Sevilla als Begegnung vorsah. Im Anschluss sollte es eine Ligapause geben, denn die Qualifikation für die Europameisterschaft stand an. Um Barças einberufene Nationalspieler nicht vorzeitig an ihre jeweiligen Nationalmannschaften abgeben zu müssen, wollte Barça das Spiel von Mittwoch auf Dienstag vorverlegen, doch laut Regeln des spanischen Fußballverbandes muss der Gegner sich mit der Anstoßzeit einverstanden erklären, was FC Sevilla aus verständlichem Kalkül nicht tat. Es kam schon oft vor, dass der FC Barcelona bei großen Turnieren die meisten Nationalspieler abstellte.

So setzte Barça das Spiel auf Mittwoch um 00:05 Uhr an. Um daraus ein sommerliches Happening zu machen, offerierte der Club den Besuchern eine kostenlose Bewirtung mit der sommerlichen, kalten Gemüsesuppe, Gazpacho genannt. Es handelt sich dabei passenderweise um eine andalusische Spezialität.

Weit nach ein Uhr nachts absolvierte Ronaldinho einen Sololauf[213], den er mit einem 25-Meter-Knaller an die Unterkante der Latte zum 1:1 verwandelte. Weil entgegen gängiger Vorurteile selbst in Barcelona zu dieser Zeit Leute schlafen, hieß es später, dass ein benachbartes Institut für Aufzeichnung von Umwelteinflüssen den Jubelschrei bei ihren regulären Messungen als Ausreißer auf der Dezibelskala ausmachen konnte[214]. Urban legend or not: Goooooooooood de Ronaldinho el Gaúcho!

70. GRUND

Weil wir uns auch für Barça schämen können

Diese folgende peinliche Anekdote trug sich 2007 zu. Barça hatte gerade die erste von zwei Ligen verloren, welche die »puente aéreo«, die Luftbrücke zwischen Madrid und Barcelona, Richtung Madrid nehmen sollten. Lange Zeit hatte Barça die Liga angeführt, aber eine inopportune Heimniederlage gegen RCD Espanyol Barcelona zerstörte kurz vor Ligaschluss den Traum vom dritten Meistertitel in Folge. Was für viele ein Ausrutscher war, sollte sich als Vorbote von sich einschleichender Dekadenz herausstellen. Ein Jahr später kam es zum großen Umbruch: Guardiola löste Rijkaard ab und Deco und Ronaldinho verließen den Verein.

Die Liga war also verloren und die Promotionstour durch Südafrika zählte für viele Fußballer der Mannschaft als lästiger Pflichttermin, der sie vom Urlaub abhielt. Laporta war erst gar nicht mitgereist. Als institutionelles Highlight war eine Audienz beim großen Nelson Mandela anberaumt.

Dieser hatte ein besonderes Faible für den Sport. Er war ein großer Box-Fan, denn Boxen diene als Vorlage für die Gesellschaft, in der jedermann gleiche Chancen habe, seine Stärken einzusetzen.[215] Zu Barcelona hatte er insofern eine besondere Beziehung, weil Südafrika erstmals ein gemischtes Team zu den Olympischen Spielen Barcelona 1992 schickte. Diesen Etappensieg im Kampf gegen die Apartheid konnte sich Mandela verbuchen, dementsprechend überschwänglich wurde er bei der Eröffnungs-Zeremonie im Olympiastadion auf dem Montjuïc gefeiert.

Viele Sportler und Weltbürger hätten diese Ehre, von Mandiba empfangen zu werden, als ein Geschenk des Himmels betrachtet. Anders die Delegation des FC Barcelona. Nur fünf Spieler hielten es für lohnenswert, ihr klimatisiertes Luxushotel zu verlassen. Iniesta, Gio, Thuram, Oleguer und Belletti hielten die Fahnen für Barça hoch, während zentrale Kräfte wie Deco, Ronaldinho, Xavi, Puyol, Valdés und ein junger Messi diese einmalige Gelegenheit mit Füßen traten und im Hotel blieben. Selbst Samuel Eto'o in seiner Rolle als Aushängeschild für den afrikanischen Sport und Vorreiter im Kampf gegen den Rassismus nahm diese Begegnung mit der lebenden Legende nicht wahr.

Jemanden warten zu lassen, der weit mehr als 20 Jahre im Gefängnis verbrachte und die Ungerechtigkeit gegenüber der schwarzen Bevölkerung am eigenen Leib ertragen musste, hinterlässt einen bitteren Beigeschmack und ist einer Institution der Größe und der Symbolik vom FC Barcelona nicht würdig. Viele culés schämten sich damals für Barça.

Der FC Barcelona schmückt sich gern damit, edle Werte und den sportlichen Gedanken hochzuhalten, aber zu diesem Anlass war Barça nicht auf der Höhe, was die Situation erfordert hätte. Vielleicht erklärt sich dieses schwarze Kapitel durch die führungslose Delegation, die nicht auf die jungen Fußballmillionäre einwirken konnte, um ihnen die Dimension dieser Audienz klarzumachen.

Thuram sorgte bei dieser traurigen, weil dezimierten Vorstellung allerdings für einen Lichtblick, weil er überwältigt von seinen Gefühlen in Tränen ausbrach, als es zu dem Treffen kam. Später vertraute er Reportern an, dass dieses Aufeinandertreffen einen der schönsten Momente seines Lebens darstellte.[216]

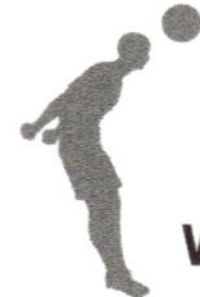

71. GRUND

Weil Barça den Dresscode meiner Firma bestimmt

Es ist ja so eine Sache mit Gerüchten am Arbeitsplatz. An sich stößt das bei mir immer auf ziemlich taube Ohren, jedenfalls wenn es sich um die üblichen Verdächtigen handelt, wie zum Beispiel wer mit wem und wer als Nächstes gehen wird.

Anders sieht es da aber aus, wenn es mit dem mehrfachen Weltfußballer beim Müllentsorgen zu tun hat. Da spitzen sich schon die Ohren, vor allem, wenn es mal zur Abwechslung aus verlässlicher Quelle kommt und es sich um ein frisches, nie da gewesenes Thema handelt.

Kulturell bedingt ist es schon ein starkes Stück, da man in Barcelona doch häufig das Gefühl hat, dass die Hausarbeit bei den allermeisten eher in andere Hände übergeben wird. Umso markanter ist, dass ich von einer Kollegin hörte, dass ihr Kollege wiederum von einem anderen Kollegen erzählt bekommen hatte – um mindestens drei Ecken müssen auch reale Gerüchte gehen –, dass er Messi sah, wie er nahe seinem Haus eigenhändig eine Tüte neben die Abfallcontainer stellte.[217]

Ich arbeite relativ eng mit dem Kollegen zusammen, um zu wissen, dass er an sich kein sensationsgeiler Neugier-Pinsel ist. Aber wann hat man schon mal die Gelegenheit, wissentlich ein Auge in den Abfall eines Idols zu werfen? Ebenso ist ja der Fakt, dass der Beutel *neben* den Behältern stand, nahezu eine Einladung hierzu.

Es macht im Allgemeinen den Anschein, dass die Spieler des FC Barcelona ein relativ ruhiges Leben führen, recht frei von Paparazzi, die in den Baumwipfeln rund um ihre Häuser campen oder sie mit einem Helikopter bei ihrem Segelausflug begleiten, um die Hautbeschaffenheit der Oberschenkel etwaiger Begleiterinnen bis auf Pixelgröße heranzuzoomen.

Diese Seiten, die jede Zeitung der Yellow Press, die etwas auf sich hält, im festen Repertoire hat. Wahrscheinlich hat es den vermeintlich sehr aufrichtigen Grund, dass wir Normalsterblichen uns besser fühlen und uns an dem rot umkreisten Krater in dem fast zur Unkenntlichkeit vergrößerten Bildausschnitt davon vergewissern können, dass wohl niemand perfekt ist.

Es mag daran liegen, dass diese Art der Berichterstattung nicht auf sonderlich fruchtbaren Boden stößt, jedenfalls ist sie nicht sehr präsent bei der offensichtlichen Auswahl beim Kiosk, zumindest auf Barça bezogen. Wer schon einmal in der Weihnachtszeit im katalanischen Raum gewesen ist, dem wird der Caganer vielleicht aufgefallen sein. Ursprünglich handelt es sich dabei um eine Bauernfigur, die bekleidet mit der typischen katalanischen Mütze Barretina hockend ihr Geschäft verrichtet.

Wenn auch etwas versteckt, hat das »Scheißerchen« in jedem Krippenspiel einen Platz. Dies mag etwas gewöhnungsbedürftig sein, doch der Brauch hat in der katalanischen Kultur seit dem

17. oder 18. Jahrhundert seinen festen Platz. Diese Figuren machen heutzutage auch keinen Halt vor Persönlichkeiten aus der Öffentlichkeit. Mit heruntergelassener Hose »grüßt« dann beispielsweise ein Messi in Miniaturformat. Der Caganer bringt Glück und gilt auch als eine Huldigung der Mutter Erde für alles, was sie uns schenkt und hervorbringt, für den Kreislauf des Lebens. Er wird außerdem als Sinnbild dafür verstanden, dass wir alle gleich sind.[218]

Fußball spielt zwar immer und überall – mehr oder weniger offensichtlich – eine Rolle in der Stadt und in Catalunya, sei es im Radio, in den Printmedien oder im Fernsehen. Talkrunden zur Analyse des letzten Spiels können gut und gern ein paar Stunden Sendezeit einnehmen, und zwar jeden Tag. Der eindeutige Schwerpunkt liegt jedoch im Fachlichen. Eine Andeutung hier und da eine Anekdote aus dem Privatleben der Spieler gibt es sicherlich, aber es sind meist lediglich Appetithappen und dienen als Aufhänger zu Themen, die sich tatsächlich eher um das runde Leder ranken.

Selbst die Nachricht über Shakiras aufgenommenen Song *Boig per Tu*[219] lieferte die Steilvorlage zur Diskussion über die katalanische Sprache und die mögliche Unabhängigkeit Kataloniens. Die kolumbianische Sängerin lebt zusammen mit Piqué und ihrem gemeinsamen Sohn in Barcelona und hatte einen katalanischen Schlager aufgenommen. Unter anderen Umständen und in anderen Ländern hätte es vielleicht nicht für so großen Aufruhr gesorgt, dass eine Sängerin ein Lied in der Muttersprache ihres Mannes und Kindes singt, hier sorgte es allerdings für Zwiespalt und Diskussionspotenzial.

Um endlich zurück zu Lionel Messis Müllsack zu gelangen, stellen wir uns Folgendes vor: Wir sind in einem Küstenort nahe Barcelonas. Unser Zeuge kommt gerade vom Lauftraining an der breiten Strandpromenade zurück und erstarrt beim Einbiegen in die Straße nicht weit von seinem Wohnhaus, als er zuerst seinen Augen nicht traut.

Aber warum sollte er sich geirrt haben, das war Messi. So ungewöhnlich ist es ja auch nicht. Viele der Spieler wohnen hier und auch ein sehr prominenter Sportler verlässt ja ab und zu das Haus, auch ohne dass er sich auf direktem Wege auf den Rasen des Camp Nou befindet.

Dennoch wird seine Schrittweite kleiner und das Lauftempo ein bisschen gedrosselt. Zu nah ist ja auch respektlos. Besser ist es wohl, sich der Tasche zu nähern, wenn die Luft wieder rein ist ... Um es kurz zu machen, Messi hat wohl seinen Schrank durchstöbert und beschlossen, sich von ein paar seiner Gürtel zu trennen. Dass diese nun hier ein zweites Leben unweit meines Schreibtisches haben, das hätte ich mir nie träumen lassen.

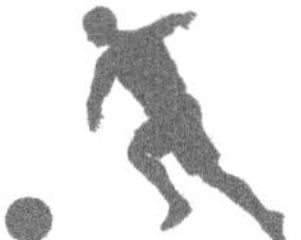

72. GRUND

Weil es noch mehr Supergesten unseres Vorzeigekapitäns gibt

Da man von den unzähligen Heldentaten und Supergesten des Vorzeigekapitäns, Carles Puyol (siehe 8. Grund), gar nicht genug bekommen kann, sind hier noch einige.

April 2012, Rayo Vallecano – FCB 0:7

Auch wenn es Carles Puyol überhaupt nicht gefiel, zu verlieren, wusste er dennoch eine Niederlage mit Würde zu akzeptieren. Manchmal ist es sogar noch schwieriger, mit Würde zu gewinnen. Deswegen mussten sich seine Mitspieler Thiago und Dani Alves einen ordentlichen Anschiss von ihrem Kapitän anhören. Nach einer gemeinsamen Kombination, die zum zwischenzeitlichen 0:5 führte, feierten die beiden im brasilianischen Stil und führten vor der Fankurve des Gegners ein Tänzchen auf. Dies missfiel Puyol völlig, der es als fehlenden Respekt dem Gegner gegenüber empfand, den Tanz unterbrach, um das Spiel fortzuführen.

Oft wurde Puyols physische Verfassung mit der eines Kriegers verglichen. Aber auch seine Seele und sein Geist haben diesen Vergleich verdient. Unermüdlich und zu allem bereit, ein Tor zu verhindern, komme was wolle, mit dem Fuß, mit dem Gesicht oder mit der Brust. Allseits bekannt ist seine Aktion, in der er auf der Linie einen Schuss von Madrids Roberto Carlos aus rund sieben Metern mit dem Gesicht hält. Ja richtig, von dem Roberto Carlos, der selbst aus 40 Metern Torhüter bezwingt und für einen der härtesten Schüsse im Profifußball bekannt ist. Anschließend schüttelt er sich kurz und spielt weiter.

Vermutlich quälen den Stürmer von Lokomotive Moskau jetzt noch Albträume, wenn er an seine Aktion im Oktober 2002 denkt. Nach einem mustergültigen Konter ist Torwart Bonano bereits außerhalb des Strafraums ausgespielt und dem Stürmer Obiorah stellt sich an der Strafraumgrenze nur noch Carles Puyol entgegen. Mit einem zugleich tollkühnen und wagemutigen Sprung schmeißt sich Puyol in den Schuss und verhindert mit der Brust das schon sicher geglaubte Tor. Puyol hat sich niemals davor gedrückt, dorthin zu gehen, wo es wehtut, oder auch direkt am Spielfeldrand eine klaffende Wunde zu tackern, um kurz darauf weiterzuspielen. Apropos weiterspielen …

Januar 2013, Copa del Rey, Halbfinale Hinspiel, Real Madrid – FCB
Wie in jedem »Clásico« geht es sowohl auf dem Spielfeld als auch auf den Rängen hitzig zu. Es läuft die Mitte der zweiten Halbzeit und noch führt der FC Barcelona durch ein Tor von Cesc mit 1:0. Gerard Piqué klärt eine gute Möglichkeit von Cristiano Ronaldo am Fünfmeterraum zur Ecke. Das Publikum tobt und aus der Menge kommt ein Objekt angeflogen, um genauer zu sein, ein Feuerzeug. Piqué hebt das Objekt auf und hält es demonstrativ hoch, um den

Schiedsrichter darauf aufmerksam zu machen. Und dann tritt der große Kapitän Carles Pujol auf die Bühne. Ganz nach dem Motto »Wir sind hier zum Fußballspielen und nicht auf einem Kindergeburtstag« entreißt er ihm das Feuerzeug und wirft es so beiläufig wie möglich hinter das Tor, um Piqué Anweisungen für die bevorstehende Ecke zu geben. Es gibt halt nichts Wichtigeres in diesem Moment, als das Ergebnis zu verteidigen.

7. KAPITEL

BARÇA IN DER NEUZEIT

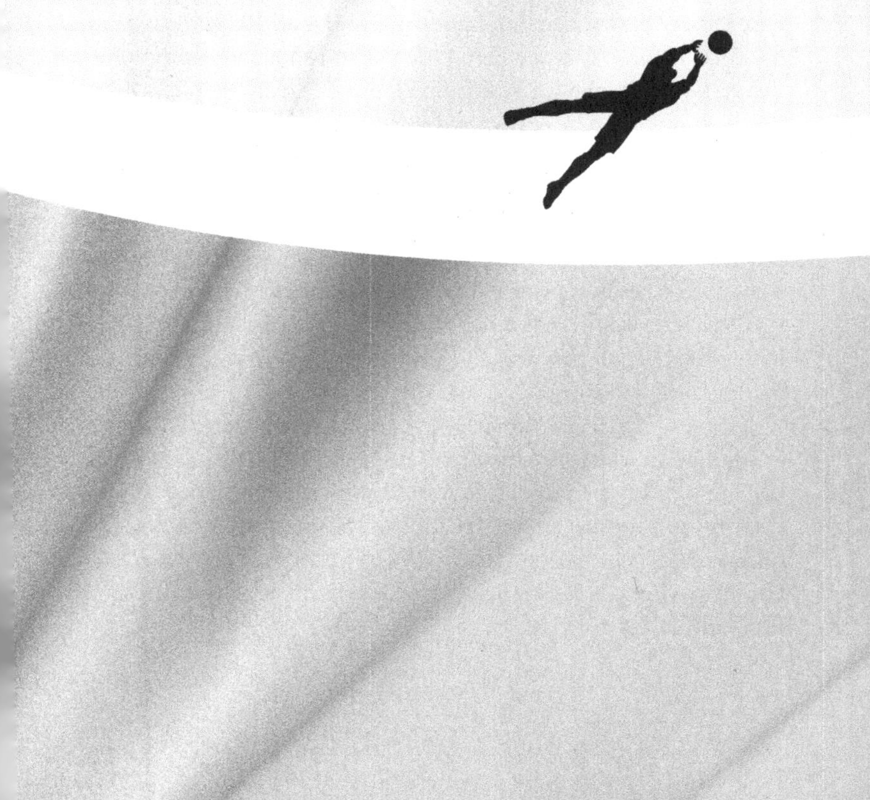

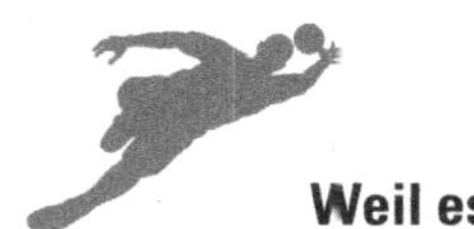

73. GRUND

Weil es dieses Jahr bestimmt etwas wird

»Aquest any sí!« (»dieses Jahr klappts«) lautet ein Ausspruch der Barça-Gemeinde, der in den 70er- und 80er-Jahren viral wurde.[220] Jeder Fußballfan weiß aus eigener Erfahrung, wie lang so eine Sommerpause sein kann. Nick Hornby, der Autor des verfilmten Bestsellers *Fever Pitch*[221], sagte zwar in einem Interview: »Ich hoffe nur, dass ich nicht mitten in der Saison sterben werde.«[222] Dann bekäme er ja nicht mit, wer denn Meister wird. Aber Sommerpause ist genauso hart.

Wenn die Mannschaft die Saison erfolgreich beendet hatte, dann kann man wenigstens noch in frischen Erinnerungen schwelgen. Das war aber zwischen den Jahren 1974/75 und 1989/90 zumindest national meist nicht der Fall. Doch schon damals waren wir eine der ersten Stationen im Weltfußball, um die größten Talente dieser Sportart mit offenen Armen aufzunehmen.

Wer Hochkaräter wie Johan Cruyff, Johan Neeskens, Hansi Krankl, Allan Simonsen, Steve Archibald, Mark Hughes und Quini in seinen Reihen weiß, der muss ja auch träumen. Und im Jahr 1981 machte der Präsident Núñez die Schatulle ganz weit auf, um Diego Armando Maradona unter Vertrag zu nehmen. Die Verpflichtung von Spielern mit klanghaftem Namen und außerordentlichen Talenten und Begabungen zieht sich wie ein (blau)roter Faden durch die Historie von Barça.

Die Gerüchte um bevorstehende Transfers kochten natürlich insbesondere in der fußballfreien Zeit hoch. Von irgendetwas muss der Mensch ja leben und so lief im Kopfkino der culés ein Film der Zukunft mit unmöglichen Tricks und Traumtoren. Mit Maradona müsse es doch endlich klappen, mit Gary Lineker habe man endlich eine Toregarantie, der blonde Engel Bernd Schuster wird uns in den Fußballhimmel führen.

All diese Wunschvorstellungen fanden ihren Ausdruck in »aquest any sí!«. Er beschreibt, wie die wegen ausbleibender Erfolge deprimierte Barça-Familie, zumindest gemessen an der eigenen Erwartungshaltung, in der Sommerpause neue Hoffnung schöpft, dass in der nächsten Saison doch alles besser wird.

Durch die Titelflut der letzten Jahre ist der Begriff etwas eingestaubt, aber ich bin mir sicher, dass er irgendwann wieder recycelt werden muss. Der dazu passende Ausdruck »aquest any tampoc!« (»dieses Jahr auch nicht«) wurde kostenfrei aus Madrid nachgeliefert, wenn Barça in der Liga wieder einmal den Kürzeren zog.

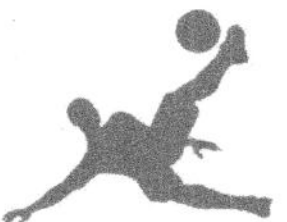

74. GRUND

Weil Bernd Schuster eine Meuterei anzettelte, um im entscheidenden Moment mit Abwesenheit zu glänzen

Recht kurios, dass durch einen der schwärzesten Momente der modernen Geschichte des Vereins gleichzeitig die bis dato erfolgreichste Epoche des Clubs eingeläutet wurde. Der Richtungswechsel der Vereinsverantwortlichen führte zum Neuaufbau und somit zum Beginn für die erfolgreichste Mannschaft der 1990er-Jahre. Mit dem Gewinn von vier Meisterschaften hintereinander und dem ersten Erfolg im Europapokal der Landesmeister entstand ein bis heute nahezu mythisches Team.

Am 28. April 1988 fand die im Volksmund bekannte »Meuterei von Hesperia« statt. Dabei versammelte sich die gesamte Mannschaft – abgesehen von drei Spielern – und dem Trainer im Hotel Hesperia und verlangte in einer offiziellen Presseerklärung den Rücktritt der gesamten Geschäftsführung um den Präsidenten Josep Lluís Núñez.

Allerdings liegt der Ursprung für dieses Ereignis einige Jahre zurück und zwar im Finale des Europapokals der Landesmeister

1986. Unter dem Trainer Terry Venables verliert der FC Barcelona das Finale in Sevilla im Elfmeterschießen gegen Steaua Bukarest. Ausschlaggebend für die späteren Ereignisse ist insbesondere die Auswechslung von Bernd Schuster kurz vor Ende der regulären Spielzeit. Beim Stand von 0:0 nimmt der Trainer seinen Regisseur in der 85. Minute aufgrund einer indiskutablen Leistung vom Platz. Bernd Schuster schimpft wie ein Rohrspatz und verlässt nicht nur das Spielfeld, sondern auch sofort das Stadion. Selbstverständlich erscheint er auch nicht auf dem anschließenden Festbankett, sondern fliegt mit seiner Frau Gaby in seine Wochenendvilla auf Ibiza. Diese Aktion bringt bei der Geschäftsführung das Fass zum Überlaufen und der Präsident Núñez gerät so in Rage, dass er Bernd Schuster in der folgenden Saison zu vollen Bezügen auf der Tribüne schmoren lässt. Dieser klagt im Gegenzug vor Gericht auf Vertragsauflösung.

Im Verlauf des Rechtsstreits gelangt neben dem regulären Arbeitsvertrag ein zweiter Vertrag, nämlich der an den Persönlichkeitsrechten des Deutschen, an die Öffentlichkeit, ein Vertragsmodell, über das auch viele andere Spieler verfügen. Diese Art von Vertrag war zu dieser Zeit in vielen Ländern, vor allem bei Sportlern, gang und gäbe, jedoch nicht in Spanien. Tatsächlich hat der FC Barcelona diese Art von Vertrag als Ergänzung zu den Bezügen eingeführt. Das Problem bestand darin, dass diese Verträge weder gesetzlich verabschiedet waren, noch dass eine Regelung darüber bestand, wie viel Prozent der Gesamteinkünfte als Persönlichkeitsrechte geltend gemacht werden konnten.

Dies blieb selbstverständlich auch dem Finanzamt nicht verborgen. Nicht nur bei Barcelona, sondern auch bei anderen Vereinen, die diese Vertragstechnik ebenfalls angewendet haben, wurde fortan auf den Grund gegangen, schließlich entging dem Fiskus durch die nicht angegebenen Summen dieser Verträge eine nicht zu verachtende Steuereinnahme. Bei Barça konnte sich der Verein mit den Profis der anderen Sportsparten darauf einigen, die verursachten Kosten zu gleichen Teilen zu übernehmen und somit die Situation zu regeln. Ganz im Gegensatz zu den Fußballern, die gemeinschaftlich darauf beharrten, dass der Verein die gesamte Steuerschuld übernehmen müsse.

Von Vorladungen und Protokollen vom Finanzamt eingeschüchtert, stieg die Unruhe bei den Spielern, bis sich schließlich die gesamte Mannschaft an dem besagten Tag im April 1988 im Hotel Hesperia versammelte, abgesehen von drei Spielern: Gary Lineker, der noch nicht von einem Einsatz der englischen Nationalmannschaft zurückgekehrt war, Claudio López, der noch an den Folgen eines ärztlichen Eingriffs laborierte, und Bernd Schuster, über dessen Abwesenheit keine Klarheit bestand. Die zwei Kapitäne José Ramón Alexanco und Victor Muñoz und der aktuelle Trainer Luis Aragonés, der inzwischen Terry Venables ersetzt hatte, umringt vom Rest der Mannschaft, saßen der wartenden Presse gegenüber.

Die Spieler präsentierten eine Erklärung mit sieben Punkten, in denen sie insbesondere den Rücktritt von Präsident Núñez forderten. Merkwürdigerweise wurde das eigentliche Problem, nämlich der Streit um die zu zahlenden Steuerschulden, nicht erwähnt. Lediglich am Ende der Erklärung wurde darauf hingewiesen, man wolle wieder einen glaubwürdigen Verein haben, der die persönlichen, beruflichen als auch ökonomischen Probleme, die auftreten könnten, zu beheben wisse. Die Journalisten erwarteten mehr Details über die schlechte Stimmung zwischen Mannschaft und Geschäftsführung, rechneten aber nicht mit einer derartigen »Bombe« und gerieten in hellen Aufruhr.

Es war nicht einmal ein Monat vergangen, nachdem die Spieler den spanischen Pokal gegen Real Sociedad San Sebastián gewannen und sie hatten deswegen auf eine großzügigere Vorgehensweise in dieser prekären Situation seitens der Vereinsführung gehofft, stießen damit bei Núñez allerdings auf Granit. Er beharrte jedoch auf dem Standpunkt, die Steuerschuld zu teilen, vor allem vor dem Hintergrund, dass er als Präsident ja lediglich das Geld der Mitglieder verwalte. Keine drei Tage später mussten die Meuterer unter ohrenbetäubendem Zorn der eigenen Fans gegen Real Madrid antreten. Nur eine hervorragende Leistung und ein Sieg gegen den Erzrivalen konnten die aufgebrachten Fans ein wenig beruhigen.

Schließlich und endlich wurde das Problem mit Verhandlungen zwischen dem Verein und jedem einzelnen Spieler gelöst. Das Ergebnis der Meuterei hätte nicht heftiger ausgehen können: 14 Spieler – Urruti, Calderé, Rojo, Clos, Manolo, Covelo, Pedraza, Gerardo, López, Victor, Moratalla, Nayim, Schuster und Amarilla – verließen den Club, während weitere sieben Spieler – Hughes, Archibald, Fradera, Carlos, Martín, Vinyals und Villarrolla – von ihren jeweiligen Ausleihvereinen nicht zurückkehrten. Lediglich zehn Spieler – Migueli, Alexanco, Zubizarreta, Roberto, Urbano, Julio Alberto, Salva, Cristóbal, Carrasco und Lineker – blieben dem Verein erhalten, um unter dem neuen Trainer Johan Cruyff einen Neuanfang zu starten.

Somit endete eine der traurigsten Episoden der Geschichte des FC Barcelona – keiner wusste, dass damit gleichzeitig der Grundstein für eine der erfolgreichsten Ära gelegt wurde (siehe 75. Grund). Ach ja … und was war denn eigentlich mit Bernd Schuster passiert, der quasi der Ursprung des Aufstandes war? Trotz seines Versprechens war er nicht im Hotel Hesperia aufgetaucht, ließ stattdessen am selbigen Tag über seinen Anwalt vermelden, dass er keinerlei ökonomische Differenzen mit dem Verein hätte. Seine Steuerberater hatten die Sache bereits geklärt. Wie sich später herausstellen sollte, war sein Wechsel zu Real Madrid bereits von Beginn an abgemachte Sache.

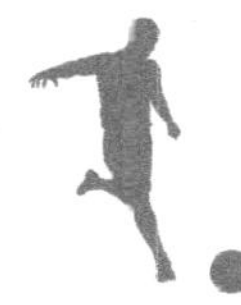

75. GRUND

Weil die Bezeichnung »Dream-Team« nur den *Größten* vorbehalten ist

Die von Johan Cruyff während acht Spielzeiten trainierte Mannschaft bekam den Spitznamen »Dream-Team«. Die Galionsfiguren dieser außergewöhnlichen Ansammlung von Fußballern waren der Däne Michael Laudrup, der Bulgare Hristo Stoichkov, der Holländer Ronald Koeman und der Brasilianer Romário. Er stieß erst 1993 zum Verein, um den Wettbewerb unter den ausländischen Spielern zu entfachen, zu der Zeit durften nur drei Ausländer zeitgleich aufgestellt sein (Christoph Daum auch einfach mal fragen). Komplettiert wurden diese Siegertypen mit den baskischen Spielern Andoni Zubizarreta, Julio Salinas,Txiki Begiristain, José Mari Bakero und der Ernte aus der Masia in Person der Katalanen Josep Guardiola, Albert Ferrer und Sergi Barjuán. Die spanischen Nationalspieler Guillermo Amor, Miguel Ángel Nadal, Eusebio Sacristán, Fernando Muñoz (Nando) und Juan Carlos Rodríguez rundeten das Bild einer ausgeglichenen Mannschaft ab. Mit vier Meistertiteln in Folge und dem Gewinn des lang herbeigesehnten Erfolgs im Europapokal der Landesmeister gelang es ihnen, Real Madrids Hegemonie um die Generation der »quinta del buitre« zu durchbrechen.[223]

Dieser magische und fantastische Fußball geht laut der Dokumentationsstelle vom FC Barcelona auf das Wirken des eisernen Generales Marinus »Rinus« Michels zurück. Der Holländer prägte in den 70er-Jahren die Schule um den Fußball total. Innovative Elemente wie Kontrolle und Ballbesitz sorgten für ein offensives Spiel der holländischen Auswahlmannschaft, der Ritterschlag in Form eines Weltmeisterschaftstitels wurde nur durch Deutschlands Heim-WM 1974 und Mario Kempes Argentinien 1978 verhindert. Eine zentrale Rolle, selten passender gesagt, kam dem Mittelfeld zu. Es bestand aus Spielern, die den Ball schnell weiterleiten konnten und sich taktisch gekonnt nach vorn verschoben, sodass viele Torchancen entstanden.

Der eigentliche Ausdruck »Dream-Team« geht auf den katalanischen Sportjournalisten Lluís Canut zurück.[224] Während der Olympischen Spiele in Barcelona hatte er die Übertragungen der Basketballspiele moderiert. Team USA war mit all seinen Stars angetreten und Michael Jordan, Magic Johnson, Larry Bird, Scottie Pippen, Charles Barkley, Patt Ewing, David Robinson, Karl Malone, Clyde Drexler, Chris Mullin und John Stockton sorgten für Furore und Begeisterung beim Publikum. Ihr spektakuläres Spiel sollte ihnen im Turnierverlauf die Goldmedaille einbringen. Der Reporter Jack McCallum von der renommierten Sport Zeitschrift *Sports Illustrated* hatte das Team USA in »Dream-Team« umgetauft.[225] Lluís Canut besann sich seiner Erlebnisse als Kommentator während des olympischen Basketballturniers, als er bei einem Freundschaftsspiel kurz vor dem Start der Saison 1992/93 zwischen Barça und São Paulo den Ausdruck im Barça-Kontext verwendete. Die charakteristischen und ansehnlichen Kurzpass-Stafetten von Cruyffs Mannschaft ließen ihm entlocken, dass Barça auch ein »Dream-Team« habe. Das Kind kam so zu seinem Namen.

Den Namen heutzutage zu hören, ruft noch immer Assoziationen herbei, und dann sehe ich wieder die Direktpassfestivals von Michael Laudrup[226], Stoichkov und Co. in ihren Barça-Trikots von Kappa.[227]

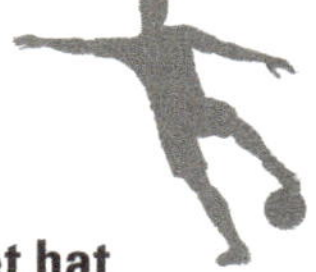

76. GRUND

Weil Núñez den Weg zum Erfolg geebnet hat

Sage und schreibe 22 Jahre stand ein und derselbe Präsident an der Spitze des FC Barcelona. Auch wenn er nicht in Katalonien geboren wurde, ist er zumindest hier aufgewachsen und hat in Barcelona den Hauptteil seiner geschäftlichen Tätigkeiten gemacht. Josep Lluís Núñez geht im Jahr 1978 als erster demokratisch gewählter Präsident in die Geschichte des Vereins ein. Seitdem wurde er regelmäßig alle vier Jahre in seinem Amt bestätigt, auch weil teilweise kein Gegner zur Wahl stand, bis er nach 22 Jahren im Jahr 2000 überraschend sein Amt niederlegte – weil er müde der ständigen

Kritiken und verschiedener Oppositionsbewegungen gegen seinen Führungsstil wurde.

Sicherlich war kein anderer Präsident so strittig und umstritten wie er und hat zugleich Beeindruckendes für den Verein geleistet. Das Barça, das er im Jahr 2000 zurücklässt, hat rein gar nichts mehr mit dem Verein zu tun, den er 1978 übernahm. Ein Verein, verloren im Mittelfeld der Liga, angehaftet mit einem Verliererimage, zwar tief verwurzelt in Katalonien, aber außerhalb des Landes nur spärlich bekannt. Zudem befindet sich Barça in einer enormen wirtschaftlichen Krise mit hohen Schulden. Núñez hinterlässt einen Verein mit großen Erfolgen in den verschiedensten Sportarten, einer hervorragenden finanziellen Situation und einem beneidenswerten Image. Als Marke »Barça« noch kaum außerhalb des Landes erschlossen, ist es dabei, die internationalen Märkte zu erobern. Dies alles ist im Endeffekt dem kleinen, aber hartnäckigen Mann zu verdanken, ausgestattet mit einer großen Ausdauer und fast schon hellseherischen Kräften.

Núñez ist ein typischer Selfmademann. Mit den Eltern aus dem Baskenland nach Barcelona emigriert, steigt er in die Baubranche ein und kämpft sich dort von ganz unten bis an die Spitze des in Barcelona ebenso beneideten als auch gehassten Unternehmens Núñez y Navarro. Zu seinem unumstrittenen unternehmerischen Erfolg strebte er nun auch nach sozialer Anerkennung – und dafür ist der Posten des Barça-Präsidenten wohl der geeignetste. Trotz oder vor allem aufgrund seiner Unbefangenheit als neuer Mann ohne vergangene Laster, bereit, ausschließlich unternehmerische Entscheidungen für den Fußballverein zu treffen, sticht er bei der Wahl 1978 seine Kontrahenten aus. Und er packt die Sache sofort mit harter und resoluter Hand an, um das größte Problem zu lösen, nämlich die finanzielle Situation. Sportlich gesehen entledigt er sich erst mal des indiskutablen Stars Johan Cruyff und seines Landsmannes auf dem Trainerposten, Rinus Michels.

Die ersten Jahre stehen ganz im Zeichen der Sanierung und der darauffolgenden guten finanziellen Situation des Vereins. Daraus resultierte ein wahrer Kaufboom von hochkarätigen Spielern wie zum Beispiel Simonsen, Schuster, Maradona, Lineker, Zubizarreta und viele mehr. Ebenso wurden diverse Bauvorhaben für die Ewigkeit initiiert, wie der Aufbau der Jugendakademie »La Masia«, die Erweiterung des Camp Nou, der Bau des Ministadions und des eigenen Museums. Nur leider blieb trotz der gewaltigen Ausgaben der sportliche Erfolg größtenteils aus. In den ersten zehn Jahren seiner Amtszeit bis 1988 saßen sage und schreibe zehn verschiedene Trainer auf der Bank. In der gleichen Zeit konnte allerdings nur eine kümmerliche Meisterschaft gefeiert werden. Die fast vollständige Entlassung der Mannschaft und des Trainers, verursacht durch die »Meuterei von Hesperia« (siehe 74. Grund), beendet quasi die ersten zehn Jahre seiner Amtszeit. Er selbst sah sich enormer Kritik von innen und außen ausgesetzt, rettete aber seinen Kopf durch einen genialen Schachzug, nämlich die Verpflichtung von Johan Cruyff als Trainer.

Núñez kaufte nahezu den gesamten nationalen Markt auf, wie zum Beispiel Bakero, Begiristain, Eusebio, Goikoetxea und einige mehr. Zusätzlich gab er Cruyff völlig freie Hand, sodass dieser seine Fußballphilosophie in sämtlichen Jugendmannschaften des Vereins entwickeln konnte. Dadurch verändert Cruyff den Verein signifikant und läutete eine neue Zeitrechnung ein. Auch wenn der Erfolg vorerst auf sich warten ließ, war dennoch eine deutliche Verbesserung zu erkennen. Die Mannschaft entfaltete einen spielfreudigen und ansehnlichen Fußball mit enormem Zug zum Tor. Erst der erneute Zukauf von Stars wie Ronald Koeman, Michael Laudrup oder Hristo Stoichkov in den folgenden Jahren ließ schließlich auch die Trophäensammlung wieder ansteigen. Die Triumphe des »Dream-Teams« sind die Krönung des sportlichen Erfolgs unter Präsident Núñez.

Wie es nun mal so kommen musste, folgte schließlich auf Zeiten großer Erfolge auch wieder eine trophäenlose Zeit und damit begann die Fehde zwischen den Alphatieren Núñez und Cruyff.

Zwischen den beiden hatte von Anfang an eher ein Zweckbündnis bestanden. Die Transferpolitik lässt die Diskrepanzen zwischen Trainer und Präsident nur weiter wachsen und die ausbleibenden Erfolge bekräftigen schließlich die Trennung, die selbstverständlich in einer Vielzahl von gegenseitigen Vorwürfen und Beschuldigungen endete. Auch wenn Núñez später durch die Verpflichtung von Trainer Louis van Gaal noch einige Titel gewinnen konnte, stieß die vom Trainer angetriebene »Hollandisierung« der Mannschaft (siehe 78. Grund) nicht auf große Gegenliebe. Zusätzlich formierten sich Oppositionsgruppen gegen den Präsidenten, die sich zwar bei den Wahlen nicht durchsetzen konnten, jedoch deutliche Spuren bei Núñez hinterließen.

All dies, zusammen mit dem betriebenen Kraftaufwand während der vergangenen 22 Jahre als oberster Mann des Vereins, verleitet Núñez, das Handtuch zu schmeißen. Zur Überraschung aller verkündet er im Mai 2000, noch vor Ablauf der Amtsperiode, seinen Rücktritt und beruft sofortige Neuwahlen ein.

Seit der ersten Begegnung zwischen Núñez und den Anhängern des FC Barcelona auf dem Plaça Sant Jaume war bereits klar, dass er niemals ein beliebter Präsident sein würde. Dennoch muss man ihm zugutehalten, dass er im richtigen Moment die Zügel an sich riss, mit einem gewissen »frischen Blut« den Verein wieder auf Vordermann gebracht und somit seinen Nachfolgern den Weg in eine noch erfolgreichere Epoche des Vereins ermöglicht hat. Anschließend zog sich Núñez still und leise aus dem öffentlichen Leben zurück.

77. GRUND

Weil »wie als Spieler, so auch als Trainer«

Johan Cruyffs Trainerkarriere bei Barça hat einige verblüffende Parallelen zu seiner Spielerkarriere. Nachdem Johan Cruyff einige recht erfolgreiche Jahre bei seinem Trainerdebüt für seinen Heimatverein Ajax Amsterdam hatte, wechselte er – ebenso wie damals als Spieler – 1988 zum FC Barcelona. Und ähnlich wie damals befand sich der Verein in einer sportlichen Krise. Zehn Jahre waren seit seinem Weggang als Spieler vergangen, während derer zehn Trainer verschlissen wurden, jedoch nur eine kümmerliche Meisterschaft gewonnen werden konnte. Zu alldem kam auch noch der kurz vorher niedergeschlagene Spieleraufstand, der mit dem Rauswurf der nahezu kompletten Mannschaft endete (siehe 74. Grund).

Von Anfang an wurde Cruyffs Trainerjob bei Barça als ein langfristiges Projekt angesehen. Sein Hauptaugenmerk bestand darin, den Spielern seine Visionen und Fußballphilosophie einzuimpfen. Er predigte das offensive Kurzpass-Spiel und modernisierte die Nachwuchsausbildung. Ebenso führte er kleine, aber gravierende Neuerungen ein. So wurde die Spielerkabine zur Tabuzone für das Präsidium und Spielertransfers lagen von nun an allein in seiner Macht.

Vor dem Hintergrund, dass solche Veränderungen logischerweise nicht über Nacht zum Erfolg führen, jedoch die Vorherrschaft des Erzfeindes aus Madrid lieber heute als morgen gebrochen werden sollte, kann man fast von Glück reden, dass Cruyff nach den ersten schwierigen Jahren noch auf der Bank saß. Diese Ausdauer sollte sich jedoch sowohl für ihn als auch für den Verein bezahlt machen. Mit Hilfe der Zugänge von Michael Laudrup, Ronald Koeman und Hristo Stoichkov gewann er 1991 die Meisterschaft und läutete damit eine goldene Ära für den FC Barcelona ein und beendete gleichzeitig die schon zu lange andauernde Hegemonie von Real Madrid. Insgesamt konnte er viermal hintereinander den Meistertitel gewinnen. Die Umstände jener Meisterschaften sind so außergewöhnlich und wundersam, dass sie einer genaueren Ausführung benötigen (siehe 97. und 98. Grund).

Die Krönung und Cruyffs endgültiger Aufstieg zur Vereinslegende war der Gewinn des Europapokals der Landesmeister 1992, der erste für den FC Barcelona in seiner Vereinsgeschichte. Im Londoner Wembley-Stadion gewinnt Barça gegen Sampdoria Genua durch einen von Ronald Koeman verwandelten Freistoßhammer in der 111. Minute der Verlängerung. Das sogenannte »Dream-Team« war geboren.

Genauso wie als Spieler gewann Cruyff auch als Trainer 5:0 gegen Real Madrid. Zwar nicht auf des Gegners Platz, sondern im heimischen Camp Nou mit einer Galavorstellung des Neueinkaufs Romário 1994. Nachdem im selben Jahr das Finale im Europapokal der Landesmeister in Athen gegen AC Milan mit 0:4 verloren wurde, bedeutete dies zugleich das Ende einer Ära. Zahlreiche namhafte Abgänge sollten durch einen Neuanfang mit jungen Spielern vorwiegend aus der eigenen Jugend kompensiert werden.

Da der Faktor »Zeit« in Barcelona sehr kurzfristig definiert wird, kam es, wie es kommen musste: Eine desaströse Saison und die von Beginn an auf rein geschäftlichen Beziehungen basierende Zusammenarbeit zwischen Cruyff und dem Präsidenten Núñez verbesserten nicht unbedingt seine Situation. Schließlich wurde Cruyffs Trainerzeit im Mai 1996 beendet. Zwei Spieltage vor Schluss kam es zum Eklat und einem heftigen verbalen Streit in der Mannschaftskabine mit dem damaligen Vizepräsidenten Joan Gaspart. Es ging das Gerücht um, dass Bobby Robson bereits als Nachfolger auf der Trainerposition verpflichtet wurde. So etwas lässt sich ein Cruyff selbstverständlich nicht gefallen. Die lautstarke Unterhaltung endete in der sofortigen Suspendierung des Trainers. Im nächsten Heimspiel wurde ihm vom Publikum mit zahlreichen Transparenten gehuldigt und er wurde für seine Erfolge lautstark gefeiert.

Johan Cruyff war kein herkömmlicher Trainer in Barcelona, sondern hinterließ ebenso wie als Spieler einen bleibenden Eindruck. Dies ging so weit, dass sich die Barcelona-Fans in zwei Lager teilten: Sympathisanten für Cruyff oder für Núñez, die sogenannten »cruyffistas y nuñistas«.

Auch heute noch, obwohl er kein offizielles Amt ausführt, wiegt sein Wort mehr, als den meisten Offiziellen lieb sein mag. Cruyff wird zum erfolgreichsten Trainer der Vereinsgeschichte, bis ihm Jahre später ein ehemaliger Schützling in dieser Statistik den Rang abläuft, nämlich Pep Guardiola.

78. GRUND

Weil ein Holländer die »Hollandisierung« beendete

Die Beziehung zwischen dem FC Barcelona und dem Fußball »Made in Holland« ist recht sonderbar: voll von Träumen, Emotionen und Verehrungen, aber ebenso reich an Dramen, Miseren und Streitigkeiten. Über Jahrzehnte hinweg hatte wohl kein anderes Land so viel Einfluss in taktischer als auch spielerischer Hinsicht auf den Verein. Bis hin zu dem Tag im Sommer 2008, als nach einer gefühlten Ewigkeit mit Frank Rijkaard der vorübergehend letzte Holländer den Verein verlassen hat.

Alles hat mit der Trainerverpflichtung von Rinus Michels im Jahr 1971 angefangen, ehe Johan Cruyff als Spieler eine kurze, aber äußerst intensive Ära prägte. Für viele Anhänger deutlich zu kurz, vor allem im Verhältnis zu dem, was er den Verein gekostet hat. Nicht nur allein die Ablöse, die damals Johan Cruyff zum teuersten Fußballer des Planeten machte, sondern vor allem auch der von eben selbigem gewünschte Kauf seines Kollegen Johan Neeskens, dem aufgrund der Ausländerquote der außerordentlich beliebte Peruaner Hugo »Cholo« Sotil zum Opfer fiel. Selbst der angehende Präsident José Luis Núñez schrieb sich auf sein Wahlmotto anno 1978 »der Holland-Clan muss beendet werden«, ehe er zehn Jahre später seinen Kopf rettete, indem er Johan Cruyff zurückholte, diesmal als Trainer.

Unter ihm kamen lediglich einige seiner Landsleute, wie Richard Witschge, sein Sohn Jordi Cruyff und natürlich Ronald Koeman zum Einsatz, der mit seinem berühmten Freistoßhammer im Landesmeisterfinale im Wembley-Stadion 1992 den glorreichsten Moment in der Vereinsgeschichte seinen Stempel aufdrückte. Die als Zweckehe geführte Beziehung zwischen Cruyff und Núñez endete dementsprechend dann auch in einer skandalträchtigen Trennung, ehe sich der Präsident 1997 in den nächsten Holländer für das Traineramt verschaute, nämlich Louis van Gaal. Unter ihm fand die »Hollandisierung« ihren vorzeitigen Höhepunkt. Insgesamt acht Spieler – Hesp, Reiziger, Frank De Boer, Ronald De Boer, Bogarde, Cocu, Kluivert, Zenden – und ein Trainerstab, bestehend aus vier weiteren Holländern, invadierten förmlich den Verein.

Das Vertrauen auf zahlreiche gestandene Profis, mit denen er bereits erfolgreich bei Ajax Amsterdam gearbeitet hatte, und die daraus resultierende Vernachlässigung der eigenen, katalanischen Talente war selbstverständlich ein hoch sensibles Thema und erntete viel Kritik von allen Seiten. Von der Presse sowieso, die mit van Gaals Art und Weise nie zurechtkam und sich permanent in die Haare kriegte. Ebenso vom »Barça-Übervater« und seinem seit jeher als Erzfeind geltenden Johan Cruyff, der glaubte, dass sich zu jener Zeit ein Ajax-Fan mehr mit dem FC Barcelona verbunden fühlte als die eigentlichen Mitglieder. Selbst der katalanische Ministerpräsident Jordi Pujol meldete sich im Januar 1999 zu Wort und beklagte sich darüber, dass »wir (die Katalanen) ein bisschen darüber enttäuscht sind, dass Spieler, die gut sind und einen Platz in unserem Herzen haben, nicht berücksichtigt werden«[228]. Er machte keinen Hehl daraus, dass er sich mehr katalanische Spieler auf dem Platz gewünscht hätte, dennoch betonte er, dass dies nicht in seinem Verantwortungsbereich läge.

Jeder, der van Gaal kennt, kann sich seine Reaktion auf diese Aussage in seiner kühnsten Fantasie selbst vorstellen. Gesagt sei nur, dass dies wahrlich nicht der Beginn einer langen Freundschaft war. Trotz allem muss man van Gaal aber auch zugutehalten, dass dank ihm einige nationale Pokale mehr in den Vitrinen des Vereins stehen. Auch hat er schließlich doch einigen Spielern zu ihren ersten Einsätzen verholfen, die später ganz groß rauskamen, unter anderem Xavi, Iniesta und Puyol.

Viel schlimmer bei der ganzen Holland-Präsenz ist ja fast, dass die Barça-Spieler oft sogar aussahen wie Holländer. Anfang der 90er-Jahre tauchte das erste orangene Zweittrikot auf. Die Barcelona-Spieler wurden sogar dazu gezwungen, bei ihrem größten Erfolg – dem bereits erwähnten Wembley-Sieg – in den Holland ähnlichen Trikots zu spielen. Glücklicherweise streiften sie sich zur Siegesfeier wieder ihr übliches blaugrana Trikot über. Auch in den darauffolgenden Jahren tauchte immer wieder eine orangefarbene Variante als Auswärtstrikot auf. Für diese Saison ist schon das Schlimmste zu befürchten!

Die Ironie des Schicksals mag wohl sein, dass ausgerechnet der Holländer Frank Rijkaard während seiner fünf Jahre auf dem Trainerstuhl sukzessive alle seine Landsleute aussortiert hat und zwar so lange, bis er bei seinem Abgang 2008 der Letzte war, ganz getreu dem Motto »Der Letzte macht die Lichter aus«. Der Fairness halber sollte man vielleicht noch Ibrahim Affellay erwähnen, der zurzeit noch auf der Gehaltsliste des FCB steht, allerdings auch nur, weil man seit Jahren keinen Abnehmer findet.

Die Holland-Ära wurde am Ende mit mehreren Brasilianern unter Ronaldinho abgelöst, ohne jedoch die Ausmaße der Holländer zu erreichen, und wer kann schon leugnen, dass Samba und Caipirinha dann doch irgendwie attraktiver erscheinen als Käse und Holzschuhe?

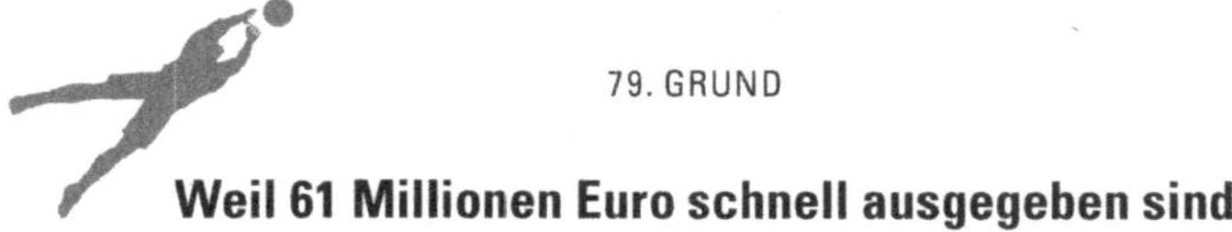

79. GRUND

Weil 61 Millionen Euro schnell ausgegeben sind

Zwischen 2000 und 2003 war Joan Gaspart Präsident vom FC Barcelona. Frisch gewählt, sah er sich im Sommer 2000 folgender grotesker Situation ausgesetzt. Luís Figo, Publikumsliebling und einer der Mannschaftskapitäne bei Barça, bat Gaspart, 30 Millionen an Real Madrid zu überweisen, damit Figo bei Barcelona bleiben könne. Figo war von Real Madrids Präsidentschaftskandidat Florentino Pérez geködert worden, um bei dessen gewonnener Wahl Real Madrid zu verstärken. Als Außenseiter ins Rennen gegangen, konnte Florentino Pérez überraschend den Sieg verbuchen, und er war gewillt, sein Wahlversprechen einzulösen und die vertragliche Ausstiegsklausel von 61 Millionen Euro für Luís Figo zu zahlen. Den Wechsel zu Madrid abzusagen, hätte für Figo die Strafzahlung in Höhe ebendieser 30 Millionen Euro zur Folge gehabt. Figo und sein Berater José Veiga hatten mit dem Feuer gespielt, als sie dieses Spiel eingingen. Figos Gesichtsausdruck von Unglaube und Unwohlsein bei dessen offizieller Vorstellung in Madrid lässt vermuten, dass seine Aktion primär darauf abzielte, einen höher dotierten Vertrag in Barcelona auszuhandeln.[229]

Zu Gasparts im Laufe seiner Präsidentschaft erworbenem Ruf als schlechter Wirtschafter (siehe Beispiele weiter unten) hätte es im Nachhinein gepasst, dieser Bitte stattzugeben. Barça fühlte sich um ihren Publikumsliebling beraubt und Gaspart, als fanatischer Fan[230] in die Rolle des Präsidenten geschlüpft, war die falsche Person, die Gemüter zu beruhigen. Gaspart unternahm fahrlässigerweise nichts, um das äußerst feindliche Ambiente, das Pfeifkonzert des Jahrhunderts,[231] bei Figos erster Rückkehr [232] ins Camp Nou zu unterbinden.

Unter Gasparts Führung gab Barça in den folgenden drei Spielzeiten 183 Millionen Euro für neue Spieler aus: für Marc Overmars 39,6 Millionen Euro, Gerard López 21,6 Millionen Euro, Emmanuel Petit 9 Millionen Euro, Alfonso Pérez 15 Millionen Euro, Javier Saviola 30 Millionen Euro, Geovanni Deiberson 20,6 Millionen Euro, Philippe Christanval 16,8 Millionen Euro, Juan Román Riquelme 12,1 Millionen Euro und Fabio Rochemback 16,8 Millionen Euro hinterließen allesamt keinen bleibenden Eindruck, geschweige denn zählbaren Erfolg in Titeln.[233]

Ihnen ist allerdings zu verdanken, dass der Blogger Victor Romero genug Munition zur Verfügung hatte, die schlechteste Elf in der Geschichte des FC Barcelona zusammenzustellen. Süffisant erzählt er von dieser besonderen Auswahl,[234] beispielsweise habe ich im Folgenden die von Fabio Rochemback übersetzt.

»Es war einmal ein Wesen von unvorstellbarer Kraft. Die Legende besagt, dass es erschaffen wurde, um die Menschheit vor außerirdischen Angriffen zu schützen. Um diese wahren Absichten zu verschleiern, gab man dieser Kreatur das Antlitz eines menschlichen Wesens. Seine Waffen versteckte man in seinen beiden Beinen. Und man entsandte ihn zur Erde als die ultimative Geheimwaffe.

Fabio Rochemback war die technische Typenbezeichnung. Am 10. Dezember 1981 in Brasilien geboren, sein Heimatort Soledade gilt als Ground Zero. Nachdem er dort seine Kindheit verbrachte, trat er 1998 der Nachwuchsförderung beim Club Internationale bei. Dort reifte seine Entscheidung in Zeiten relativer Sicherheitslage und Ermangelung absehbarer Angriffe von Aliens seinen letalen Waffen in den Beinen eine nützliche Verwendung zu geben, indem er eine Karriere als Profifußballer einschlug.

Anders als prominente Vorgänger dieses Typs Urgewalt war Rochemback mit einem Programmierfehler ausgeliefert worden, denn Fadenkreuz, Timing sowie andere Regler fehlten, sodass er als Scharfschütze nicht infrage kam.

In der Saison 2001/02, während Rochemback weiterhin die brasilianischen Fans in Schach hielt und ihre physische und psychologische Integrität aufs Spiel setzte, kam der Wechsel zum großen FC Barcelona zustande. Für den 19-jährigen ungeschliffenen Rohdiamanten wurden 14 Millionen Euro auf den Tisch geblättert. Die brasilianischen Verantwortlichen konnten zwar nicht 100-prozentig sicher sein, dass Barcelona außerhalb der Reichweite von Rochembacks Geschossen lag, aber der stolze Transfererlös erzielte noch einen Überschuss, selbst nachdem Schadensersatzansprüche abgegolten waren und zerschossenes Mobiliar ersetzt worden ist.

Die Barça-Fans staunten nicht schlecht über diesen jungen, starken Auswahlspieler von der Seleçao. Als der neue Neeskens wurde er anfangs in Barcelona gehandelt, doch schnell machten sich Zweifel breit. Rochemback verhielt sich wie ein Tier, weil er stets seinen Instinkten folgte. Jede seiner Aktionen auf dem Spielfeld war unbedacht, wenn man es positiv formulieren möchte. Er dachte nicht nach, besaß nur einen einzigen Gang und konnte nicht abwägen. Er sah nicht den Ball: Rochemback sah Rot, immer.

Mit Kanonen in den Beinen als Serienausstattung versehen, existierte für ihn keine Distanz zum Tor, ob 25, 40 oder 50 Meter davon entfernt, Rochemback überlegte es sich nicht zweimal (wahrscheinlich verzichtete er ganz auf diesen neuronalen Quatsch), sondern flackte einfach ab. Seine Mitspieler verzweifelten angesichts der gegen null konvergierenden Trefferquote. Er war der eingebaute Kurzschluss für das Tiki-Taka.

Seine Muskeln aus Stahl machten ihn zudem unkaputtbar, was man über seine Gegenspieler nicht sagen konnte, die um ihre Kreuzbänder fürchteten, wenn Rochemback Blut geleckt hatte und sie als Beute ins Visier nahm. Torhüter, Kameramänner und Reporter gingen nicht zum Spiel, sie begaben sich in feindliches Gebiet, der Torpedo konnte jederzeit einschlagen.

Balljungen und Taxifahrer gehörten zu den wenigen Nutznießern, diese Ausreißer, von Torschuss zu sprechen, wäre ungeeignet, wieder einzusammeln. Und im weit erhöhten dritten Rang vom Camp Nou war man noch nie so nah am Spielgeschehen. Van Gaal wechselte ihn einmal nach 35 Minuten aus und kommentierte: ›Ein Spieler muss wissen, warum ihn der Trainer so früh auswechselt.‹ Nach dem kurzen Intermezzo bei Barça setzte Rochemback seine Karriere bei Sporting Lissabon und Middlesbrough fort, mit denen er jeweils ins UEFA-Cup-Finale einzog und verlor.

Für seinen Einsatz bei Barça sei ihm dennoch gedankt. Einige Schönwetterfußballer könnten sich eine ganz kleine Scheibe abschneiden. Schließlich landete Rochemback wieder in Brasilien, um bei Gremio seine Karriere ausklingen zu lassen. Gegen ihn lief in seiner Heimat ein Strafverfahren wegen unerlaubter Hahnenkämpfe. Ohne Worte.«

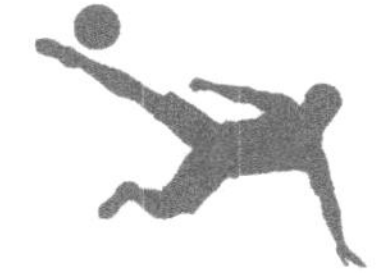

80. GRUND

Weil Barça jeder kennt

Estrella Damm wird vielen Barcelona-Urlaubern ein Begriff sein. Es ist eine der größten Brauereien in Spanien und Barcelonas Hausmarke, die den Ausschank in Bars und Restaurants dominiert. Ende des 19. Jahrhunderts von französischen Emigranten gegründet, ist es die älteste Biermarke in Spanien. Aus der Kooperation mit der Werbeagentur Villarosas sind viele preisgekrönte Werbespots[235] entstanden, welche Barcelona, Barça oder das mediterrane Leben thematisieren.

Bei einem dieser Spots sieht man in einer entfernten Einstellung einen Rucksack bepackten Touristen, welcher bei seinem Spaziergang durch die Wüstenlandschaft von einem Beduinen aufgehalten wird, der aufgeregt auf das T-Shirt des Hauptdarstellers zeigend immer wieder von sich gibt: »Fútbol Club Barcelona amigo«. Er lässt den Touristen nicht weiterziehen, ohne dass er den Beduinen in sein Zelt begleitet. Jetzt sieht man, dass auf seinem T-Shirt der Schriftzug »Estrella Damm« prangt. Im Zelt löst dann der Einheimische das Rätsel auf, indem er stolz ein Saisonposter von Barça hervorholt. Vor den Spielern steht eine riesige Werbebande mit dem Sponsor Estrella Damm. Er hatte das Logo Estrella Damm mit Barça assoziiert.[236]

In humorvoller Form wird hier der Wiedererkennungswert einer Marke deutlich. Produkte verschiedener Hersteller sind mittlerweile stark austauschbar geworden, wenn man beispielsweise auf die technischen Daten abstellt. Android-Smartphones der

Einsteiger- bis Mittelklasse sind ein gutes Beispiel dafür. Marken helfen den Unternehmen dabei, sich von der Konkurrenz abzugrenzen und in den Augen des Konsumenten eine Erlebniswelt zu schaffen. Apple muss sich nicht mehr erklären, man »weiß«, dass jegliche Produkte aus dem Hause Apple mit einfach bedienbaren, intuitiven Funktionen das Leben durch technologischen Fortschritt vereinfachen.[237]

Red Bull gibt sagenhafte 1,3 Milliarden Euro pro Jahr für Werbung aus, das ist mehr als ein Viertel des gesamten Jahresumsatzes,[238] um Red Bulls leicht zu kopierende Brause zu hohem Preis als Lifestyle-Produkt zu verkaufen.

Joan Laporta und seine »PowerPoint Generation« genannte junge Führungsriege[239] erkannten den enormen Markenwert, der bei Barça noch Anfang des neuen Jahrtausends schlummerte. Teilweise an amerikanischen Eliteunis ausgebildet, hatten sie ihre beruflichen Erfahrungen bei internationalen Weltunternehmen gesammelt. Er vermochte es, zwei auf den ersten Blick widersprüchlich anmutenden Ausprägungen in der Marke »Barça« zu verschmelzen. Traditionalisten und lokale Anhänger wurden mit einem zunehmend katalanischen Diskurs geködert. Die Rolle vom FC Barcelona und dem Camp Nou als Zufluchtsort für den Ausdruck katalanischer Identität während der Franco-Diktatur wird in der akademischen Literatur anerkannt. Doch diese identitätstiftende Funktion war seit 1979 in einem freien und demokratischen Spanien mehr und mehr verblasst. Einem Publikum ohne jegliche soziale Bindung zu Barcelona und Katalonien war dies jedoch egal, sodass gleichzeitig an der universellen Marke Barça gearbeitet wurde. Manchester United hatte es vorgemacht, wie viel Geld sich über Merchandising in Asien verdienen ließ. Laporta positionierte Barça als Synonym für Demokratie und Verteidigung von Menschenrechten – das Team der Unterdrückten und der Underdogs.

Das olympische und kosmopolitische Barcelona war das perfekte Bindeglied zwischen diesen beiden Ansätzen. Das moderne

Image von Barcelona befruchtete die Kreation von Barça als katalanischen, aber weltoffenen, auf Traditionen fußenden Verein, und die Sprache war von dem Team aus Barcelona, dem Team aus Katalonien und dem Team der ganzen Welt.

Von dieser Verstrickung profitiert nicht nur die Marke Barça, sondern auch die Marke Katalonien. Viele Leute halten Barça für das Aushängeschild von Barcelona und Katalonien. Laporta war sich dieser Dimension bewusst und propagierte 2005, dass Barça nicht nur in Katalonien mehr als ein Verein sei, sondern auch in der ganzen Welt. Man wolle weiterhin global diesen barcelonisme fördern.

Die Riege um Laporta war davon überzeugt, dass nur eine starke Marke Barça für genug Einkünfte sorgen würde, den wirtschaftlichen Platzhirschen Madrid und Manchester den Platz an der Sonne sportlich streitig machen zu können. Um sich Unterstützung für einen solchen Kurs Richtung Professionalisierung von Barça zu sichern, machte sich das Präsidium ein Stereotyp zunutze: Katalanen haben in Spanien den Ruf, sparsam zu sein und wirtschaftlich zu handeln. Darauf sind die Katalanen auch in gewisser Weise stolz.

Laportas Führung zog einen hoch dotierten Sponsorenvertrag mit Nike an Land, was wiederum die Verpflichtung des Brasilianers Ronaldinho begünstigte, denn Nike war ja Ausrüster des Teams vom Zuckerhut. Der sich einstellende sportliche Erfolg komplettierte diesen Cocktail und Fernsehgelder schnellten in die Höhe. Laporta sprach vom virtuosen Kreislauf, nach dessen Logik ein funktionierendes Team um medial wirksame Stars erweitert wird, welche Barça besser vermarkten lassen. Das Interesse an Barça-Spielen steigt weltweit an und spielt somit Fernsehgelder ein, welche den Kreislauf in Bewegung halten und in sportlichem Erfolg münden.

Nike ist seinerseits als Synonym für Sport und Wettkampfgeist positioniert. Einige Saisons später brachte die Marke die Neuerung, das Barça-Trikot mit einer katalanischen Flagge, der Senyera, zu versehen. Solche Aktionen sowie auch die für Aufsehen sorgenden Auswärtstrikots in knalligen Farben ließen Nike nicht nur als Ausrüster wahrnehmen, sondern auch de facto als Trikotsponsor. Das änderte sich aber, als Laporta der Marke und dem Unternehmen Barça eine Reinheit verordnete, die im Laufe der Zeit so hohe Maßstäbe setzen sollte, dass Barça in jüngster Zeit daran selbst scheitern sollte.

2006 verkündete Laporta medienwirksam, dass Barça auf dem Trikot das UNICEF-Logo führen werde und zudem 1,5 Millionen Dollar pro Jahr an die Einrichtung spende.[240] Das auf den ersten Blick selbstlose Bündnis offenbart meiner Meinung nach äußerst strategisches Geschick. Die Marke Barça hatte ihren Zenit erreicht, denn UNICEF überhöhte die Botschaft der jugendlich, mit Freude und Fair Play fantastisch aufspielenden Mannschaft, deren schieres Zugucken die Sorgen vergessen lässt. Ein sogenannter Lionel Messi begann damals, seine Vormachtstellung im Weltfußball aufzubauen.

Als globale Marke mit Vorbildfunktion aufgestellt, erlag Barça schließlich unter dem Präsidenten Sandro Rosell dem Lockruf des Geldes. Der Deal belief sich auf 30 Millionen Euro Einnahmen pro Jahr und verkaufte die Trikotwerbung an die meistbietende Qatar Foundation,[241] welche 2013 von Qatar Airways abgelöst wurde. Mit der Werbung auf der Brust brach man die 111 Jahre alte Tradition,[242] zum Wohle des Fußballs auf kommerzielle Trikotwerbung komplett verzichten zu wollen.

Einmal entweiht, zieht das Barça-Trikot jetzt mehr und mehr Sponsoren an, als ob es sich dabei um eine Litfaßsäule handelte. Der Chiphersteller Intel, bekannt durch seinen Werbeslogan »Intel inside«, war besonders kreativ, indem er sein Logo auf der Innenseite des Trikots platziert hat.[243] Und starke Marken befruchten sich gegenseitig, vor allen Dingen wenn sie nicht miteinander in direkter Konkurrenz stehen. Jetzt gibts sogar die Simpsons mit Barça oder halt Barça als die Simpsons.[244]

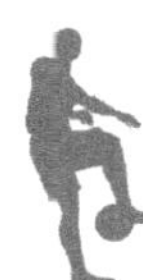

81. GRUND

Weil Vertrauen gut, Kontrolle aber besser ist

Normalerweise sollte man ja meinen, dass ein Trainer höchst interessiert daran ist, den nächsten Gegner so genau wie möglich zu beobachten. Um die neuesten Taktiktricks oder auch besondere Spielzüge sowie extravagante Ecken- oder Freistoßvarianten zu trainieren, werden insbesondere sogenannte »Geheimtrainings« absolviert. So gut es eben geht, wird die Öffentlichkeit abgeschottet und werden keine Einblicke auf das Trainingsgelände gewährleistet. Trotzdem kommt es gelegentlich vor, dass im Dickicht eine Person entdeckt wird, die mit einem Fernglas oder einem Fotoapparat ausgestattet ist. Meist handelt es sich bei dieser Person dann um einen Mitarbeiter des nächsten Gegners, allerdings ist es bei Barça auch schon vorgekommen, dass der Trainer seinen eigenen Spielern nachspioniert hat.

Pep Guardiola gilt als ein hervorragender Trainer, dem die bis heute erfolgreichste Ära der Vereinsgeschichte zu verdanken ist. Ihm wird unter anderem nachgesagt, ein absoluter Kontrollfreak zu sein. Das muss man jetzt nicht nur positiv sehen, sondern kann auch Zustände annehmen, die dann doch ein wenig fragwürdig sind.

Wo fängt das Privatleben eines Fußballprofis an und inwiefern kann jeder über seine eigene Freizeit verfügen? Um wie viel Uhr sollte man im Bett sein und ist übermäßiger Alkoholkonsum wirklich nicht leistungsfördernd? Mit wem befindet sich wer und vor allem wann in welchem Etablissement?

Genau an solchen grundlegenden Dingen war Guardiola interessiert. Um die Kontrolle über seine Mannschaft jederzeit ausüben zu können, legte er insbesondere großen Wert darauf, dass die Spieler in ihrer Freizeit keinen ausschweifenden Lebensstil führten und stets die internen Regeln des Vereins einhielten. So wurde bekannt, dass sowohl im Jahr 2008 als auch 2010 das Detektivbüro »Método 3« beauftragt wurde, einigen Spielern nachzuspionieren. Das Hauptaugenmerk des Interesses lag dabei insbesondere auf Gerard Piqué. Zu der besagten Zeit war noch nicht viel über die Romanze des Verteidigers mit der kolumbianischen Sängerin Shakira bekannt, jedoch schien Guardiola davon nicht gerade begeistert gewesen zu sein. So ließ sich Guardiola über einige gemeinsame Dates der beiden genauestens informieren. Nicht nur die besuchten Restaurants wurden somit bekannt, sondern auch so detaillierte Dinge wie die genau aufgeführten Getränke, die konsumiert wurden. In diesem Falle war es Piqué selbst, der sich förmlich von verdächtigen Personen verfolgt fühlte und seine Bedenken gegenüber dem Verein und Guardiola selbst äußerte.

Um die internen Machenschaften nicht auffliegen zu lassen, wurde pauschal die Boulevardpresse dafür verantwortlich gemacht. Da Piqué weiterhin für den Verein spielt, kann man einfach mal davon ausgehen, dass er sich nichts zuschulden hat kommen lassen und getreu den internen Regeln gehandelt hat, was man wohl nicht von einigen seiner Exkollegen behaupten konnte. So sollten auch schon zu vorherigen Momenten Ronaldinho, Deco und Samuel Eto'o intensiv beobachtet worden sein. Nicht allzu lange danach spielten sie nicht mehr für den FC Barcelona.

Das für die Detektive ausgegebene Geld konnte sich der Verein noch einige Jahre vorher sparen. Damals war eh stadtbekannt, dass ein Großteil der Mannschaft in der Disco CDLC (Carpe Diem Lounge Club) am Olympiahafen verkehrte. Die nämlich gehörte dem Mitspieler Patrick Kluivert.

82. GRUND

Weil wunderschöne Momente nicht ewig dauern können, sonst wären sie ja keine

Die Augen des Balljungen strahlen, der hohe Puls ist ihm anzusehen. Er steht neben seinen Idolen. Gerade hat Barça eine magische Europokal-Nacht im Camp Nou erlebt und Göteborg mit 3:0 besiegt. Der Matchwinner war Pichi Alonso, an seiner Seite der Teenager Josep Guardiola. Verewigt ist dieser Moment generationsübergreifender Freude auf einem Foto,[245] welches auch im Museum ausgestellt ist. Seine Liebe zum Verein wurde durch solche Erlebnisse geprägt. In frühen Jahren in Barças Internat La Masia aufgenommen, hatte Guardiola genug Zeit, das schnelle Pass- und Positionsspiel zu verinnerlichen. Dass dieses sich zunutze macht, dass der Ball schneller als jeder Spieler ist, war ein Glücksfall für den schlaksigen und schmalen Josep Guardiola.

Nachdem Cruyff ihn erstmals in der ersten Mannschaft bei einem Testspiel aufstellte, erinnerte sich der Holländer an seine Großmutter, die sei nämlich schneller als Guardiola.[246] Mit den Attributen »langsam« und »wenig körperbetont« versehen, spuckt kein Jobcenter den Vorschlag heraus, sich als Profifußballer zu verdingen. Guardiola ging aber unbeirrt seinen Weg, indem er die verbliebenen Fußball»sinne« außerordentlich gedeihen ließ. Sein Spielverständnis und seine Technik paarten sich mit der Schnelligkeit der Gedanken. Cruyff dachte diesmal nicht weiter an seine Familie und gab ihm das Zepter in die Hand. Der Inbegriff von Barças Nummer 4 als Denker und Lenker war geboren. Er spielte so, als hätte er sich das berühmte Zitat vom legendären kanadischen Eishockeyspieler Wayne Gretzky zu Herzen genommen: »Ein guter Eishockeyspieler spielt da, wo der Puck ist. Ein bedeutender Eishockeyspieler spielt da, wo der Puck sein wird.«[247]

Josep Guardiola war bei Barça zwischen 1990 und 2001 der Dirigent des Orchesters. Unter anderem gewann Guardiola als Spieler sechs Meistertitel, einen Europapokal der Pokalsieger und 1992 endlich den ersten Europapokal der Landesmeister der Clubgeschichte. Bei den anschließenden Feierlichkeiten wurde Guardiolas tiefe Verbundenheit zu Barça und Katalonien patent, als er der euphorisch feiernden Menschenmenge am Rathaus aus der Seele sprach: »Bürger von Katalonien, wir haben ihn endlich hier.«[248]

Bei seiner Verabschiedung als Spieler hofften viele culés darauf, dass er wieder zurückkehren würde, was er dann zwischen 2008 und 2012 als Cheftrainer auch tat. Damit tun sich Parallelen zu 2014 auf, denn eine Rückkehr in jeglicher Funktion zu »seinem« Barça entspräche dem Wunsch vieler culés.

Mit 14 von 19 möglichen Titeln war Guardiola unwahrscheinlich produktiv, und mit dieser Gesamtzahl führt er die Rangliste beim FC Barcelona vor Cruyff an, der elf Titel verbuchen konnte. Die oft beschworenen Werte bei Barça erlebten unter der Führung von Guardiola Hochkonjunktur. Aus einer Schar von exzellenten Fußballern ein erfolgreiches Gefüge zu bilden, welches durch Bescheidenheit, Solidarität, Großzügigkeit und Aufopferung einen Zusammenhalt erfährt, ist Guardiolas großes Verdienst. Bezüglich der Taktik entwickelte Guardiola den Gedanken vom Fußball total weiter. Er nahm die verschiedenen Essenzen auf, mit denen Rinus Michels, Johan Cruyff und Frank Rijkaard das Sinnesspektrum der Barça-Fans angereichert hatten.

Frei nach Guardiola verdanke er seine Liebe zu Barça unter anderem dem Masseur Àngel Mur. Dieser trat 1973 in die Fußstapfen seines Vaters und war bis 2006 die gute Seele der Profimannschaften verschiedener Dekaden. 1990 sagte er dem aufgeregten Guardiola einen Tag vor seinem Debüt in der ersten Mannschaft: »Hab keine Angst. Du bekommst diese Chance, weil du es kannst. Schlaf gut.« Àngel Mur beschreibt Guardiola als einen sensiblen Menschen, der eine besondere Leidenschaft zu Barça und Katalonien hegt.[249]

Viele der Geschichten in diesem Buch setzen sich zu dem Gesamtkunstwerk zusammen, das Guardiolas Pep-Team im kollektiven Barça-Bewusstsein erschaffen hat. Dem Begründer eines der besten Teams der Fußballgeschichte wird auf vielen Seiten gerecht. Dieses Buch ist durchtränkt von Guardiolas fußballerischer Essenz, weshalb im Folgenden nur noch auf den Menschen Guardiola eingegangen wird.

Von Guardiola ging anlässlich des Champions-League-Endspiels in Rom eine sympathische Geste aus. Er besann sich wichtiger Weggefährten in seiner Karriere und in Anerkennung an deren Anteil an Guardiolas Erfolg ließ er ihnen eine Eintrittskarte mit persönlicher Danksagung zukommen.[250]

Nach dem Sieg im Olympiastadion von Rom erwies er den italienischen Gastgebern eine besondere Ehre, indem er den Triumph dem großen Paolo Maldini widmete, der kurz vorher das Ende seiner Karriere bekannt gegeben hatte.[251]

Zum Anlass des herbeigesehnten Finales gegen Manchester United beauftragte er einen Freund aus einer Fernsehproduktionsanstalt damit, ein Motivationsvideo vorzubereiten. Der Freund kam dieser Bitte nach. Das Video feierte in der Kabine einige Minuten vor dem Anpfiff Premiere.

An den Blockbuster *Gladiator* mit Mel Gibson angelehnt, war darauf jeder Spieler zu sehen. Es war ein Zusammenschnitt der besten Szenen eines jeden Einzelnen. Es gab Einblicke in das Tal der Tränen, welches diejenigen Spieler durchschreiten mussten, die eine schwere Verletzung erlitten hatten und auf dieses Finale in harten Aufbautrainingseinheiten hinarbeiten mussten. Das war bei Henry, Iniesta und Milito der Fall. Epische Musik und eingeschnittene Szenen aus dem Originalfilm verkürzten die gefühlte Distanz von ohnehin nur wenigen Kilometern Luftlinie zwischen Olympiastadion und dem Kolosseum.[252]

Einige Spieler begannen zu weinen und später sollte Guardiola eingestehen, dass dieser Schuss beinahe nach hinten losgegangen wäre, weil die Spieler kurz vor Anpfiff emotional angezählt waren. Es ging zum Glück alles gut und wir erklommen den Olymp mit einem niemals gefährdeten 2:0. Guardiola stellte Iniesta auf, obwohl dieser noch nicht vollständig genesen war. Die Ärzte rieten ihm, dass er besser nicht schießen solle, weil sonst seine Verletzung wieder aufbrechen könne. Guardiola erachtete Iniesta als Schlüsselspieler und damit für unentbehrlich. Guardiola riskierte mit seiner

Entscheidung wie so oft viel und ging dann als großer, wahrer Sieger hervor.

Wenige Leute außerhalb der professionellen oder familiären Kreise werden Guardiola so gut kennen wie Miguel Ángel Violán.[253] Er analysiert den Menschen Guardiola durch seine Nicht-Fußballer-Brille und diese soziologische, psychologische und betriebswissenschaftliche Sichtweise ermöglicht eine universale Anwendbarkeit der Pep-Guardiolas-Führungskultur.[254]

Als Kommunikationsguru feilt er sonst bei Managern und Menschen des öffentlichen Lebens an dessen Außendarstellung. Passenderweise bedeutet im Deutschen der Ausdruck »Pep« mitreißender Schwung. Damit passt es perfekt zu einem der Leitmotive von Miguel Ángels Buch *Herr Guardiola: un catalanígena en el planeta Bayern*. Hätte man nur eine Eigenschaft frei, um den vielschichtigen Menschen *Pep* Guardiola zu beschreiben, so wäre es »P« wie Passion. Diese ansteckende Leidenschaft für alle Dinge, denen er sich verschreibt, schwingt auch bei vielen Zitaten von Guardiola mit, die allesamt dem Buch *Paraula de Pep*, Peps Worte, entnommen sind.

»Es gibt viele fähige Leute, die meinen Job (als Barça-Trainer) machen könnten. Ich wurde ausgesucht. Das ist das einzige Verdienst, das ich anführen kann. Das habe ich schon oft gesagt. Ich gebe nicht den Spielern das Prestige, sondern sie verleihen es mir.«

»Ich weiß, dass wir heute viele Menschen glücklich gemacht haben. Ich bin mir dessen bewusst.«

»Ich fühle mich wie ein kleiner Junge mit neuen Schuhen.«

Anlässlich des fantastischen Spiels, in dem Real Madrid im eigenen Stadion mit 2:6 von Barça entzaubert wurde, sagte er: »Ich bin sehr, sehr zufrieden. Heute ist einer der glücklichsten Tage in meinem Leben, wir sind als Barça aufgetreten, haben sehr guten Fußball gespielt und gewonnen. Aber vor allem, weil wir so viele Tore geschossen haben. Es rührt mich, so vielen Menschen eine Freude bereitet zu haben.«

Jetzt verdingt sich Guardiola als Botschafter von Barça, Barcelona und Katalonien als Trainer vom FC Bayern. In Anlehnung an ein berühmtes Lied von dem von ihm verehrten Liedermacher Lluís Llach[255]: »Wo immer der Weg nach Ítaca[256] ihn noch hinführen mag, die Bilder der gemeinsamen, wunderschönen Reise sind unvergesslich.« (Gràcies Pep)[257]

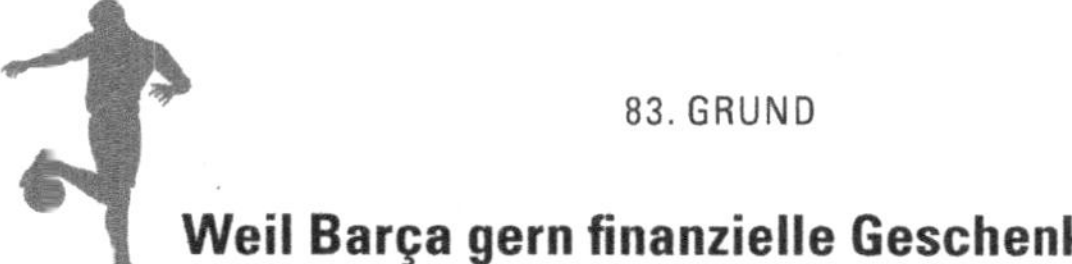

83. GRUND

Weil Barça gern finanzielle Geschenke macht

Beispiele gefällig für diese Großzügigkeit? Im Sommer 2013 wurde David Villa für 2,1 Millionen Euro, nein kein Kommafehler, an Atlético Madrid verkauft. Okay, Menschen *und* auch Fußballer werden älter und Villa hatte bei Barça als Rekordtorschütze der spanischen Nationalmannschaft auch nicht gerade ein Praktikantengehalt, aber dieser Erlös erscheint doch als ziemlich mickrig in Anbetracht der 40 Millionen Euro, die Barça 2010 an den FC Valencia überwiesen hatte.

Guardiola ist über jeden Zweifel erhaben. Er führte Barça auf den Olymp, er zeigte uns culés den Topf voller Gold, aus dem der Regenbogen entspringt, dennoch ist Guardiola Nebenschauspieler bei einer der größten Geldverbrennungen, die der Fußballzirkus miterleben durfte.

Samuel Eto'o war Guardiola ein Dorn im Auge. Er verkörperte noch das in Selbstgefälligkeit versunkene Barça um Ronaldinho und Deco. Von Letzteren konnte er sich trennen, als er zur Saison 2008/09 das Traineramt übernahm. Trotz Eto'os maßgeblichem Erfolg an Barças Team der sechs Titel wollte Guardiola 2009 Eto'o unbedingt loswerden. Guardiola meinte, es hätte mit fehlendem Feeling zu tun. Die Bilder sprechen dafür[258]. Da passte es nur zu gut, Eto'o als Tauschobjekt einzusetzen, um Zlatan Ibrahimović von

Inter Mailand loszueisen. Mit 69,5 Millionen Euro schlug dieser zu Buche, Eto'o konnte nur einen geringen Teil davon einspielen, schließlich war er unerwünscht und Zlatan der Heilsbringer, den die Fans sehen wollten.

Mit »What you see is what you get« würden die angelsächsischen Menschen das beschreiben, was sich dann in Can Barça abspielen sollte. Zlatan ist halt nicht der Typ, der zum Training mit den von Audi gestellten Limousinen fährt. Aus der Reihe zu scheren und mit dem Ferrari vorzufahren, mag bei den Groupies gut ankommen, bei Herrn Guardiola eher nicht. Ibrahimović unternahm einen Versuch, sich anzupassen, bis er sich selbst eingestehen musste, dass er nicht mehr Zlatan war, weil er sogar aufhörte, seine Mitspieler anzubrüllen.[259] An wen hat er wohl gedacht, als er meinte: »Diesen Philosophen brauchen wir hier nicht. Der Zwerg und ich reichen.«[260]

Das Missverständnis nahm seinen Lauf. Ein Jahr später wurden die 69,5 Millionen Euro in 24 Millionen Euro umgetauscht, als Ibra an Inter Mailand verkauft wurde. Fairerweise ist hinzuzufügen, dass mittlerweile Sandro Rosell seinen Erzfeind Joan Laporta als Präsidenten abgelöst hatte. Schuld sei eine verfehlte Einkaufspolitik von Laporta.

Barça kann keine Spieler verkaufen. Wäre Barça eine Person, so käme eine Therapie bei einem Psychologen infrage, aber weil Barça das Produkt aus über 115 Jahren Geschichte und über 61 Millionen Fans[261] mit ihrer jeweiligen Erwartungshaltung ist, fällt diese Möglichkeit weg. Die Komplexität ist einfach zu hoch, als dass die Ursache leicht identifiziert und angegangen werden könnte. So müssen wir damit leben, dass die Knaller und Superstars uns förmlich in der Hand explodieren. Und für eine Zeitung von gestern gibt niemand noch Geld aus.

Die emotionale Bindung von Barça-Fans zu ihren Stars ist so groß, dass kein Präsident es wagt, ein Idol der Massen auf dem Höhepunkt seiner Laufbahn zu verkaufen. Mit der maximalen Expression des Könnens eines Fußballers ist es so eine Sache. Meist lässt sich so etwas nur im Rückblick bestimmen. Und dennoch gibt es Anzeichen, dass die Leistungskurve zumindest in Bezug auf den aktuellen Club fortan nach unten zeigen wird. Übersieht man diese oder ignoriert man diese wissentlich, so nimmt das Schicksal seinen Lauf.

Bewahrheitet sich dieser Leistungsabfall erst einmal, so setzt das Getuschel ein und eine Demontage der noch vor Kurzem unantastbaren Lichtgestalt kommt in Gang. Medien sorgen dann für die nötige Reichweite der Informationen über den fallenden Stern. Das Ambiente wird zunehmend vergiftet und die Situation ist für alle Beteiligten unerträglich.

Meistens zieht diese Kampagne auch die sportliche Leistung der Mannschaft in Mitleidenschaft, was als Brandbeschleuniger dient. Die einzige Lösung ist dann der Verkauf des Fußballers. Und weil man nur so frei ist wie die Anzahl der Möglichkeiten, welche man zur Hand hat, wird der Star von einst dann verramscht, weil andere Vereine wie Geier über dem Camp Nou kreisen und einfache Beute machen wollen. Das war mit Ronaldinho so, als schon abzusehen war, dass er lieber zu Samba-Rhythmen tanzt und anderen Dingern hinterherläuft als dem Ball. Die Quittung: eine verkorkste Saison für Barça und eine Ablösesumme weit unter der erzielbar gewesenen ein Jahr zuvor.

Mit Rivaldo hätte Barça viel Geld durch einen rechtzeitigen Verkauf einnehmen können. In diesem Fall lag kein Selbstverschulden von Rivaldos Seite vor. Der millionenschwere Verkauf an Lazio Rom war schon eingefädelt und kurz vor Vollzug, als Rivaldo mit einer Galavorstellung Barça in letzter Minute zu einem Champions-League-Platz verhalf. Er erzielte alle drei Tore beim 3:2-Erfolg am letzten Spieltag der Saison 2000/01 über den FC Valencia, mit dem Barça im direkten Wettbewerb um die Qualifikation für die Champions League stand. Die Entscheidungsträger um den Präsidenten Joan Gaspart ruderten zurück und Rivaldo blieb die nächste Saison, ohne die entsprechende sportliche Rendite abzuwerfen. Derweil gab Lazio Rom das vorhandene Geld für Gaizka Mendieta aus, 48 Millionen Euro wurden in die Kassen vom FC Valencia gespült. Barça entgingen somit viele Millionen, denn im folgenden Sommer ging Rivaldo ablösefrei zu AC Mailand.

Und es wird uns wieder passieren. Oder würde sich der verehrte Leser in die Rolle des Präsidenten geschlüpft etwa trauen, einen gewissen Lionel Messi zu verkaufen?

84. GRUND

Weil Tito Vilanova ein Vorbild ist und für 100 Punkte steht

Mit der Rekordausbeute von 100 von 114 möglichen Punkten gewann Barça in der Saison 2012/13 die Liga. Als Guardiola 2012 seinen Vertrag nicht verlängerte und eine Auszeit nahm, wurde Tito Vilanova als sein Nachfolger auserkoren. Es war eine logische Entscheidung, die auf Kontinuität abzielte. Neben dem »magnetischen«[262] Guardiola, von dem eine besondere Aura ausging, wirkte Tito nüchtern und unauffällig. Als Assistent von Guardiola hatte er die unwirklichen Erfolge von Barças Jahrhundertmannschaft mit seiner akribischen Art, seiner Liebe zum Beruf und seinem taktischen Verständnis mitbegründet. Er galt als Mastermind.[263] Er kannte die Spieler und den Club wie kein anderer, was ihn dazu verleitete, bei seiner ersten Pressekonferenz nach seiner Ernennung selbstbewusst zu verkünden, dass er genauso geeignet für den Posten sei wie jeder andere Trainer auch, der von außen käme, unabhängig von den Erfolgen, die dieser vorweisen könne. Er schien genesen zu sein, nachdem Ende 2011 der Befund auf Ohrspeicheldrüsenkrebs bei Mannschaft und Anhängerschaft für Besorgnis sorgte und Tito Vilanova eine Zwangspause zwecks chirurgischen Eingriffs verordnete. Er hatte den Ruf, ein disziplinierter Kämpfer zu sein, und deswegen passte es nur gut ins Bild, dass er sich drei Wochen später wieder zum Dienst meldete.

Als Guardiola den Verein verließ, hatte Barça die Vormachtstellung in Spanien an Mourinhos Real Madrid abgeben müssen. Mit 100 Punkten stellten die Königlichen einen Rekord auf, den viele für die Ewigkeit sahen und der dank Titos Barça trotzdem nur eine Saison lang Bestand haben sollte.

Ich gehörte zu denen im Barça-Umfeld, die Tito nicht als die beste Besetzung ansahen; Mourinhos Madrid schien jetzt auf den Erfolg abonniert zu sein. Ein unauffälliger und als Chefcoach unerfahrener Arbeiter versprach nicht unbedingt, dem Special One[264] und seiner Rekordtruppe Paroli zu bieten. Doch alle Entscheidungsträger und Meinungsmacher im Club trauten Tito dieses Kunststück zu. Er hatte sich dieses Vertrauen von Spielern und Präsidium hart erarbeitet. Aus dem Ort Bellcaire (Girona) an der Costa Brava stammend, trat er in den 80er-Jahren dem Barça-Internat La Masia bei.

Für die erste Mannschaft bei Barça reichte es nicht, doch zwischen 1992 und 1995 war der Mittelfeldstratege als Profifußballer bei Celta de Vigo in der ersten spanischen Liga tätig. Aus seiner Zeit in der Masia erwuchs eine Freundschaft zu Guardiola und Roura. Dieses Verhältnis war die Grundlage dafür, dass Guardiola Tito in seinen Trainerstab berief und zu seiner Nummer zwei machte.

Tito hatte sich seit 2001/2002 einen guten Ruf als Jugendtrainer bei Barça erarbeitet. Lionel Messi, Gerard Piqué und Cesc Fàbregas waren unter anderem unter seinen Fittichen. Mit Tito auf der Kommando-Brücke legte Barça ein unglaubliches Tempo vor. Eine einmalige Siegesserie führte zu einer Ausbeute von 57 von 59 Punkten in der Hinrunde und legte somit das Fundament für die Liga der 100 Punkte, mit der Barça den Rekord von Madrid egalisieren würde.

Als also alle Vorzeichen darauf hindeuteten, dass Barça weiterhin das Nonplusultra im Weltfußball sein sollte, schlug das Schicksal wieder zu. Bei Tito wurde erneut ein Tumor diagnostiziert, worauf er die Verantwortung über die Mannschaft in die Hände seines Assistenten und Freundes Jordi Roura legte. Tito unterwarf sich Ende 2012 einer Behandlung in New York. Als er im März 2013 wieder zur Mannschaft zurückkehrte, schien das Schicksal erneut abgewendet. Tito lebte ein Leben für Barça, doch sein Traum, als Barça-Trainer weitere Kapitel der hundertjährigen Erfolgsgeschichte zu schreiben, erfüllte sich nur für kurze Zeit.

Mitten in der Vorbereitung zur neuen Saison verkündete er im Juli 2013 seinen definitiven Rücktritt, weil die Krankheit seine volle Aufmerksamkeit benötigte. Sie war wieder zurückgekommen oder eben nie richtig gegangen. Es beschreibt seinen Charakter als verantwortungsvollen und gemeinschaftlich denkenden Menschen nur zu gut, dass er sich zuerst um seine Familie und Barça sorgte, als er von diesem schrecklichen Rückschlag erfuhr. Er wolle der Krankheit mit »Seny, pit i collons« begegnen, das heißt so viel wie »Verstand, breiter Brust und Eiern«, was in Spanien für Mut steht. Es wurde zum Leitmotiv für andere und offenbarte seine Kämpfernatur.

Tito verschwand im Hintergrund und den sportlichen Themen wurde wieder die gesamte Aufmerksamkeit zuteil. Wäre es mal dabei geblieben, denn das letzte, traurige Kapitel folgte im April 2014. Die Nachricht, dass Tito sich in Barcelona im Krankenhaus befinde und sein Zustand kritisch sei, verbreitete sich wie ein Lauffeuer in den sozialen Medien. Es sollte ein tragischer Vorbote für den unmittelbaren Tod von Tito Vilanova sein.

Der Verein reagierte vorbildlich und mit viel Fingerspitzengefühl. Die Zeremonien und die Anteilnahme wurden der Größe des Menschen Tito Vilanova gerecht. In den Installationen des Camp Nou wurde ein Traueraltar hergerichtet. Insgesamt 53.000 Menschen kamen innerhalb von zwei Tagen zu dem Schrein,[265] eine bemerkenswerte Zahl, denn an jenem Wochenende fand kein Heimspiel der Fußballmannschaft statt. Spieler aller Sparten und Mannschaften waren auch da, um Tito eine vorletzte Ehre zu erweisen, denn eine Gedenkfeier vom Ausmaß eines Staatsbegräbnisses sollte noch folgen. Jordi Roura sagte über seinen Freund bei den Feierlichkeiten in der Kathedrale von Barcelona, dass angesichts der Grenzen übergreifenden und umwerfenden Anteilnahme Tito nicht so ein normaler Mensch sein könne, wie er sich gern selbst gesehen hätte.

Auch Eric Abidal war extra angereist, um nahe bei der Familie von Tito und der Barça-Familie zu sein. Er war Titos Weggefährte beim Kampf gegen diese Krankheit, denn Abidal hatte selbst einen Leberkrebs überstanden, als er unter Guardiola und Tito bei Barça spielte. Tito ließ sich nie einvernehmen, er war stets ein Vereinsmensch geblieben, dem das Wohl der Seinigen am wichtigsten war.

In einem tief gespaltenen Verein wie Barça, wo inkompatible Weltanschauungen und Egos der Alphatiere in leitender Funktion bei den Fans zu der Ausprägung von sich ausschließenden *ismes*[266] führen, war Tito ein Vorbild in vielerlei Hinsicht. (So spaltet sich der Club beispielsweise in regelmäßigen Abständen in die Cuyffistsas versus Nuñistas,[267] Laportistas versus Rosellistas.) Hoffentlich wird Barça seinem Wunsch gerecht, dass alle an einem Strang ziehen, sich einzig und allein dem barcelon*isme* verschreiben.

Wenige Tage vor seinem Tod erwies er Barça noch einen großen Dienst. Barça war gerade erst im Viertelfinale der Champions League ausgeschieden und auch Messi war in die Kritik geraten. Er spielte mit dem Gedanken, Barça zu verlassen. Tito konnte ihn davon in einer privaten Unterhaltung abbringen. Messi würde sich nirgendwo so wohl fühlen wie beim FC Barcelona. Bevor das letzte traurige Kapitel mit Titos Ableben folgen sollte, spielte Messi nach diesem Treffen befreit auf und erntete warmen Applaus vom Publikum des Camp Nou.[268] Vilanovas Vermächtnis ist es, dass harte und ehrliche Arbeit Vertrauen generiert und Erfolg mit sich bringt.

Mit nur 45 Jahren viel zu früh aus dem Leben gerissen, hinterlässt Tito Vilanova seine Ehefrau, einen Sohn und eine Tochter. Als unauffälliger und introvertierter Mensch hat er es geschafft, in dem schnelllebigen Fußballgeschäft, welches von Titeln und Stars lebt, zur Legende zu werden. Seine Art und Weise, wie er sich den Herausforderungen des Lebens gestellt und seine Mitmenschen behandelt hat, lässt ihn für viele Menschen als Vorbild weiterleben.[269] Friede sei mit dir, Tito.[270]

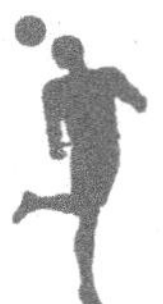

85. GRUND

Weil dem Präsidenten sein Meisterstück zum Verhängnis wurde

Im Sommer 2013 wurde nach langjähriger Vorbereitung die Verpflichtung des brasilianischen Superstars Neymar vom FC Santos zum FC Barcelona verkündet. Zunächst ließ sich der Präsident des FC Barcelona Sandro Rosell für diesen Deal feiern wie sonst nur die Mannschaft nach dem Gewinn der Champions League, ehe er im Januar 2014 aufgrund von verdeckten Transferzahlungen bei ebendiesem Wechsel sein Amt niederlegte.

Jedes Jahr das gleiche Spielchen. Während der spielfreien Zeit in den Sommermonaten buhlen die zwei Riesen der spanischen Liga, der FC Barcelona und Real Madrid, um die Gunst der besten Spieler. Vor allem medial erreichen diese »Hahnenkämpfe« eine Intensität, in der sämtliche Informationen oder Spekulationen bis ins kleinste Detail seziert und analysiert werden. Schließlich müssen ja die vier täglich erscheinenden Sportzeitungen trotz Aussetzung des Spielbetriebs ihr Publikum bei Laune halten.

In dem besagten Zeitraum ging es, wie gesagt, um den Wechsel von Neymar zum vermeintlichen Schnäppchenpreis von lediglich 57 Millionen Euro. Gleichzeitig erreichten die Transferbemühungen von Real Madrid um Gareth Bale von Tottenham Hotspurs die 100-Millionen-Grenze. Selbstverständlich scharf kritisiert seitens einiger Offizieller des FC Barcelona, ob solche Summen in der derzeitigen wirtschaftlichen Lage des Landes angemessen seien.

Dass der Neymar-Transfer zu Barça überhaupt zustande kam, war vor allem Sandro Rosell zu verdanken. Seit seiner Tätigkeit als Marketingmanager für einen großen Sportartikelhersteller in Brasilien in den 90er-Jahren ist er bestens mit den großen Herrschaften der brasilianischen Fußballbranche verbandelt. So konnte er 2011 gerade noch den sich anbahnenden Transfer zwischen Real Madrid und dem aufstrebendem Star verhindern, wo er bereits den Medizincheck absolvierte und die ersten Vorkehrungen für den späteren Kauf einleitete.

Voller Stolz sprach Rosell in Bezug auf den Vertrag anfangs noch von »finanzieller Ingenieurstechnik«[271], während er sich später auf die vorhandenen Vertraulichkeitsklauseln berief. Offiziellen Angaben zufolge verteilte sich die Gesamttransfersumme von 57 Millionen Euro auf eine Zahlung von lediglich 17 Millionen an den FC Santos, während 40 Millionen an die Firma N&N bezahlt wurden. Diese Firma gehört jeweils zu 50 Prozent den Eltern des Fußballers, wurde lediglich einen Monat vor der Vertragsvereinbarung gegründet und sitzt in einer Nachbarstadt von Santos, in einer besseren Lagerhalle ohne Klingel und Briefkasten.

Jordi Cases, ein Apotheker aus Olesa, im Hinterland von Barcelona gelegen und Vereinsmitglied des FC Barcelona, brachte schließlich den Stein durch eine einfache Anfrage ins Rollen. Da er den veröffentlichten Transferzahlungen nicht traute, wollte er lediglich wissen, was die Verpflichtung des brasilianischen Superstars wirklich gekostet hatte. So schickte er ein Fax mit der Bitte um eine präzise Auskunft an die Geschäftsstelle des Vereins. Er hätte sich wohl mit jeglicher Antwort zufrieden gegeben, wenn er denn nur irgendeine bekommen hätte. So aber reichte er beim Nationalen Obergericht in Madrid Strafanzeige gegen Sandro Rosell ein. Nach Überprüfung der Dokumente durch die Staatsanwaltschaft und das Gericht mündete das Verfahren in einer Anklageerhebung wegen des Verdachts auf Unterschlagung und schließlich in der Erkenntnis, dass Neymar weit über 90 Millionen Euro gekostet hat.

Durch immer zahlreichere Details, die die Presse ausgrub, gelangte ein Vertragswerks ans Tageslicht, das an die Baukomplexität der ägyptischen Pyramiden erinnerte. Insgesamt beinhaltete der Kauf des Spielers sieben unterschiedliche Verträge mit Vereinbarungen und Verpflichtungen verschiedenster Arten und Kategorien. Abgesehen von den zwei bereits genannten Geldflüssen kamen noch folgende Ausgaben hinzu:

- 7,9 Millionen für die Kaufoption auf drei Nachwuchsspieler des FC Santos
- 2 Millionen für die Beobachtung der drei Talente
- 9 Millionen für zwei Freundschaftsspiele zwischen dem FC Barcelona und dem FC Santos
- 4 Millionen für die Vermittlung von Werbeverträgen mit brasilianischen Firmen
- 2,5 Millionen für soziale Zwecke an die Stiftung von Neymar
- 2,6 Millionen als Kommission für die Vertragsunterzeichnung an den Agenten (= Vater)
- 10 Millionen als Handgeld für den Spieler

Macht letztendlich schlappe 95 Millionen Euro. Ein bisschen zweifelhaft, ob man dabei noch von einem Schnäppchen sprechen kann!

Irgendwann war dann auch die Position des Präsidenten nicht mehr haltbar. So legte Rosell im Januar 2014 nach vier Jahren an der Spitze des Vereins sein Amt nieder. Merkwürdigerweise führte er persönliche Gründe für seinen Rücktritt an. Seine Familie und er selbst hätten Drohungen erhalten, zudem wolle er Schaden vom Verein abwenden. Ohne die Chance zu nutzen, Fehler einzugestehen oder Erklärungen abzugeben, beharrte er stur auf seinem Standpunkt, dass die Verpflichtung korrekt abgelaufen sei und lediglich für Neid bei der Konkurrenz gesorgt habe. Die Nachfolge als Präsident – bis zur nächsten Wahl 2016 – übernimmt der bisherige Vizepräsident und Rosell-Intimfreund Josep Maria Bartomeu, dessen Unterschrift übrigens auch auf einigen der vielen Neymar-Verträge prangt. Sich seiner bösen Geister zu entledigen, sieht irgendwie anders aus!

8. KAPITEL

RIVALITÄT

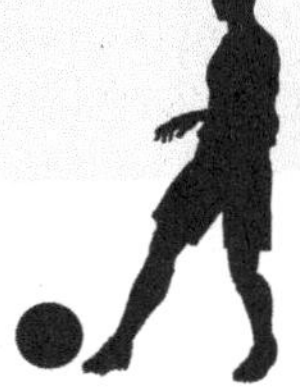

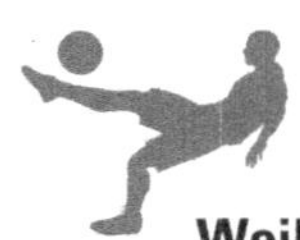

86. GRUND

Weil »El Clásico« mehr als nur ein Fußballspiel ist

»El Clásico« ist das Aufeinandertreffen zwischen dem FC Barcelona und Real Madrid. Bei diesen Duellen halten alle Fußballfans den Atem an, sämtliche andere Ereignisse geraten in den Hintergrund. Die Zeitungen berichten schon Tage vorher minutiös über die angeblich spielentscheidenden Details, und seit keine Spiele zwischen den zwei Schwergewichten mehr im öffentlichen Fernsehen übertragen werden, platzen sämtliche Bars und Kneipen aus allen Nähten. Seit jeher prägen geografische, soziopolitische, kulturelle und historische Gegensätze die Rivalität zwischen den beiden Städten und Regionen, was sich in der Folge auch auf den Sport im Allgemeinen und den Fußball im Konkreten auswirkte.

Vor allem während der Franco-Diktatur wurde diese Konfrontation verstärkt, als besonders in Katalonien der FC Barcelona zu einem Symbol des Widerstandes gegen die Zentralregierung und der Verteidigung der katalanischen Kultur wurde. Zeitgleich wurde Real Madrid, Club aus der verhassten Hauptstadt und sportlich zumeist größter Rivale um die Titel, die Rolle des Repräsentanten des zentralistischen Spaniens unter Franco zugeschoben.

Obwohl das erste Aufeinandertreffen aus dem Jahre 1902 datiert, gilt als die Geburtsstunde des »Clásico« eher ein denkwürdiges und zugleich beschämendes Duell beider Vereine. Damals, als die Obrigkeit des Staates bestrebt war, durch den Fußball Katalonien zu demütigen … Und wie sie büßten, an diesem 13. Juni 1943!

Die Taten und Entscheidungen des Schiedsrichters und des Staates erreichen an diesem Tag im Chamartín Stadium in Madrid ihren unglaublichen Höhepunkt. Es ist das Rückspiel im Halbfinale des nationalen Pokalwettbewerbs zwischen Real Madrid und dem FC Barcelona. Barça hatte das Hinspiel im heimischen Les-Corts-Stadion mit 3:0 gewonnen. Vor allem das überharte

Einsteigen einiger Madrid-Akteure lässt das Publikum zu Pfiffen und Schmähungen hinreißen. Die Madrider Presse sieht darin eine Beleidigung auf die Repräsentanten des Staates und behauptet, dass sich die Zuschauer gegenüber der Nation respektlos verhalten hätten, und heizt damit die Stimmung vor dem Rückspiel zusätzlich an. Auf Druck von Real Madrid und zusätzlich von offizieller Seite gefordert, wurde der FC Barcelona sogar zu einer Geldbuße verurteilt.

Die Feindseligkeit vor dem Rückspiel ist schon weit vor dem Spiel spürbar. Die Spieler des FC Barcelona, die bereits zwei Tage vor dem Spiel anreisen, müssen sich förmlich im Hotel verbarrikadieren, um nicht den Wurfgeschossen der aufgehetzten Anhängerschaft von Madrid ausgesetzt zu werden. Im Stadion angekommen, ist das Spiel schon vor Anpfiff verloren.

Alles fängt in der Gästekabine an, als der Chef der Staatssicherheit mit einer Pistole im Gürtel die Mannschaft aus Barcelona daran erinnert, dass sie nur aufgrund der Großzügigkeit des Staates überhaupt spielen dürften, da sie ihnen den Mangel an Patriotismus im Hinspiel verziehen haben. Anwesend ist auch der Sportminister, General Moscardó, der ihnen eine mehr oder weniger passive Spielweise ans Herz legt. Selbst der vermeintlich unparteiische Schiedsrichter Celestino Rodríguez ist anwesend. Als wäre das alles nicht schon genug, verteilt Real Madrid zusätzlich Trillerpfeifen an sämtliche Zuschauer, die dann auch permanent in Benutzung sind. Auf den Torhüter Luis Miró prasseln permanent Gegenstände ein, darunter auch Steine, sodass er gezwungenermaßen weit vor seinem Tor stehen muss.

Eine aufgeheizte Stimmung mit gellendem Pfeifkonzert, Wurfgeschossen und der Passivität des Schiedsrichters ist nicht alles. Direkt neben der Gästebank ist ein Polizist positioniert, der bei jedem Tor für Madrid die Offiziellen und Ersatzspieler aufs Übelste beschimpft. Nur das Eingreifen des Barça-Präsidenten, der übrigens zu dieser Zeit vom franquistischen System ernannt wurde, konnte eine handfeste Eskalation zwischen dem Barça-Masseur und dem erwähnten Polizisten verhindern, und das alles, während das Spiel läuft.

Daher ist es auch nicht verwunderlich, dass die Bälle im Gästetor nur so zappeln. Innerhalb von einer Viertelstunde erzielen die Madrilenen sieben Tore und der Halbzeitstand lautet 8:0. Es ist wohl kaum nötig, zu erwähnen, dass Barça zudem nach einer halben Stunde mit einem Mann weniger auf dem Platz steht. Des Weiteren werden nahezu sämtliche Angriffsversuche der Katalanen aufgrund vermeintlicher Abseitspositionen abgepfiffen. Während der Halbzeitpause betritt ein Oberst die Gästekabine und droht den Barça-Spielern mit Gefängnis, sollten sie nicht auf den Platz zurückkehren.

In der zweiten Halbzeit fallen weitere drei Tore für Madrid, während der FC Barcelona nur zu einem Ehrentreffer kurz vor Schluss durch Mariano Martin kommt. Dies ist die wahre Geschichte eines abscheulichen Sieges, den die Sympathisanten von Real Madrid immer wieder ausgraben, wenn sie von epischen Aufholjagden reden. Jedoch wissen sie oder sollten sie zumindest wissen, dass dieses 11:1 einer der größten Schandflecke der Fußballgeschichte ist. Selbst der vom System inthronisierte Barça-Präsident, Enrique Piñeyro de Queralt, ist so entsetzt von den Vorkommnissen, dass er unwiderruflich sein Amt niederlegt. Ihm folgt Josep Vendrell – selbstverständlich ebenso vom Staat ernannt – ein Oberst, der an der Seite von Diktator Franco im spanischen Bürgerkrieg kämpfte.

Während vor diesem Spiel die Duelle mit dem Stadtnachbarn Espanyol Barcelona die größte Aufmerksamkeit erlangten, ist diese Demütigung der Startschuss für eine der größten Rivalitäten in der Geschichte des Fußballs. Für viele ist es der eigentliche Beginn des »El Clásico«.

87. GRUND

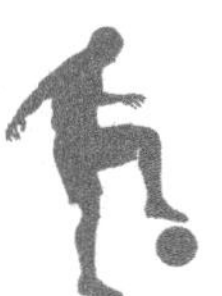

Weil Sagen eine Legende brauchen

Wenn man die Rivalität von Barça und Madrid anhand konkreter Ereignisse beschreiben will, dann kommt man nicht daran vorbei, das Transfergezerre um den großen Alfredo Di Stéfano zu beleuchten. Und weil das Ganze schon über 60 Jahre her ist und damit aus einer Zeit vor Allzeitüberwachung und Informationsflut stammt und sich im Spannungsfeld Madrid–Barcelona abspielte, ist eine objektive Aufarbeitung nur schwer möglich. Je nachdem, welche Quelle man bemüht, war Madrid einfach nur geschickter und glücklicher bei der Abwicklung des Transfers[272] oder Nutznießer und Manipulator einer konzertierten Aktion[273] vom Franco-Regime, dem FC Barcelona diesen Spieler auszuspannen.[274]

Die Rechte an dem seit 1949 für den kolumbianischen Verein Los Millonarios spielenden Di Stéfano sollten laut FIFA-Schiedsspruch ab 1952 wieder River Plate gehören, weil die Kolumbianer keine Ablöse an die Mannschaft aus Buenos Aires überwiesen hatten. Diese merkwürdige Konstellation sollte sich für Barça als Stolperstein herausstellen. Barça erzielte mit River Plate eine Übereinkunft über Di Stéfanos Wechsel nach Barcelona. Vier Millionen Peseten gingen auf dem Konto der Südamerikaner ein und Di Stéfano reiste 1953 nach Spanien. Als er in Barcelona sein Training aufnahm, läuteten in Madrid alle Alarmglocken. Dass Di Stéfano mit dem Ausnahmespieler Kubala ein unschlagbares Gespann bilden könne, ließ vermuten, dass der FC Barcelona seine Vormachtstellung, ausgedrückt durch das Barça der fünf Pokale, ausbauen würde.

Real Madrid spielte geschickt seine Karten aus, indem es dem Verein aus Bogotá eine Ablösesumme zusicherte. Dies hatte der FC Barcelona versäumt. Außerdem übte Madrid Druck auf den spanischen Fußballverband aus. Dieser behielt den Spielerpass für Di Stéfano ein, sodass er kein offizielles Spiel für den FC Barcelona bestreiten konnte. Drei Monate lang zog sich das hin, dann verkündete der spanische Sportverband das salomonische Urteil, dass Alfredo abwechselnd zwei Spielzeiten für Madrid und Barcelona spielen sollte.

Die ersten zwei Saisons sollte Di Stéfano für Madrid auflaufen. Der Konflikt um seine Person hatte ihm zugesetzt und ihn lustlos im Training erscheinen lassen. Außerdem wurde dem Präsidenten von Barcelona Enric Martí Carreto aus Regimekreisen zu verstehen gegeben, dass er doch einlenken solle, damit sein Textilunternehmen keine Schwierigkeiten bekomme. Der FC Barcelona warf das Handtuch und verzichtete auf die verbleibenden Rechte an Di Stéfano.[275] Barcelona strich zwar eine Ablösesumme von Madrid ein, doch mit jedem gewonnenen Europapokal der Landesmeister der Königlichen – fünfmal sollte das Team um Di Stéfano insgesamt Sieger sein – wurde sich Barcelona über das historische Ausmaß der Niederlage am grünen Tisch klar (siehe 104. Grund). Mittlerweile sind beide Legenden, Kubala und Di Stéfano, verstorben. Sie verband eine innige Freundschaft trotz der großen Rivalität.[276]

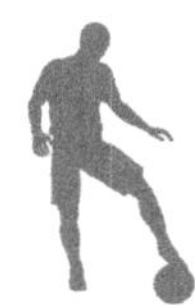

88. GRUND

Weil sich Fans deutlich von Spielern unterscheiden

Eigentlich ist es eine Todsünde. Das geht gar nicht, absolut überhaupt nicht! Und trotzdem haben es bis heute insgesamt 28 Spieler gewagt, die Trikots der beiden Erzfeinde im spanischen Fußball überzustreifen. Dem nicht genug, setzt der stets für Ärger und Konfrontation berühmte Bernd Schuster sogar noch einen drauf.

Der FC Barcelona und Real Madrid sind wie Wasser und Öl, wie Himmel und Hölle, wie Gut und Böse. Sie sind die Erzrivalen schlechthin in der spanischen Liga. Ihre innige Abneigung hat eine lange Geschichte und wird sowohl von den Medien als auch von den Fans hochgehalten und gelebt. Dies geht so weit, dass wenn ein Spieler bei einem der Vereine einen Vertrag unterschreibt, er sich zugleich verpflichtet, den Werten des Vereins entsprechend zu agieren und zu handeln. Und einmal das blaugrana Trikot übergestreift, kann man sich nicht vorstellen, irgendwann auch mal das weiße Leibchen der Madrilenen zu tragen. Wie gesagt, das ist die Theorie. Leider beweist die Praxis, dass es doch irgendwie geht, allerdings mit recht unterschiedlichen Reaktionen und Konsequenzen. Insgesamt sind in der Geschichte bereits 28 Spieler für beide Mannschaften aufgelaufen, darunter Luis Enrique, Bernd Schuster, Ronaldo, Luís Figo, Michael Laudrup und Javier Saviola.

Obwohl bereits in frühen Jahren diverse Spieler zwischen den zwei großen Vereinen gewechselt haben, fingen erst gegen Ende der 80er-Jahre der große Austausch und auch die großen Streitereien an. Wen wundert es, dass ausgerechnet der nicht gerade für seinen einfachen Charakter bekannte Deutsche Bernd Schuster den Stein ins Rollen brachte? Nach acht Jahren bei Barça wechselte er nach diversen Streitigkeiten mit dem Präsidenten und der sogenannten »Hesperia-Revolte« (siehe 74. Grund) zum großen Erstaunen der Fans im Jahr 1988 zu Real Madrid. Nach zwei Jahren zog es ihn dann weiter zum Stadtrivalen Atlético Madrid, was mindestens genauso schlimm ist. Er ist somit der einzige Spieler, der unmittelbar zwischen den drei großen Vereinen gewechselt hat, und lediglich ein weiterer Spieler hat ebenso die Farben der drei Giganten des spanischen Fußballs getragen.

Luis Enrique wiederum wechselte 1996 von Madrid nach Barcelona. Nach insgesamt fünf Jahren als Stammspieler bei den Hauptstädtern hatte der Verein keine Verwendung mehr für ihn, und so wechselte er zum FC Barcelona, wo er von Anfang an seine Liebe für das neue Trikot zur Schau stellte. Im Laufe der Jahre etablierte er sich zu einer der Stützen und avancierte zudem zum Mannschaftskapitän. Auch nach seiner aktiven Karriere blieb er Barça treu, und ab dieser Saison wurde er sogar als Trainer der Profimannschaft verpflichtet.

Zweifelsohne war der Wechsel von Luís Figo nach Madrid der wohl spektakulärste. Während seiner Zeit bei Barça avancierte er zum absoluten Leistungsträger und Publikumsliebling schlechthin. Obwohl er stets seinen Verbleib beteuerte, wechselte er im Jahr2000 völlig überraschend nach Madrid. Die Wut und der Zorn des Barça-Anhangs fand seinen Höhepunkt, als er bei seiner Rückkehr ins Camp Nou mit einem Schweinekopf beworfen wurde.

Auch zwei Stürmer von Weltklasseformat liefen für beide Teams auf: der Brasilianer Ronaldo und der Kameruner Samuel Eto'o. In beiden Fällen hielten sich jedoch die Aufregung der Fans und die Aufmerksamkeit der Medien in Grenzen, vor allem dadurch bedingt, dass beide nicht den direkten Wechsel zwischen den beiden Ligakontrahenten vollzogen, sondern dazwischen für andere Vereine spielten.

Für einen Fan ist es unvorstellbar, sich das Trikot des Rivalen überzustreifen. Anscheinend gilt dies nicht für Spieler.

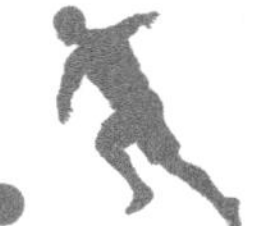

89. GRUND

Weil uns der »Schlächter von Bilbao« zu verdanken ist

Jedes Jahr im September findet »La Mercè« statt, das Stadtfest von Barcelona zu Ehren der Schutzpatronin der Stadt, der heiligen Mercè. Während der Feierlichkeiten ist die gesamte Stadt – ob ganz jung oder sehr alt – auf den Beinen. Feuer speiende Drachen und tanzende Teufel erfüllen die engen Gassen der Altstadt. Menschentürme, sogenannte »Castells«, erreichen eine Höhe von bis zu zehn Metern. Riesige Figuren von Adeligen und Heiligen tanzen durch die Straßen. Unzählige Veranstaltungen, von Konzerten bis zu volkstümlichen Sitten und Bräuchen, versetzen Barcelona in die schönsten und magischsten Momente des Jahres. Die »Mercè« im September 1983 war jedoch einer der schwärzesten und sprichwörtlich schmerzlichsten in der Geschichte des Vereins. Schuld daran war der »Schlächter von Bilbao«.

Am besagten Tag, dem 24. September 1983, findet das Ligaspiel zwischen dem aktuellen Meister, Athletic Bilbao, und dem aktuellen Pokalsieger Barça statt. Es ist nicht einfach nur ein normales Fußballspiel, sondern sorgt auch in anderen Bereichen für ordentlich Zündstoff. Beide Vereine repräsentieren eine Fußballphilosophie, die unterschiedlicher nicht sein könnte. Auf der einen Seite der von César Luis Menotti zelebrierte Genussfußball, dessen Hauptaugenmerk auf Kreativität und Offensive beruht, auf der anderen Seite der auf Zerstörung angelegte harte Arbeiterfußball von Javier Clemente. Zusätzlich geht es um die neue Vormachtstellung im spanischen Fußball. In den letzten Jahren haben Basken und Katalanen die Dominanz aus Madrid unterbrochen. Dass dies mit der Beendigung der Franco-Diktatur einhergeht, kann nicht nur Zufall sein.

Es steht bereits 2:0 für die Gastgeber, als die 120.000 Zuschauer im prall gefüllten Camp Nou »Schuster, Schuster« skandieren, nachdem dieser Andoni Goikoetxea mit einem brutalen Tritt durch die Luft fliegen lässt. Das ist die Revanche für ein zwei Jahre zuvor begangenes Foul. Dabei zertrümmerte der baskische Verteidiger dem genial aufspielenden Schuster so sehr das Knie, dass er für ein Jahr gegen keinen Ball mehr treten konnte.

Goikoetxea schäumt vor Wut und droht Diego Maradona (siehe 3. Grund) gegenüber: »Ich bring den (Schuster) um«, worauf Maradona lapidar antwortet: »Nur ruhig, Baske, beruhig dich. Ihr verliert doch schon. Was willst du dir jetzt für 'n Furz eine Gelbe holen.«[277] Dann bricht die 58. Minute an. Die Aktion spielt sich nahe der Mittellinie ab, wobei in keiner Weise irgendeine Gefahr für das baskische Tor ausgeht. Goikoetxea jagt förmlich Maradona hinterher, der den Ball mit dem linken Fuß spitzelt, und ohne jegliche Chance, den Ball zu erwischen, kommt er mit gestrecktem

Bein von hinten angeflogen. Das Ergebnis ist erschreckend: Der linke Knöchel ist zertrümmert und das innere Außenband gerissen. Später schreibt Maradona in seiner Autobiografie: »Ich spürte den Schlag, ich hörte das Geräusch wie das eines Holzes, das bricht.«[278] Für das brutale Foul erhält Goikoetxea lediglich die Gelbe Karte, da der Schiedsrichter keine Absicht gesehen haben will. Erst nach einem enormen Aufschrei der Empörung seitens der Vereinsverantwortlichen schreitet das Sportgericht ein und verurteilt den Basken nachträglich zu einer Rekordstrafe von 18 Ligaspielen, die bis dato härteste Bestrafung für einen Fußballer.

Der britische Journalist Edward Owen, als Augenzeuge vor Ort, tauft Goikoetxea daraufhin »Schlächter von Bilbao«, wobei der Originalausdruck auf Englisch »Butcher of Bilbao« natürlich gleich noch viel besser klingt. Dieser Beiname bleibt an ihm sein gesamtes Fußballerleben haften und ist selbst bis heute nicht vergessen. Nicht zuletzt wegen der schweren Verletzungen, die er den Spielern des FCBarcelona zugefügt hat, wurde ihm selbst noch 25 Jahre nach diesem Foul von der britischen Zeitung *The Times* der unrühmliche Titel des härtesten Verteidigers der Geschichte des Fußballs verliehen.

Es gleicht heute noch einem Wunder, dass Diego Maradona seine Karriere fortführen konnte. Nach nur knapp vier Monaten stand er wieder auf dem Spielfeld und avancierte anschließend zum besten Fußballer des 20. Jahrhunderts. Da hatte wohl am Ende die heilige Mercè doch noch ein Einsehen. Was am Ende wirklich niemanden mehr interessierte, war der 4:0 Sieg-von Barça.

90. GRUND

Weil ein Schweinekopf die bessere Banane ist

Fan- oder auch Schmähgesänge sind für Fußballanhänger seit jeher ein geeignetes Mittel, um ihren Emotionen Ausdruck zu verleihen.

Deutlich ungeeigneter sind nonverbale Statements, die mitunter auch fallen beziehungsweise fliegen. So wurde beispielsweise Oliver Kahn nicht selten in gegnerischen Stadien mit Bananen beworfen. Und was machte er? Er hob eine Banane vom Boden auf und verspeiste sie während des Spiels.

Portugals Mittelfeldgenie Luís Figo ereilte ein ganz anderes Schicksal. Während seiner sechsjährigen Spielzeit beim FC Barcelona (1995 bis 2000) entwickelte sich Luís Figo zum Mannschaftskapitän und einem echten Publikumsliebling. Nicht wenige Fantrikots schmückten »seine« Nummer 7. Er stach besonders mit seiner eleganten Spielweise hervor, seiner technischen Perfektion und der enormen Torgefährlichkeit. Endgültigen Kultstatus erlangte er bei den Barça-Fans bei den Feierlichkeiten zur Meisterschaft im Jahr 1999. Damals wurden die Titel noch auf dem Rathausbalkon in der gotischen Altstadt gefeiert und unter dem Jubel von Tausenden begeisterten Fans stimmte er singend die Zeilen an »Ihr weißen Heulsusen, gratuliert dem Meister!«, dem weißen Verein aus Madrid gewidmet.

Die große Verehrung der Anhänger schlug jedoch schlagartig in abgrundtiefen Hass um, als Figo im Sommer 2000 seinen Wechsel ausgerechnet zum Erzrivalen Real Madrid bekannt gab (siehe 79. Grund). Umso verständlicher war die Reaktion der Barça-Fans, da er sie über Monate hinweg mit Treuebekenntnissen und Liebesschwüren überhäufte und einen Wechsel in die ungeliebte Hauptstadt kategorisch ausschloss. Fortan wurde er von den Katalanen unaufhörlich beschimpft.

Nachdem Luís Figo verletzungsbedingt das Spiel in der folgenden Saison verpasste, kehrte er schließlich 2002 im Trikot der Königlichen ins Camp Nou zurück und wurde dementsprechend empfangen. Bereits auf dem Weg zum Stadion wurde der Mannschaftsbus aus Madrid von wütenden Barça-Fans mit Steinen und Flaschen attackiert. Sämtliche Spieler und Betreuer kauerten auf dem Boden, nur so konnten schlimmere Verletzungen verhindert werden.

Als Figo schließlich den Platz betrat, tobte das Stadion. Die Anhänger der Katalanen brannten sprichwörtlich auf den Tribünen Plakate mit dem Konterfei ihres ehemaligen Lieblings ab, beschimpften ihn mit übelsten Schmähgesängen (unter anderem »Ese portugués, hijo puta és«, auf Deutsch: »Dieser Portugiese ist ein Hurensohn«) und entfachten bei jeder seiner Ballberührungen ein gellendes Pfeifkonzert. Die Situation eskalierte rund 15 Minuten vor Spielende, als Figo demonstrativ langsam zur Torauslinie trabte, um einen Eckball zu treten. Daraufhin war es um die Beherrschung der rund 100.000 Zuschauer im Stadion geschehen: Sie warfen mit sämtlichen Gegenständen, die ihnen zwischen die Finger kamen. Darunter die üblichen Dinge, die man so findet: Trinkbecher, Feuerzeuge, Handys – und neu: ein Schweinekopf! Um genauer zu sein: der Kopf eines Spanferkels!

Jahre später darauf angesprochen, sagte Figo in einem Interview: »Hätte ich das Schwein gesehen, hätte ich etwas von ihm gegessen.«[279] Also doch ein bisschen Oliver Kahn nachempfunden. Am Rande sei noch zu erwähnen, dass das Spiel nach einer längeren Unterbrechung recht unspektakulär 0:0 endete.

91. GRUND

Weil sich selbst das Santiago Bernabéu vor uns verneigt

Es lief die 78. Minute, die Zuschauer auf den Tribünen erhoben sich von ihren Sitzen und applaudierten. An sich ist dies ja nichts Außergewöhnliches in einem Fußballstadion, allerdings durchaus, wenn es sich bei dem erwähnten Stadion um das ehrfürchtige Santiago Bernabéu zu Madrid handelt, und soeben ein Spieler, in ein blaurotes Trikot gekleidet, das 0:3 gegen die Heimmannschaft erzielte.

Dazu muss man sagen, dass es vielleicht in einigen Fußballkulturen gang und gäbe ist, eine gute Einzelaktion oder eine offensichtlich herausragende Leistung der gegnerischen Mannschaft zu honorieren, nur Spanien gehört definitiv nicht dazu. In erster Linie wird das Heimteam nach einer katastrophalen Leistung gnadenlos ausgepfiffen und zudem mit schwenkenden weißen Taschentüchern verabschiedet. Dies ist wahrlich keine freundlich gemeinte Geste, sondern ein Zeichen von absoluter Missbilligung und kommt den Buhrufen in der Oper gleich.

Ronaldo de Assis Moreira, auch besser bekannt als »Ronaldinho« (siehe 12. Grund) – seinerzeit Weltfußballer –, machte seiner Auszeichnung alle Ehre. Er hatte einen bärenstarken Auftritt und war der unangefochtene Anführer einer außerordentlichen Mannschaftsleistung des FC Barcelona. Während er den Führungstreffer durch Samuel Eto'o nach einer Viertelstunde auflegte, erzielte er die zwei weiteren Tore selbst. Zwei spektakuläre Sololäufe, die sämtliche Tugenden von Angriffswucht, Zielstrebigkeit, Präzision und Kaltblütigkeit gleichzeitig aufwiesen, ließen sich schließlich die Zuschauer des Santiago Bernabéu-Stadions erheben. Dabei war Real Madrid in dem besagten November 2005 wahrlich nicht mit einer Gurkentruppe aufgelaufen, schließlich standen mit Zidane, Beckham, Raúl, Ronaldo und Roberto Carlos doch recht namhafte Größen des Weltfußballs auf dem Platz, die seinerzeit sogar unter dem Namen »Die Galaktischen« bekannt waren. Zugleich war es das Startelf-Debüt in einem »Clásico« für einen klein gewachsenen argentinischen Spieler namens Leo Messi.

Einer dieser magischen Momente, die nur der König Fußball schreibt: Der erbittertste Feind kapituliert vor der offensichtlichen Überlegenheit und huldigt mit Standing Ovations der Leistung des sonst durch abgrundtiefe Abneigung gekennzeichneten Gegners. Madrid geschlagen und das Santiago Bernabéu gedemütigt. Barça-Herz, was willst du mehr?

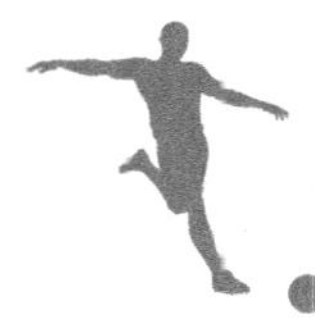

92. GRUND

Weil Guardiola den Trapattoni-Gedächtnispreis erhalten sollte

Ich war im Auto unterwegs und es lief eine katalanische Sportsendung im Radio, die sich ausschließlich um das anstehende Halbfinale der Champions League gegen Real Madrid drehte. Die Stimmung, ohnehin schon angeheizt, wenn diese zwei Giganten aufeinandertreffen, war zudem polarisiert, weil Mourinho zuvor auf seiner Pressekonferenz mal wieder in die Opferrolle geschlüpft war und eine Verschwörung seitens der Schiedsrichter als Gefahr für das Weiterkommen seiner Mannschaft witterte. Eigentlich ging es ihm natürlich nur um das Wohl des Fußballs, ach was, um den Sport im Allgemeinen mitsamt dem olympischen Gedanken. Sein Kalkül war klar. Er wollte den Schiedsrichter konditionieren, damit sein Plan, unseren Künstlern mit Härte zu begegnen, nicht in einem Karten-Festival enden würde.

Von ihm stammen Sätze wie dieser, dass er doch gern einmal gegen Barça mit elf gegen elf die 90 Minuten bestreiten würde, weil ja immer mindestens ein Spieler seiner Mannschaft ungerechterweise vom Platz gestellt werde. Dieser Angriff von Mourinho kam nicht überraschend, denn es war seine Art, das Scheinwerferlicht auf sich zu lenken und das Ambiente zu seinen Zwecken aufzuladen.

Allerdings rechneten wohl nur wenige Leute damit, dass Guardiola ihm in dieser Hinsicht Paroli bieten könne. Seine Pressekonferenz hatte es in sich, denn er nahm den Fehdehandschuh auf und parierte Mourinho auszugsweise[280] wie folgt: »Da Herr Mourinho mich geduzt hat, als er mich mehrmals Pep nannte, werde ich ihn fortan José nennen. Ich weiß nicht, welche der Kameras hier die von José ist, diese dort vielleicht? Morgen messen wir uns auf dem Platz mit Madrid. Außerhalb des Platzes hat er mich während der ganzen Saison laufend besiegt. Er hat es jetzt geschafft, und er wird es in Zukunft tun. Ich schenke José seine eigene Champions League. Darin ist er der verdammte Meister, der verdammte König und der verdammte Chef. Dass er sie mit nach Hause nimmt, möge er Freude an ihr haben. Normalerweise gewinnt er. Seine Erfolge der Vergangenheit geben ihm recht. Die ganze Welt bewundert ihn. Auch wir könnten eine nicht enden wollende Liste von Schiedsrichterfehlentscheidungen zuungunsten von Barça vorlegen. Aber ich habe nicht wie er die ganze Armee von Sekretären, Schiedsrichtern oder Sportdirektoren, die ihm zur Verfügung stehen.

Ich möchte nicht einen Moment lang mit ihm wetteifern. Wir waren vier Jahre lang zusammen bei Barça. Er kennt mich deshalb recht gut, aber er hat es vorgezogen, Florentino Pérez' Freunden von der Madrider Presse Glauben zu schenken. Er hat alles Recht der Welt, weiterhin Albert Einstein zu lesen. (Mourinho hatte Guardiola mit Einstein verglichen, weil er der einzige Trainer der Welt sei, sich über richtige Entscheidung zu beschweren.)

Wenn er gewinnt, werden wir Madrid beglückwünschen, so wie wir es immer getan haben. Welche war noch einmal die Kamera von José? Vermutlich sind es alle. Bislang hatte er nur Anspielungen gemacht, diesmal hat er mich das erste Mal direkt erwähnt. Deswegen antworte ich dir direkt, José. Meine Worte waren anerkennend gemeint, als ich sagte, der Schiedsrichter wäre sehr aufmerksam gewesen, das Tor von Pedro abzuerkennen. In Madrid wurde mein Kommentar überspitzt. Wir können sie zwar auf dem Platz schlagen, aber selten im Spiel. Sie haben neun Champions-League-Titel und sieben fantastische Stürmer. Wenn sie uns ausschalten, sind sie die Besseren und wir werden ihnen gratulieren.

Bei Madrid sind alle an Bord, wir dagegen kommen angeschlagen nach Madrid. Vor einem Jahr mussten wir wegen der Vulkanasche eine zwölfstündige Fahrt in Kauf nehmen (Halbfinale gegen Inter Mailand), trotzdem lamentierte ich weder den nicht gepfiffenen Elfmeter an Alves noch das Tor in Abseitsposition von Diego Milito. Aber heute hat er mich Pep genannt, also antworte ich José.

Ich fühle mich gestärkt, wir sind hier mit zwölf ehemaligen Jugendspielern angereist, um in den Wettkampf zu treten. Es ist ein wahnsinniges Geschenk, so weit gekommen zu sein und gegen Madrid spielen zu dürfen.«

Ich empfand große Genugtuung, denn Pep sprach uns aus der Seele (siehe 82. Grund). Angesichts dieser Emotionen hielt ich den Wagen an, um ihnen durch Klatschen, Jubeln und Lachen Luft zu machen. 1:0 für Barça.

Als Guardiola nach der Pressekonferenz im Hotel auf seine Spieler traf, applaudierten sie ihm geschlossen.[281] Beflügelt von dieser dialektischen Rückendeckung, besiegten wir Madrid im Bernabéu durch eine tolle Mannschaftsleistung und einen glänzend aufgelegten Messi mit 2:0. Was erlauben Mourinho …

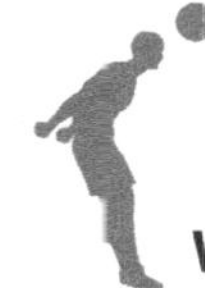

93. GRUND

Weil es irgendwann einfach zu viel des Guten ist

Einer der wohl wichtigsten Momente für jeden Fußballfan, sowohl in Spanien als auch weltweit, ist ohne Zweifel das Aufeinandertreffen der zwei besten Mannschaften in Spanien. Nur wenige Sportereignisse erzielen eine so hohe Aufmerksamkeit und deswegen werden jede Saison aufs Neue mit viel Spannung die beiden Spiele zwischen dem FC Barcelona und Real Madrid erwartet – der sogenannte »Clásico«. Doch was im April/Mai 2011 geschah, war fast des Guten zu viel. Innerhalb von nur 17 Tagen trafen die beiden Erzrivalen viermal aufeinander: in der Meisterschaft, im Pokalfinale und zweimal im Halbfinale der Champions League.

Meisterschaft: Real Madrid – FC Barcelona 1:1; Santiago Bernabéu; 16. April 2011

Während Barça seinem Spielstil treu bleibt, verabreicht Mourinho seiner Mannschaft eine so defensive und destruktive Taktik, die selbst der Real-Legende Alfredo Di Stéfano seine Mannschaft als eine »Maus« sehen lässt, die gegen einen »Löwen« spielt.[282] Das Spiel endet schließlich durch zwei Elfmeter, unentschieden, allerdings wird die Meisterschaft später zugunsten von Barça entschieden.

Pokalfinale: Real Madrid – FC Barcelona 1:0 n.V.; Mestalla; 20. April 2011

Das Pokalfinale gewinnt Real Madrid in der Verlängerung durch ein Tor von Cristiano Ronaldo. Es ist zum einen die erste Niederlage von Guardiola in seinem siebenten Duell gegen Madrid und zum anderen der erste Sieg, den Mourinho als Real-Trainer gegen Barcelona verbuchen kann.

Champions League, Halbfinale, Hinspiel: Real Madrid – FC Barcelona 0:2; Santiago Bernabéu; 27. April 2011

Die kleinen »Kriegsspiele« beginnen bereits vor dem Anpfiff. Um das schnelle Kombinationsspiel von Barça zu stören, wurde der Rasen im Madrider Stadion weder gemäht noch gewässert. Es scheint zudem, dass Madrid gar nicht Fußball spielen möchte, und es ist kaum zu glauben, dass die defensive Spielweise aus dem ersten Zusammentreffen sogar nochmals übertroffen werden kann. In der ersten Halbzeit hat Barça unglaubliche 80 Prozent Ballbesitz. Schließlich gewinnt Barça durch zwei Tore von Messi.

Champions League, Halbfinale, Rückspiel: FC Barcelona – Real Madrid 1:1; Camp Nou; 3. Mai 2011

Zum ersten Mal ein Spiel, in dem selbst Real Madrid aufgrund der Ausgangslage angreifen muss. Ein aufregendes Spiel mit vielen Torchancen auf beiden Seiten, wobei sich Madrid mal wieder bei seinem ewig starken Torhüter Iker Casillas bedanken kann, nicht schon nach kürzester Zeit deutlich zurückzuliegen. Am Ende reicht das 1:1 für Barça zum Erreichen des Finales in der Champions League.

Innerhalb von 17 Tagen viermal einen »Clásico« zu spielen, in denen jeweils sehr viel auf dem Spiel steht, zerrt erheblich an den

Nerven. Vor allem an denen der beiden Trainer. Ein José Mourinho begnügt sich grundsätzlich nicht mit einem zweiten Platz und Pep Guardiola macht einen immer müderen und erschöpfteren Eindruck. Selbst die täglich erscheinenden Zeitungen wissen kaum noch, worüber sie berichten sollen. Fast noch schlimmer ist, dass die beiden Mannschaften keine drei Monate später abermals im spanischen Supercup aufeinandertreffen und dabei innerhalb von vier Tagen erneut zweimal gegeneinander spielen. Ehrlich gesagt, irgendwann ist es einfach zu viel des Guten!

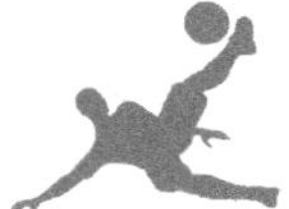

94. GRUND

Weil ein Unterhemd stärker ist als Rivalität

Bevor das Stadtderby im Dezember 2010 zwischen Espanyol Barcelona und dem FC Barcelona angepfiffen wird, erheben sich rund 40.000 Zuschauer im Stadium Cornella-El Prat und applaudieren einem Spieler der gegnerischen Mannschaft. Dasselbe passiert, als der besagte Spieler fünf Minuten vor Ende der Partie beim Stand von 1:5 gegen die Heimmannschaft ausgewechselt wird. Normalerweise kommt so was in etwa so oft wie Schalker Meisterschaftsfeiern vor.

Andrés Iniesta ist eine ganz spezielle Person (siehe 9. Grund). Seit er im Juli 2010 im Soccer City Stadion von Johannesburg nur wenige Minuten vor Ende der Verlängerung das Siegestor für Spanien im Finale der Weltmeisterschaft gegen Holland erzielte, damit Spanien zu seinem ersten Titel überhaupt verschaffte, wird der Spieler vom FC Barcelona in sämtlichen Stadien in Spanien freundlich empfangen, auch wenn die Stimmung noch so feindselig ist.

Allerdings hat das, was im Heimstadion von Espanyol passiert ist, eine weitaus größere Bedeutung als ein gewonnener Weltmeistertitel oder die über Jahrzehnte weilende Dauerfehde von politischer

Einstellung und Rivalität von zwei in derselben Stadt ansässigen Vereinen. Beide Fußballvereine sind nahezu gleich alt und Gründungsmitglieder der 1929 erstmals ausgetragenen spanischen Liga.

Über die Jahre wurden die Fans des FC Barcelona mit der Bewegung für die katalanische Unabhängigkeit in Verbindung gebracht, während die Fans von Espanyol eher für ein vereintes Spanien stehen. Dies wurde besonders unter der Diktatur Francos deutlich. Während Espanyol eine gewisse Komplizenschaft mit dem Zentralregime einging, stellte Barça noch eine letzte revolutionäre Bastion dar. Allerdings hat die politische Brisanz zwischen Katalanismus und spanischem Nationalismus in den letzten Jahren deutlich abgenommen. Nichtsdestotrotz herrscht bei den Derbys eine gesunde Feindseligkeit.

Sportlich gesehen konnte Espanyol dem Stadtrivalen nie das Wasser reichen. Lediglich zwei Pokaltriumphe in den letzten 70 Jahren sind eine recht mickrige Ausbeute, dennoch haben sie dem FC Barcelona einige schmerzhafte Niederlagen zugefügt wie etwa 2007. Obwohl Espanyol die Saison nur auf dem elften Rang beendete, wurde dieses Jahr dennoch von den Fans als überaus erfolgreich gewertet. Am vorletzten Spieltag erzielte Raul Tamudo im Camp Nou in der 90. Minute den Ausgleichstreffer zum 2:2-Unentschieden, wodurch der schon fest eingeplante Meistertitel von Barça ausgerechnet an den Erzrivalen Real Madrid ging.

Aber zurück zum eigentlichen Auslöser der Huldigungen von Iniesta: Für die Espanyol-Fans zählte nicht so sehr das Siegtor zum Weltmeister, sondern viel mehr die darauffolgenden fünf Sekunden. Nachdem Iniesta den Treffer erzielt hat, dreht er Richtung Eckfahne ab, entledigt sich seines Trikots, und bevor er unter einer Traube von jubelnden Mitspielern verschwindet, sieht man auf seinem Unterhemd stehen: »Dani Jarque siempre con nosotros«, was so viel heißt wie »Dani Jarque, für immer mit uns«.

Dani Jarque war eine Legende bei Espanyol und leider muss man sagen: war. Gerade erst zum Kapitän gewählt, verstarb er im August

2009 an einem Herzinfarkt während des Trainingslagers in Florenz. Als er mit seiner Freundin telefonierte, die zudem noch im siebten Monat schwanger war, hörte der 26 Jahre alte Jarque einfach auf zu atmen. Seit seinem zwölften Lebensjahr spielte der zentrale Verteidiger für Espanyol.

Trotz der vereinsinternen Rivalität vereinte den Barça-Star und den Espanyol-Kapitän seit Jahren eine tiefe Freundschaft. Sie teilten viele private Momente und Iniesta war oft auf die Chauffeurdienste seines Freundes angewiesen, um zum Barça-Training zu kommen. Zusammen durchliefen sie sämtliche Jugendnationalmannschaften.

Die Nachricht vom Tod hat Iniesta schwer getroffen. Hinzu kamen einige Verletzungen, die beinahe sogar seine Teilnahme an der Weltmeisterschaft verhindert hätten. Umso schöner, dass er im wohl größten Moment seiner Karriere und vor den Augen der ganzen Welt an seinen verstorbenen Freund gedacht hat. Schweren Herzens hat er sich von dem besagten Unterhemd getrennt, es an Espanyol übergeben, wo es nun Teil einer Erinnerungswand im Stadion ist, genauer gesagt, am Eingangstor mit der Nummer 21 – Dani Jarques Rückennummer.

Vor diesem Hintergrund sind die Huldigungen der Espanyol-Fans für den in blaugrana gekleideten Andrés Iniesta zu verstehen, und es ist schön zu sehen, dass eine vermeintlich kleine Geste zwischen Freunden größere Auswirkungen hat als über Jahrzehnte existierende Feindseligkeiten.

9. KAPITEL

TITEL, ERFOLGE, REKORDE UND AUSZEICHNUNGEN

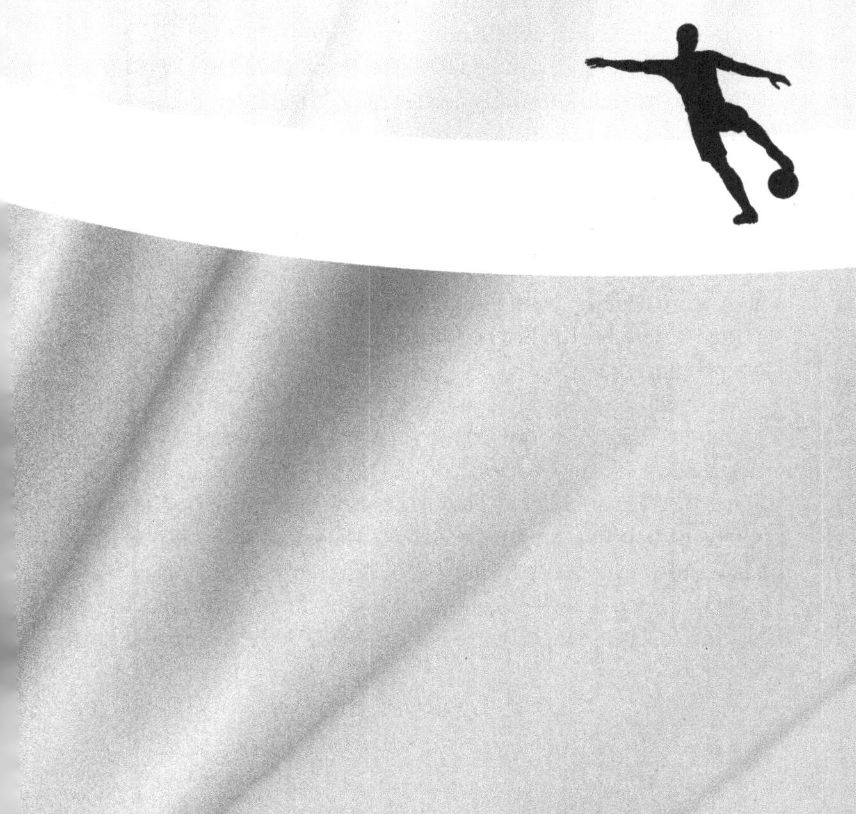

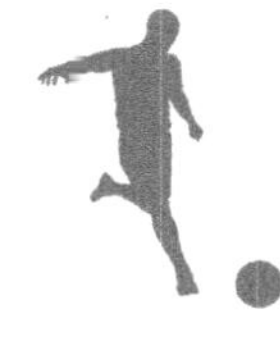

95. GRUND

Weil Barça fünf Pokale so ausgiebig feiert wie nie zuvor

Schon lange bevor das »Dream-Team« 1992 oder auch das »Barça der 6 Pokale« unter Pep Guardiola im Jahr 2009 die Fans in Ekstase versetzt hat, wurde eine Mannschaft gefeiert wie noch niemals zuvor. In der Saison 1951/52 bringt der FC Barcelona das Kunststück fertig, in drei Wettbewerben sechs Pokale zu gewinnen und als »Barça der 5 Pokale« in die Geschichtsbücher einzugehen. Wie geht das denn bitte? Aber der Reihe nach.

Die Mannschaft unter dem slowakischen Trainer Ferdinand Daucik und um ihren Superstar László Kubala gewinnt die Meisterschaft, den Copa del Generalísimo, den Duward-Pokal, den Martini-Rossi-Pokal, den Eva-Duarte-Pokal und den Copa Latina.

Der Copa del Generalísimo ist der Vorgänger des heutigen Königspokals.

Der Duward-Pokal ist nach einer spanischen Uhrenmarke benannt und prämierte in den 50er- und 60er-Jahren die Mannschaft mit den wenigsten Gegentreffern in der Liga.

Der Martini-Rossi-Pokal wurde von der gleichnamigen italienischen Spirituosen-Firma gesponsert und zeichnete die Ligamannschaft mit dem besten Torverhältnis zwischen erzielten Toren und Gegentreffern aus.

Da es sich bei diesen zwei erwähnten Titeln um ein ähnliches Konzept handelte, wurde trotz zweier gewonnener Pokale nur einer gezählt.

Der Eva-Duarte-Pokal war nach der Ehefrau des damaligen argentinischen Präsidenten benannt, die den Pokal gestiftet hatte. Er ist äquivalent mit dem heutigen Supercopa und prämiert den Sieger zwischen dem Meister und dem Pokalsieger. Da Barça in der besagten Saison jeweils beide nationalen Pokale gewonnen hatte, haben sie, ohne ein Spiel auszutragen, auch automatisch diesen Pokal gewonnen. Erst viele Jahre später wurde die Regeländerung eingeführt, dass im Falle eines Double-Siegers die unterlegene Mannschaft im Pokalfinale als Gegner des Meisters antritt.

Der eindeutig wichtigste Wettbewerb, der gewonnen werden konnte, ist der Copa Latina, ein Vorgänger des Europapokals der Landesmeister, der heutigen Champions League. Teilnahmeberechtigt waren die nationalen Meister aus Portugal, Frankreich, Italien und Spanien. Dieser Pokal wurde zwischen 1949 und 1957 ausgetragen, ehe er durch den gerade ernannten Wettbewerb ersetzt wurde.

Der Copa Latina hatte einen hervorragenden Ruf. Der Pokal wurde jedes Jahr an einem anderen Ort der besagten Länder innerhalb weniger Tage ausgespielt. Im Jahr 1952 gewann der FC Barcelona das Halbfinale gegen Juventus Turin im Prinzenparkstadion zu Paris problemlos mit 4:2. Einige Tage später, am 29. Juni 1952, gewann die Mannschaft dann auch das Finale gegen OGC Nizza mit einem knappen 1:0-Sieg durch einen Treffer von César.

Das eigentlich Erstaunliche war die Rückkehr nach Barcelona, die in einem noch nie dagewesenen Triumphzug endete. Zu der besagten Zeit reisten kaum Fußballfans zu den Auswärtsspielen, wie es heutzutage üblich ist. Lediglich einige Handelsreisende begleiteten die Mannschaft, die ihre Routen von dem Spielkalender abhängig machten.

Bereits an der Grenze zwischen Frankreich und Katalonien wurde die siegreiche Mannschaft von unzähligen Autos und Motorrädern begleitet. Bis nach Barcelona schwoll die Gefolgschaft mehr und mehr an, und in der Stadt angekommen, erwartete sie ein grandioser Empfang.

Eskortiert von der Polizei hoch zu Ross in ihrer Galauniform, ging es in einem Bus durch den Triumphbogen. Es war eine der ersten Massenbegeisterungen, die jemals in der Stadt stattgefunden hatten. So euphorisch wie nie zuvor wurde die zweite Copa Latina des FC Barcelona gefeiert, dank der Elf um Kubala und Gefolge. Diese legendäre Mannschaft ging als das »Barça der fünf Pokale« in die Annalen des Vereins ein.

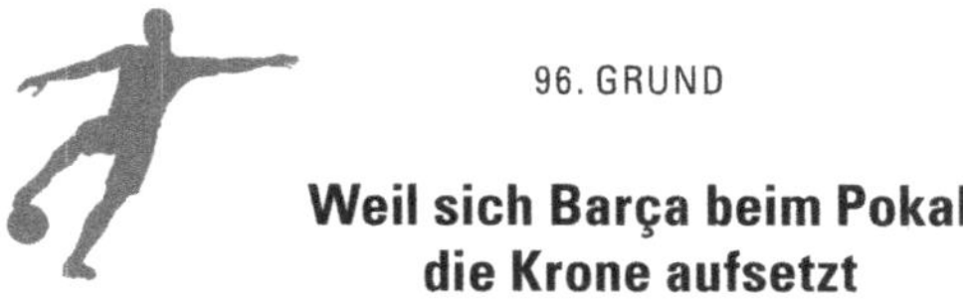

96. GRUND

Weil sich Barça beim Pokal die Krone aufsetzt

Das Pendant zum DFB-Pokal heißt in Spanien »Copa de su Majestad el Rey de fútbol«, kurz »Copa del Rey« (»Pokal des Königs«). Barça hat bisher 26-mal seinen Namen als Sieger eingravieren können. Damit sind wir unangefochtener Spitzenreiter.

Es beinhaltet eine gewisse Ironie, dass mit dem FC Barcelona eine Mannschaft diese Statistik anführt, die sich eher katalanisch als spanisch definieren würde, schließlich wurde der Wettbewerb ja zu Ehren der spanischen Krone ins Leben gerufen. Vielleicht setzte diese Konstellation bei den stolzen Katalanen immer besondere Kräfte frei. Für diese nicht wissenschaftliche These spricht die Tatsache, dass Athletic Bilbao, als baskisches Aushängeschild, Barça in der Liste mit den meisten gewonnenen Pokalen folgt, 24 an der Zahl.

Kritische Stimmen sprechen allerdings von der heilsamen Wirkung, die vom Gewinn der Copa del Rey ausging. Als ebenjenes »Trostpflaster« sicherte der Sieg so manchem Barça-Trainer das Anstellungsverhältnis der darauffolgenden Saison. Demnach konnte Cruyff durch den Erfolg über Real Madrid in seinem ersten Trainerjahr 1989/1990 den Kopf aus der Schlinge ziehen. 2:0 setzte sich Barça durch die Tore von Guillermo Amor und Julio Salinas durch.[283] Im Rückblick möchte man sich als Barça-Fan gar nicht ausmalen, wie unsere Geschichte weitergegangen wäre, wenn Cruyff im Zuge einer Niederlage hätte gehen müssen. Die darauffolgenden Jahre gewannen wir unter der Rigide von Cruyff nämlich viermal in Serie die Liga und trugen uns 1992 nach vielen vergeblichen Anläufen endlich in die Liste der Sieger im Europapokal der Landesmeister ein.

Beim Finale zwischen Bilbao und Barça im Jahr 2009 wurde die politische Anspannung zwischen Spanien und den autonomen Regionen Katalonien und Baskenland patent. Die Mehrheit der Fans begrüßte und begleitete die spanische Nationalhymne, die traditionell vor dem Spiel intoniert wird, mit einem gellenden Pfeifkonzert. Der übertragende staatliche Fernsehsender TVE-1 interpretierte Pressefreiheit auf seine eigene Weise, indem die Tonspur der Hymne von den Tontechnikern derart verstärkt wurde, dass die Zuschauer vorm Fernseher nicht bemerkten, dass die anhaltenden Pfiffe die Hymne praktisch verstummen ließen[284] – beispiellos.

Die letzten beiden »Clásicos« im Finale, 2011 und 2014, konnte Madrid für sich entscheiden. 2011 entschied ein Kopfballtor von Cristiano Ronaldo. Für Kurioses und eine gewisse Häme bei den *culés* sorgte Sergio Ramos, als er den Pokal beim Autokorso fallen ließ. Der offene Bus, auf dem die Spieler bei ihrem triumphalen Umzug den Fans zuwinkten, überrollte den Pokal, was ihn erheblich lädierte.[285] Der glitzernde Königspokal im Handumdrehen zu Schrott gemacht – Madrid sei kein würdiger Gewinner, dachten da wohl viele Barça-Fans. Karikaturisten waren Sergio Ramos auch sehr dankbar angesichts dieser Steilvorlage …

Das fünfte und vorerst letzte Endspiel der beiden Giganten fand im April 2014 statt. Madrid sicherte sich den Titel durch einen 2:1-Sieg. Barça wollte, konnte aber nicht. Was vor einiger Zeit noch überraschend, schnell und filigran anmutete, wirkte diesmal langsam und monoton. Die einhellige Meinung der nationalen und internationalen Sportpresse war, dass diese Niederlage damit endgültig das Ende der großen Barça-Ära besiegelte.[286]

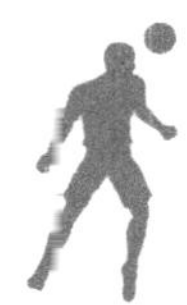

97. GRUND

Weil Wunder auch öfter vorkommen

Wie oft wurde schon die Existenz oder eben Nicht-Existenz des berühmt-berüchtigten Fußballgottes infrage gestellt? Spiele werden in der sprichwörtlichen letzten Sekunde gewonnen oder eben verloren. Ja, sogar Meistertitel werden nach fast unendlichen Spieltagen erst im letzten Spiel oder sogar im letzten Augenblick vergeben. Mannschaften in schier aussichtsloser Ausgangslage sprechen dabei gewöhnlich von Wundern.

Als Wunder wird ein außergewöhnliches Ereignis bezeichnet, das menschlicher Vernunft und Erfahrung scheinbar widerspricht und deshalb der unmittelbaren Einwirkung einer göttlichen Macht zugeschrieben wird. Als was bezeichnet man denn dann eigentlich ein außergewöhnliches Ereignis, das gleich dreimal hintereinander vorkommt? Das nämlich ist dem FC Barcelona widerfahren.

Es ist die Saison 1991/92 und der FC Barcelona hat vor dem letzten Spieltag kaum mehr Aussichten, seinen Titel aus der Vorsaison zu verteidigen. Real Madrid führt die Liga seit dem siebenten Spieltag an – das heißt, dass sie seit 31 Spieltagen ununterbrochen an der Tabellenspitze stehen – und nur ein kaum vorstellbarer Fehltritt beim Kellerkind CD Teneriffa könnte den bereits fest eingeplanten Titel noch zunichtemachen, ein gleichzeitiger Sieg von Barça vorausgesetzt.

Es ist allerdings auch nötig, hinzuzufügen, dass Real Madrid in der laufenden Saison bereits recht merkwürdige Sachen angestellt hat. Das Sonderbarste war wohl der Rollentausch des Trainers und des Sportdirektors. Radomir Antić, zuerst Trainer, wurde Sportdirektor, während Leo Beenhakker, vorerst Sportdirektor, zum Trainer ernannt wurde, und zwar ausgerechnet zu dem Zeitpunkt, als Real Madrid die Hinrunde mit einem Sieg gegen eben CD Teneriffa als Tabellenerster abschloss. Begründung: Anscheinend gefiel der Fußballstil nicht.

Dank dem Trainerwechsel verringert sich der Abstand stetig bis zum finalen Showdown. Barça empfängt zu Hause Athletic Bilbao und erledigt seine Aufgaben mit einem 2:0-Sieg. Jetzt hängt alles von Real Madrid ab. Zwei Tore durch Fernando Hierro und Gheorghe Hagi nach einer halben Stunde lassen die Sektkorken schon in den Ohren klingen. Abgesehen davon, geht es für Teneriffa um nichts mehr. Der Abstieg ist rein rechnerisch nicht mehr möglich. Zudem sitzt auf der Trainerbank von Teneriffa mit Jorge Valdano ein ehemaliger Spieler der Madrilenen. Was soll da noch schiefgehen?

Als kleine Motivationsstütze verspricht der FC Barcelona dem Verein von der Kanareninsel bei einem Sieg eine Einladung zum traditionellen Saisoneröffnungsspiel (Torneo Gamper). Noch vor der Pause erzielt Teneriffa durch Quique Estebaranz (der einige Jahre später für Barça spielen würde) den Anschlusstreffer. 14 Minuten vor Ende der Partie fällt der Ausgleich durch ein Eigentor (!) von Ricardo Rocha und keine Minute später lässt der Madrider Torwart Buyo – um eine Ecke zu verhindern – den Ball vor den einschussbereiten Pier abprallen. 3:2 … Unglaublich!

Der kleine Inselverein CD Teneriffa besiegt die »Königlichen« aus Madrid und hievt somit den FC Barcelona am letzten Spieltag zum allerersten Mal in der Saison auf den obersten Tabellenplatz. Der FC Barcelona hat in den letzten fünf Spieltagen fünf Punkte auf Real Madrid aufgeholt und hält am Ende den Meisterpokal in den Händen.

Einige Monate später scheint es ja fast wie ein Witz, als die Spieltagauslosung zur kommenden Saison 1992/93 Real Madrid wiederum am letzten Spieltag in Teneriffa antreten lässt. Aber es sollte ja schon mit dem Teufel zugehen, falls sich die Konstellation aus der Vorsaison wiederholen sollte. Der FC Barcelona kommt deutlich besser aus den Startlöchern und hält über weite Strecken der Saison den ersten Platz inne.

Vier Spieltage vor Schluss wird er jedoch von Real Madrid eingeholt, und es kommt, wie es ja schon fast kommen musste. Die Ausgangssituation vor dem letzten Spieltag ist ein Ebenbild der

Vorsaison. Real Madrid als Erster, gefolgt vom FC Barcelona, und die letzte Hürde zum Titel ist abermals Teneriffa. Der Unterschied ist allerdings, dass Teneriffa bisher eine tolle Saison gespielt hat und sich mit einem Sieg sicher für den UEFA Cup qualifizieren kann.

Dieser Spieltag ist wahrlich nicht für Leute mit schwachen Nerven gemacht: Barça gewinnt mit einem hauchdünnen Sieg gegen Real Sociedad (1:0) und Real Madrid verliert wiederum gegen Teneriffa. Diesmal mit 2:0, obwohl – nach Glauben der Madrilenen – mindestens drei glasklare Elfmeter vom Unparteiischen nicht gegeben wurden.

Man kann sich die Jubelfeiern in Barcelona nach diesen Ereignissen nur in den kühnsten Träumen vorstellen: zwei Jahre hintereinander die Meisterschaft am letzten Spieltag gewonnen und beide Male den Erzrivalen aus Madrid durch eine Niederlage in Teneriffa vom Thron gestoßen! Damit ist aber noch nicht Schluss mit der Wunderproduktion (siehe 98. Grund) …

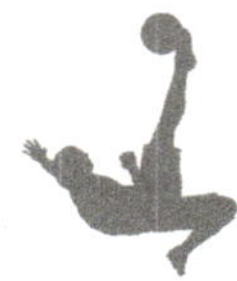

98. GRUND

Und weil es so schön war …

Wir starten in die nächste Saison: Obwohl dies einige Highlights bot wie ein weiteres 5:0 gegen Real Madrid und die Mannschaft ein außergewöhnliches fußballerisches Potenzial besitzt – schließlich handelt es sich weiterhin um das sogenannte »Dream-Team« –, verläuft es eher mäßig. Zu guter Letzt reißt sich die Mannschaft doch noch mal zusammen, legt eine beeindruckende Siegesserie hin und steht vor dem letzten Spieltag – mal wieder – auf dem zweiten Platz, mit der Möglichkeit, ihren Titel zu verteidigen. Dazu muss Barça sein Spiel gewinnen und der Tabellenführer eben nicht.

Diesmal handelt es sich allerdings nicht um Real Madrid, sondern um Deportivo La Coruña. »El Depor« hat eine herausragende

Saison gespielt und mit einem Mix aus internationalen Spitzenspielern wie Fran, Bebeto, Donato und Dukić einen atemberaubenden Fußball geboten. Wenn es eine göttliche Gerechtigkeit geben sollte, dann wäre die Meisterschaft ohne Zweifel zu ihren Gunsten ausgefallen … Ja, wenn!

Um die Titelchancen zu wahren, muss Barça gewinnen, was auch nicht unbedingt ein Selbstläufer ist. Zur Halbzeit liegt Barça im heimischen Camp Nou mit 1:2 gegen FC Sevilla zurück. Nach der Halbzeit drehen Stoichkov (siehe 4. Grund), Romário (siehe 5. Grund), Laudrup und Bakero das Spiel zu einem 5:2-Sieg. Das Ergebnis spiegelt jedoch in keiner Weise weder die ausgestandenen Höllenqualen der Fans auf den Tribünen wider noch die Schwierigkeit des Spiels.

Und was macht Depor? Es steht zu Hause 0:0 gegen Valencia, sie müssen aber gewinnen. Die Leichtigkeit der gesamten Saison ist dahin, die Nerven flattern und kein Tor ist in Sicht … bis in der allerletzten Minute ein Elfmeter für Depor gepfiffen wird. Wer schießt? Donato, der etatmäßige Schütze wurde bereits ausgewechselt. Bebeto, der vorjährige Torschützenkönig will nicht, so ruhen die Verantwortung und zugleich die Hoffnung einer ganzen Region auf dem Serben Miroslav Dukić. Im Tor steht José Luis González Vázquez, rudert wie wild mit den Armen, springt nach rechts, hält den zu schwach geschossenen Elfmeter und versetzt ganz Galizien in ein Tränenmeer. Es wäre der erste Meistertitel in der Geschichte von Deportivo La Coruña gewesen.

Die Feierlichkeiten in Barcelona sind mal wieder gewaltig, allerdings erreichen sie nicht die Ausmaße und den kollektiven Wahnsinn der vergangenen zwei Jahre. Dreimal hintereinander am letzten Spieltag Meister geworden … Wie war das noch mal mit Wundern und der Existenz des Fußballgottes?

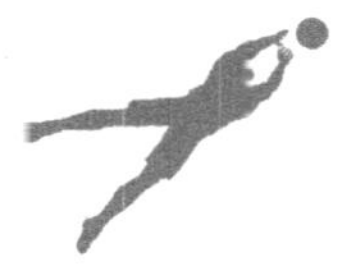

99. GRUND

Weil auch Männer weinen

Am 19. Dezember 2009 weint ein Mann in Anzug und Krawatte auf einem Fußballplatz. Innerhalb eines Jahres hat er zudem viele Haare verloren. Innerhalb eines Jahres musste er gegen all die Skeptiker ankämpfen, die einem Trainer der zweiten Mannschaft nicht zutrauten, die Profimannschaft zum Erfolg zu führen. Aber innerhalb eines Jahres hat dieser Trainer absolut alles gewonnen, was er hätte gewinnen können. Dieser Mann, der dort auf dem Spielfeld in Abu Dhabi weint, ist Josep »Pep« Guardiola (siehe 82. Grund).

In der Saison 2008/09 wird der Mann aus Santpedor Bestandteil des legendären »Dream-Teams« und als ehemaliger Barça-Kapitän zum Trainer ernannt. Innerhalb weniger Monate schafft er wahrlich ein Wunder. Mit nur wenigen Veränderungen innerhalb der Mannschaft kreiert er ein Siegerteam. Noch einige Monate zuvor ging die Mannschaft bei Real Madrid 1:4 sang- und klanglos unter, jedoch steht nun eine mit viel Selbstvertrauen und Teamgeist, gepaart mit ein wenig Demut, komplett andere Mannschaft auf dem Platz. Diese Mannschaft schafft es, sämtliche nationale und internationale Titel zu gewinnen und nach dem »Barça der 5 Pokale« (siehe 95. Grund) und dem »Dream-Team« (siehe 75. Grund) eine weitere mythische Mannschaft in der Geschichte des Vereins zu begründen, nämlich das »Barça der 6 Pokale«.

Der Mai, der gewöhnlich nach einer langen Saison über Pokale und Triumphe entscheidet, wurde zu einem absoluten Siegeszug. Ein epischer, unvergesslicher und kaum wiederholbarer Mai im Jahr 2009. Am 2. des Monats stürmt Barça förmlich das Bernabéu-Stadion und besiegt Real Madrid mit einer unvergesslichen 6:2-Demontage. Sie demütigen den Erzrivalen im eigenen Stadion und ebnen so den Weg zum Meistertitel. Lediglich vier Tage später steht das Rückspiel im Halbfinale der Champions League gegen Chelsea an.

Das Hinspiel im Camp Nou endete torlos, wodurch Barça in London unbedingt ein Tor erzielen musste. Nachdem Chelsea früh in Führung geht, rennt Barça erfolglos gegen die tief stehenden Engländer an. Erst in der Nachspielzeit erzielt Iniesta mit dem einzigen Schuss, der auf das Tor geht, das epische Tor, das jedem Barça-Fan ein Leben lang in Erinnerung bleiben wird und den Weg ins Finale sichert. Am 13. Mai wird dann der erste Pokal eingefahren. Mit einem nie gefährdeten 4:1-Sieg über Athletic Bilbao wird der Königspokal gewonnen. Obwohl Barça der Rekordsieger in dem Wettbewerb ist, dauerte es lange elf Jahre, bis dieser Pokal endlich wieder seinen Platz in der Vitrine des Vereins findet.

Nachdem Real Madrid bei Villarreal abermals Punkte liegen lässt, ist auch die Meisterschaft bereits drei Spieltage vor Ende der Saison entschieden und so konzentriert sich alles allein und ausschließlich auf das Champions-League-Finale im Olympiastadion zu Rom gegen Manchester United mit Cristiano Ronaldo. Obwohl die Engländer das Spiel jederzeit dominieren, schießen Eto'o und Messi die Katalanen zum viel umjubelten 2:0-Sieg. So ist bereits das Triple gewonnen, aber es sollte noch einiges mehr kommen.

Die folgende Saison beginnt mit einer empfindlichen Schwächung. Guardiola findet keine Notwendigkeit für Samuel Eto'o, weil er ihn als möglichen Unruheherd innerhalb der Mannschaft ansieht. Im Tausch mit Inter Mailand, zuzüglich vielen Millionen Euros, wird schließlich Zlatan Ibrahimović verpflichtet. Später sollte sich herausstellen, dass die Chemie zwischen Guardiola und Ibrahimović noch weniger stimmte. Bereits ein Jahr später verlässt der Schwede den Verein wieder und lässt kein gutes Haar am Trainer. Er bezeichnet ihn als »Philosophen«, was in diesem Fall despektierlich und erniedrigend gemeint war.

Die neue Saison beginnt wie gewohnt im August mit dem Spiel um den spanischen Supercup. Sowohl das Hin- als auch das Rückspiel werden gegen Athletic Bilbao gewonnen und somit wird der achte Supercup in der Vereinsgeschichte eingefahren.

Dann steht das Finale des europäischen Supercups gegen den UEFA-Cup-Sieger Schachtar Donezk in Monaco an. In einem Spiel, das wenig Highlights bietet, erzielt Pedro in der Verlängerung den einzigen Treffer und damit gewinnt Barça den fünften Pokal im laufenden Jahr.

Und dann fehlt nur noch das Sahnehäubchen, die Clubweltmeisterschaft. Bei bereits zwei vorherigen Teilnahmen konnte der FC Barcelona diesen Wettbewerb noch nie gewinnen. Der Finalgegner in Abu Dhabi ist der argentinische Vertreter Estudiantes de la Plata, der auch prompt in Führung geht. Ein kaum endender Sturmlauf auf das gegnerische Tor wird kurz vor Schluss mit dem Ausgleichstreffer belohnt und erzwingt die Verlängerung. Der Wille der Argentinier, die bis zum Umfallen kämpfen, scheint gebrochen, und in der 110. Minute, gleichbedeutend mit dem Alter des Vereins, drückt Leo Messi eine Flanke von Alves mit dem Vereinswappen über die Linie und macht somit die beste Vereinsmannschaft unsterblich. Das »Barça der 6 Pokale« vollendet damit die perfekte Saison und geht in die Fußballgeschichte ein.

Ein Jahr, nachdem er zum ersten Mal auf der Trainerbank des FC Barcelona saß, weint also dieser gestandene Mann auf dem Rasen des Abu-Dhabi-Stadions. Es ist Pep Guardiola, der mit viel akribischer Arbeit und Disziplin der Hauptverantwortliche für das »Barça der 6 Pokale« ist.

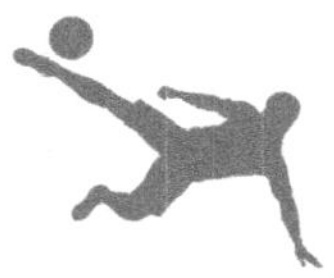

100. GRUND

Weil Barça auch Weltmeister ist

Nein, den 2009 erstmals gewonnenen Weltpokal meine ich nicht (siehe 16. Grund). Es geht um Südafrika 2010, als Spanien Bergfest mit dem WM-Titel feierte. Europameister war man schon, und ein Streich mit der Verteidigung des EM-Titels sollte 2012 ja noch folgen. Im Juli 2014 ein Buch über Barça zu schreiben, hat etwas von einem Abgesang. Barça blieb erstmals seit Jahren ohne jeglichen Titel und auch der Esprit war nur ganz selten zu spüren. Barça war ein Schatten seiner selbst. An Erklärungsversuchen mangelte es nicht. Der Trainer Tata Martino räumte ein, dass ihm das Ganze eine Nummer zu groß gewesen sei. Fans und die Presse unterstellten ihm außerdem, dass sich die Spieler für die WM in Brasilien geschont haben. Bei 13 abgestellten Spielern[287] wäre das bei Richtigkeit der Annahme schon eine mögliche Ursache für das schlechte Abschneiden von Barça gewesen.

Dann kam die WM und alle mussten mit ansehen, dass die Theorie der angezogenen Handbremse zumindest in Bezug auf Spanien kurze Beine hatte (etwa so kurz wie die Beine von Xavi, Iniesta, Jordi Alba, …). Körperlich nicht auf der Höhe, leer gespielt, mental ausgebrannt, ohne Ideen und Widerstand erleidet die Roja Schiffbruch gegen Fliegende Holländer und musste gegen laufbereite Chilenen frühzeitig die Segel streichen. War das nun ein Trost für Barça-Fans oder ein weiterer Grund zur Sorge?

Jedenfalls hat diese miserable Vorstellung eine klare Barça-Lesart, denn Spaniens Abschneiden war die letzten Jahre ganz eng mit Barça verknüpft. Die Spieler vom FC Barcelona bildeten das Gerüst der Mannschaft. In den Schlüsselpositionen mit Iniesta und Xavi besetzt, verordnete Del Bosque auch der Nationalmannschaft Barças Tiki-Taka. Spaniens Team sei sozusagen ein Barça ohne Messi.[288] Als Puyol 2010 mit seinem Kopfballtor Deutschland um den Finaleinzug brachte, titelte die in Madrid erscheinende und Real-Madrid-affine Sportzeitung *marca*: »Gràcies«. Das heißt »danke« auf Katalanisch und war als eine Anerkennung zu verstehen, dass in Spaniens Team ein Barça-Uhrwerk tickte. Iniesta mit seinem entscheidenden Tor gegen Holland und die Kür von Xavi zum besten Spieler des Turniers rundeten diesen Eindruck ab (siehe 9. Grund).

Bevor Spanien das Siegen lernte, war die Meinung weit verbreitet, dass die Nationalmannschaft nie weit kommen könne, weil diese sich zu großen Teilen aus Basken und Katalanen speist, welche aufgrund fehlender Identifikation mit Spanien nicht alles für das Königreich geben würden. Es leuchtete nämlich nicht ein, dass Barça und Madrid zwar auf Clubebene internationale Erfolge einfuhren, dieselben Spieler aber dann versagten, wenn sie sich das rote Trikot überstreiften.[289]

Diese Theorie wurde als falsch bewiesen, als die von Katalanen bestimmte Nationalmannschaft eine Dominanz zeigte, welche die Welt seit Pelés und Garrinchas Brasilien nicht gesehen hatte. Mit dem einsetzenden Erfolg der Roja hatte eine andere Theorie Konjunktur, nämlich dass die Erfolge der Roja den Zusammenhalt Spaniens auf gesellschaftlicher und politischer Ebene stärken würden. Auch damit lag man daneben, denn in Katalonien hat sich in den letzten Jahren eine prokatalanische Stimmung aufgebaut, die in einer friedlichen Demonstration von über einer Million Menschen am 11. September 2013, ein nationaler Feiertag der Katalanen, ihren bisherigen populistischen Höhepunkt fand.

Für November 2014 strebt die katalanische Regierung ein Referendum an. Die Unabhängigkeit von Spanien steht zur Debatte. Der Ausgang von diesem Machtspiel zwischen Spanien und seiner autonomen Region Katalonien ist ungewiss. Der Fußball ist mächtig, aber politische Wunder kann er nicht vollbringen.

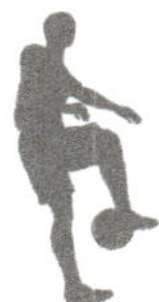

101. GRUND

Weil Barça in Gold investiert

Gold gilt unter den Investoren als sicherer Hafen. Wann immer Börsenwerte abrutschen, Staatskrisen die Wirtschaftspresse bestimmen oder Banken vom Steuerzahler gerettet werden, dann steigt meistens auch der Kurs dieses Edelmetalls in die Höhe. In Zeiten moderner Technologie, Internet Of Things und leistungsfähiger Prozessoren im Miniformat hat Gold längst keine industrielle Bedeutung mehr. Seltene Erden heißt das Material unserer Tage.[290]

Und dennoch: Viele Kulturen der Welt messen dem Gold eine besondere Bedeutung bei.[291] Sich mit ihm zu schmücken, ist ein Zeichen von Einfluss und Stärke. Sei es in Form von goldenen Zähnen, der schlichten Kette als Schmuck und Markenzeichen, der Verzierung von Wasserhähnen oder der Barren im Safe der Bank, Gold ist die gewichtige Verbriefung von Vermögen und Beständigkeit.

Wer sich nicht um Goldkurse kümmert, weil er schlichtweg keines besitzt, erfährt aber einen Trost, wenn er zudem Barça-Fan ist. Kein anderer Verein kann sich rühmen, so viele Goldene Bälle in den eigenen Reihen zu haben wie der FC Barcelona. Ganze zehnmal wurden Barça-Spieler mit dem prestigeträchtigen Titel bedacht. Mit acht Titeln müssen sich der AC Mailand und Juventus Turin begnügen.[292] France Football rief diese Auszeichnung für den besten Spieler ins Leben und 1956 wurde er das erste Mal verliehen.

Damals hieß der Sieger Stanley Matthews vom Blackpool Football Club. Dass die erste Wahl auf den spektakulären Dribbler der englischen Nationalmannschaft fiel, unterstreicht die Huldigung für ihr besonderes Können, welche den Ausnahmespielern durch diese Auszeichnung entgegengebracht wurde. Bekannt wurde der goldene Ball auch unter dem Namen Europas Fußballer des Jahres, weil bis 1995 ausschließlich diejenigen Spieler gekürt werden konnten, welche in Europa spielten und eine Staatsbürgerschaft aus Europa vorweisen konnten.

Diese restriktive Regel wurde im selben Jahr abgeschafft, und der Liberier George Weah, in Diensten von Paris Saint-Germain und dem AC Mailand. Er hatte im Sommer zuvor gewechselt, war der erste Nutznießer. Der Wegfall dieser Kondition bereitete den Weg dafür, dass 2010 FIFA und France Football ihre Preise fusionierten, sodass mit dem FIFA Goldener Ball eine Auszeichnung entstand, welche über jeden Zweifel erhaben ist, den jeweils weltbesten Fußballer des Jahres auszuzeichnen.

Die Tatsache, dass derjenige zum Sieger ernannt wird, welcher die meisten Stimmen der Mannschaftskapitäne und Nationaltrainer aller bei der FIFA geführten Fußballverbände auf sich vereinen kann, verleiht dem Goldenen Ball eine gewisse Objektivität. In den meisten Jahren kann der gekürte Spieler viele Titel mit Club und/oder Nationalteam vorweisen, doch notwendige und hinreichende Bedingung ist das noch lange nicht, wie 2014 Franck Ribéry schmerzlich erfahren musste, als er hinter Cristiano Ronaldo und Leo Messi trotz fünf errungener Titel mit dem FC Bayern München den Kürzeren ziehen musste.

Oftmals fällt die Wahl wirklich auf denjenigen Fußballer, dessen besonderes Können über dem seiner Konkurrenten steht, der sich zudem in guter Form präsentiert und die Massen mit seinen Darbietungen verzückt. Mit der Kür von Fabio Cannavaro zum Goldenen Ball 2006 kam das spektakuläre Element zu kurz, trotzdem bestätigt die Ausnahme nur die Regel. Verfechter des offensiven und technischen Fußballs fühlten sich auf den Plan gerufen, um seine Wahl zu kritisieren.[293]

Der Hype um die Preis-Verleihung bei der jährlichen Gala in Zürich veranschaulicht den Stellenwert, den dieser Preis genießt. Messi gelang dieses Kunststück sagenhafte viermal in Folge, doch er übernahm nur die Thronfolge weiterer illustrer Sieger, die dem FC Barcelona zu weltweitem Ruhm verhalfen. Luís Suárez war 1960 der erste Barça-Spieler, dem diese Ehre zuteilwurde (siehe Gründe 96 und 106). Es folgten in den 70er-Jahren zwei Auszeichnungen für Johan Cruyff (siehe 1. Grund), dann sollte es lange Zeit ruhig werden, bis 1994 Hristo Stoichkov (siehe 4. Grund) zum Vorboten des goldenen Barça-Zeitalters wurde. Rivaldo (siehe 6. Grund) im Jahr 1999 und Ronaldinho (siehe 12. Grund) im Jahr 2005 bestückten fortan unser Barça eigenes Fort Knox. Seitdem macht sich Lionel Messi (siehe 14. und 104 Grund) im Stile eines Posträubers daran, mehr und mehr Gold von seinen (Spiel-)Zügen heranzuschaffen. Letztendlich schaut man heutzutage auf den Ticker und stellt zufrieden fest, dass Barças Kurs weiter steigt. Gold schafft halt Vertrauen.

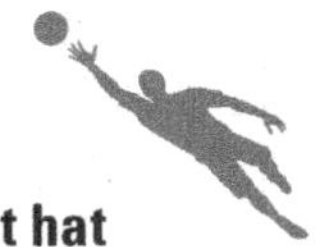

102. GRUND

Weil unser Fußball Schule gemacht hat

Die Trainerlegende Cesar Luis Menotti meinte anlässlich des Titelgewinns der Argentinier bei der Weltmeisterschaft 1978, dass seine »talentierten, klugen Spieler die Diktatur der Taktik und den Tenor des Systems besiegt haben.«[294]

Die Autoren Christoph Biermann und Ulrich Fuchs entlarven in ihrem Buch diese Aussage teilweise als Rhetorik, aber gestehen gleichzeitig auch ein, dass es einen schönen, freien Umgang mit den Vorgaben von System und Taktik gibt. »Wenn es Mannschaften gelingt, sich zu diesen Höhen aufzuschwingen, beginnt ihr Spiel zu klingen. Dann swingt und groovt es wie im Jazz, dann verschwimmt die Grenzen zwischen Verabredung und freier Improvisation.«[295]

Menotti vertritt außerdem die Meinung, dass es im Fußball zwei fundamentale Dinge gibt: Zeit und Raum.[296] Auch wenn all diese Aussagen in einem Barça fremden Kontext getätigt wurden, so drängt sich dem Leser doch auf, dass er dem FC Barcelona der Neuzeit musterschülerhaft diese Axiome der Fußballwissenschaft befolgt. Aber dafür kenne ich Heino Meissner. Für mich ist er der »Fußballlehrer« schlechthin. Er ist unserer Bitte nachgekommen, einen Beitrag zur taktischen Qualität dieses Buchs zu leisten. Vielen Dank, Heino, für den Beitrag Peps Play«:[297]

In meiner Jugend habe ich immer nur die Schwärmereien meines Vaters oder Onkels über Barça gehört – es gab noch kein Pay TV und die Champions League war noch der Cup der Landesmeister. Aber bereits damals hat jeder von der spielerischen Kunst des FC Barcelona geschwärmt. So richtig bin ich erst mit den Blauroten in Kontakt gekommen, als die holländische Ära Einzug gehalten hat – Johan Cruyff wechselte von Ajax Amsterdam zu Barça. Aus meinem Blickwinkel begann damals die Fußballphilosophie des eigentlichen Tika-Taka. Johan Cruyff, der mit 14 Jahren keine Ecke in den Strafraum bringen konnte, aber so intelligent war, jedem Zweikampf aus dem Weg zu gehen und trotzdem extrem torgefährlich zu sein: der Stratege.

Aus meiner jetzt über 50-jährigen Fußballerfahrung war das – ohne dass es überhaupt einer wusste – die Geburt von Peps Play. Cruyff, der schmächtige König mit den dünnen Beinen – brachte den strategischen Fußball ins Camp Nou, erst als Spieler, dann als Trainer, der Pep Guardiola in der dritten Jugendmannschaft des FC Barcelona entdeckte und so unbewusst schon damals eine Ära eingeläutet hat. Pep, der Stratege auf dem Spielfeld, wurde weiter durch den nächsten holländischen Visionär inspiriert: Louis van Gaal, mit dem er zweimal Meister wurde.

2007 kam Pep nach einem kleinen fußballerischen Exodus als Trainer von Barça B zum FC Barcelona zurück. Es schien so, dass es ein strategischer Schachzug im Hintergrund von Johan Cruyff war: zweimal Meister mit Frank Rijkaard und 2007 nur aufgrund des direkten Vergleichs an Real Madrid gescheitert. Es kam, wie es kommen musste: Barça nur Dritter und 18 Punkte hinter Real Madrid – der Beginn des Toptrainers Pep Guardiola.

Als Spieler war er der Kopf einer Topmannschaft, der Fußball nicht nur als Kunst auffasste, sondern als Spiel, das hohe Intelligenz erfordert. Kunst nicht nur im Spiel nach vorn, sondern Kunst auch im Spiel gegen den Ball. Kunst nicht mit unendlichen Übersteigern, sondern mit einfachem, schnellem und gradlinigem Spiel.

Strategie, die auf Ballbesitz setzt, immer wieder den Ball zirkulieren lässt und immer wieder Passwege anbietet und kreiert – ohne Hacke, ohne Übersteiger, ohne den Gegner zu vernaschen.

Tricks nicht um des Tricks willen, sondern um Raum und Torchancen herauszuspielen, den eigenen Mitspieler in Szene zu setzen.

Von Beginn der Pep-Ära an war es eine Mischung, die perfekt passte. Xavi (für mich der beste Fußballer der Welt. Hätte ich noch einen Sohn bekommen, er wäre auf Xavi getauft worden), der Kopf, das Herz des Pep Plays, Iniesta, der Filigrane, der drei Mann ohne Schnörkel an der Eckfahne ausspielen konnte. Messi – La Pulga – mit seinen Dribblings, Carlos Puyol, die Seele, der hinten abräumte, und die wohl beste Verpflichtung von Pep: Gerard Piqué, bei Barça ausgebildet und Manchester United gestählt, der neue Beckenbauer.

Es passte alles. Für Fußballer und Trainer – wie ich beides bin – gab es nichts Besseres. Ich konnte mich gar nicht sattsehen. Der Ball lief von Spieler zu Spieler. Jeder war beteiligt, ohne das Spektakel zu suchen (Okay, Ronaldinho war die Ausnahme!), trotzdem war es ein Spektakel.

Als Fußballer wollte man einfach nur Ball sein und so behandelt werden. Der Gegner war Stafette, ohne vernascht zu werden, er wurde sogar meist nicht mal demontiert – Barça hat einfach keine Tore geschossen, nur den Ball laufen lassen. Und – das ist das Einzige, was ich als offensiver Spieler mit einem zwinkernden Auge zu kritisieren habe – manchmal zu »wenig« Tore aus dieser unglaublichen Dominanz gemacht zu haben.

Der Höhepunkt für mich war ein Besuch im Camp Nou – allerdings nach dem Ende von Pep. Xavi kam gegen Granada in der 60. Minute ins Spiel und das Stadion zelebrierte seinen Namen. In der 90. Minute schoss er direkt unter mir das 1:0 (Endstand 2:0) – ein Traum.

Das Schönste jetzt ist, dass Pep in der Bundesliga ist und Deutschland mit dem Pep Play gepaart mit unseren Tugenden Weltmeister geworden ist. Luis Enrique geht den Weg weiter.

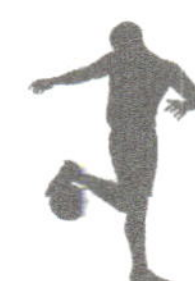

103. GRUND

Weil Messi Rekordhalter im Rekordhalten ist

Das Schöne an Rekorden ist ja, dass sie vermeintlich für die Ewigkeit gemacht sind oder zumindest für so lange, bis jemand daherkommt, die bestehende Rekordmarke verbessert, um daraufhin wieder eine sogenannte Ewigkeit zu warten, bis die Bestmarke wiederum verbessert wird. Je nachdem dauert somit eine »Ewigkeit« ein bisschen länger oder eben ein bisschen kürzer.

Wenn man mal wieder hört, dass ein gewisser Spieler zur absoluten Rekordablöse verpflichtet wurde, kann man davon ausgehen, dass dieser Rekord nur bis zur Transferperiode im nächsten Sommer Bestand hat. Andere Rekorde hingegen bleiben wirklich deutlich länger bestehen, zumindest so lange, bis Leo Messi daherkommt.

Gerd Müller erzielte im Kalenderjahr 1972 in 60 Spielen für Bayern München und die deutsche Nationalmannschaft insgesamt 85 Tore. Dieser Tor-Rekord hatte vier Jahrzehnte Bestand, bis ebendieser Leo Messi daherkam. Im Jahr 2012 erzielte er 91 Tore in 69 Spielen für den FC Barcelona und die argentinische Nationalmannschaft. Nun hat der »Bomber der Nation« zumindest seine Ruhe und muss nicht mehr jedes Jahr erneut bangen, dass ihm jemand seinen Rekord entreißt. Abgesehen davon hat er jetzt außerdem ein Messi-Trikot im Schrank. Das nämlich erhielt er von ihm mit einer persönlichen Widmung, in der er seinen Respekt und Bewunderung für »kleines dickes Müller« zum Ausdruck brachte (siehe 14. Grund).

In der Barça-internen Torjägerliste konnte Paulino Alcántara (siehe 47. Grund) zumindest zu Lebzeiten nicht überholt werden. Zwischen 1912 und 1927 erzielte er in sämtlichen Spielen für den FC Barcelona 369 Tore. Erst über 85 Jahre später wurde diese Bestmarke im März 2014 übertroffen – selbstverständlich von Leo Messi.

Einen anderen Rekord hatte bis vor Kurzem der Pole Teodor Peterek inne. In der Saison 1937/38 brachte er das Kunststück fertig, in 16 aufeinanderfolgenden Ligaspielen mindestens ein Tor zu erzielen. Na ja, Sie wissen schon … bis eben Leo Messi über 70 Jahre später daherkam und in der Saison 2012/13 in 21 Ligaspielen hintereinander traf.

Sämtliche Rekorde, die Leo Messi bisher trotz seiner jungen Jahre aufgestellt hat, sind hier aus Platzmangel gar nicht aufzulisten. Allerdings scheint es fast so, dass er sie früher oder später doch alle bekommt. Von Messi übertrumpft zu werden ist nun mal wirklich keine Schande und sollte eher als Ehre bezeichnet werden, genau so wie es Gerd Müller zum Ausdruck brachte: »Der beste Spieler der Welt hat nun meinen Rekord gebrochen und ich freu mich sehr für ihn.«[298] Wahrscheinlich denken nicht alle so, insbesondere wenn man Cristiano Ronaldo heißt. Aber wie gesagt, all diese Rekordmarken sind ja nur eine sogenannte »Ewigkeit« gültig.

104. GRUND

Weil Barça nicht der *beste* Fußballclub der Welt ist

»… und das ist auch gut so«, würde Berlins Oberbürgermeister Klaus Wowereit noch anfügen. Diese Ehre gebührt anderen Vereinen. Vielleicht Real Madrid mit ihrer beachtlichen Kollektion von zehn Champions-League-Titeln. Ließe man die errungenen Pokale als alleiniges Kriterium zu, so wäre Madrid ungeschlagen vorn. Um das Ungleichgewicht im direkten Vergleich von zehn zu vier Titeln zuungunsten Barças zu relativieren, sprechen culés gern davon, dass Barça mehr Erfolge in Farbe verweisen kann. Das ist eine Anspielung auf die sechs europäischen Titel, die Madrid in den 60er-Jahren, man lese schwarz-weiß wegen der vorherrschenden Fotografie, einfahren konnte.[299]

Als Anwärter auf den besten Club kann sich sicherlich auch der FC Bayern München fühlen. Wirtschaftlich und sportlich setzen die Münchner oftmals Maßstäbe. Dies lässt das Thema der Vereinshymne *Forever Number One* etwas weniger lächerlich und aufgesetzt erscheinen. Die Rechnung ohne den AC Mailand zu machen, wäre ebenso verkehrt. Wer einmal ein Spiel im San-Siro-Stadion live verfolgen durfte oder das legendäre Sportzentrum Milanello besuchte, der spürt die besondere Aura, welche diesen Club umgibt.

Und dennoch muss Barça den direkten Vergleich mit diesen Schwergewichten nicht scheuen. Stellt man nicht nur buchhalterisch auf Titel und Pokale ab, ist Barça auch ein heißer Anwärter auf diesen fiktiven und zu großen Teilen subjektiven Titel. Was uns unterscheidet, ist die Tatsache, dass wir entgegen der vorher genannten Vereine jahrzehntelang die Devise verfolgt haben, dass der Zweck nicht immer die Mittel heiligt. In Barças Zielfunktion taucht nicht nur der messbare Erfolg in Titeln auf, sondern dem Wie wird ebenso großes Augenmerk geschenkt. Somit ist bei Barça der Weg das Ziel.

Die Ausprägungen dieser Präambel des Barça-Daseins sind mehrdimensional. Dass Barças Publikum Bobby Robsons Mannschaft bei einem 6:0-Heimsieg mit Pfiffen verabschiedete, weil Barça nicht ein einziges Tor davon schön rausgespielt habe, ist ein Beispiel dafür. Dass Tata Martino erstmals stark in die Kritik geriet, weil er auf den heiligen Ballbesitz verzichtend mit einer Kontertaktik einen 4:0-Auswärtserfolg »erkaufte«, dient als weiteres Beispiel. Wenn der Erfolg eben nicht über alles andere steht, dann wird es sehr wahrscheinlich auch nicht klappen, irgendwann einmal der Club mit den meisten Pokalen in Vitrinen des Club-Museums zu sein. Das ist der schöne Preis, den wir als culés zahlen müssen.

Der verstorbene katalanische Literat Manuel Vázquez Montalbán, Anhänger und Kolumnist und Urheber der Behauptung, Barça, sei Kataloniens unbewaffnete Armee,[300] kommentierte einst dieses teils widersprüchliche Verhältnis zwischen Erfolg und der

Barça-Identität. Barça sei inzwischen zu erfolgreich geworden, und das vereine sich nur schwer mit der Melancholie um das Streben nach Schönspielerei und dem katalanischen Gefühl ewiger Benachteiligung.

Der FC Barcelona als Sportverein mit den professionellen Sparten Fußball, Basketball, Handball, Rollhockey und Futsal ist allerdings sehr wohl der erfolgreichste Verein Europas. Sage und schreibe 36 Europokale der Landesmeister beziehungsweise Champions-League-Titel sorgen dafür. Nur Sporting Lissabon ist ähnlich breit aufgestellt und erfolgreich.[301]

Die anderen Sparten tragen ihre Spiele im Palau Blaugrana aus.[302] Dabei handelt es sich um eine etwas in die Jahre gekommene 7.585 Zuschauer fassende Multizweck-Arena neben dem Camp Nou. Die Trikots derjenigen Spieler, die sich besonders um Barça verdient gemacht haben, sind an der Hallendecke gehisst und ihre Rückennummer wird nicht mehr vergeben (siehe Kapitel més que un club).

Die typische Frage nach den drei Schwächen, die der Personalleiter dem Kandidaten beim Vorstellungsgespräch stellt, kontert dieser am besten so geschickt, dass die Antwort als seine Stärke ausgelegt werden kann. Hier sehe ich Parallelen, demnach stimmen wir ein: »Ser del Barça és lo millor que hi ha«[303] (»Barça ist das Beste, was es gibt.«

10. KAPITEL

UNVERGESSLICHE MOMENTE

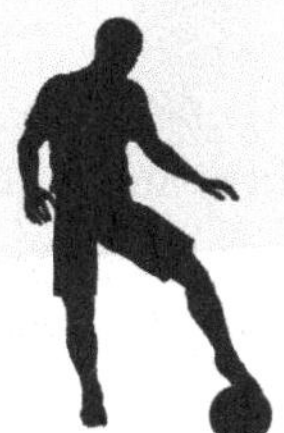

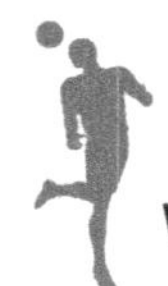

105. GRUND

Weil bei Barça nicht nur die Bälle rund sind, sondern auch die Pfosten

Um die 50 Jahre ist es her, dass Barça Real Madrid zum ersten Mal die Fußballherrschaft Europas hätte streitig machen können. Alfredo Di Stéfanos umstrittener Wechsel zu Real Madrid bescherte dem Hauptstadt-Club eine Hegemonie und der Ruf vom weißen Ballett war geprägt. Zeugen dieser Dominanz sind fünf Titel in Folge in einem Wettbewerb, der 1955 aus einer Idee des Präsidenten Santiago Bernabéu mit Unterstützung der renommierten und einflussreichen Sportzeitung *L'Équipe* entstand.[304]

Nachdem also Real Madrid die einzigen Editionen des Urgroßvaters der Champions League für sich entschieden hatte, war es Benfica Lissabon und dem FC Barcelona vorenthalten, Madrids Erbe anzutreten. Barça befand sich inmitten einer tiefen wirtschaftlichen Krise, der Bau des neuen Stadions Camp Nou kostete den Verein viel Geld und die Gegenfinanzierung über den Verkauf der Grundstücke des alten Stadions Les Corts erwies sich als schwierig und langwierig.

Sportlich lief es besser, denn Kubala und Co. konnten Madrid auf nationaler Ebene Paroli bieten und zwei Ligatitel sowie zwei Pokaltitel einfahren. Die Generation sollte als »Barça der 5 Pokale« in die Geschichtsbücher eingehen. Neben Kubala und seiner ungarischen Garde sorgte ein weiterer Spieler für Furore: der spätere Weltfußballer Luis Suárez, doch er sollte im Endspiel sein letztes Spiel für Barça absolvieren und somit den hauptsächlich altersbedingten Zerfall einer erfolgreichen Mannschaft symbolisieren. Er hatte schon bei Inter Mailand für die nächste Spielzeit zugesagt.

Am 31. Mai 1961 kam es also in Bern zum Endspiel, welches Barça klar dominierte. Aus der Überlegenheit und den zahlreichen Torchancen konnte Barça allerdings nur einen 1:0-Vorsprung durch

Luís Suárez herausspielen, mit zwei vereinzelten Aktionen schlug Benfica zurück und drehte das Ergebnis in ein 2:1 zur Pause um. Trotz des Rückstands war bei den culés Optimismus zu spüren, denn Barça zeigte sich sehr überlegen. Das 3:1 für Benfica in der 55. Minute wirkte deswegen umso mehr wie ein kalter Schauer. Barça blieb es nicht verwehrt, an diesem Tag dem Schicksal zu entkommen. Obwohl Barça weiterhin das Tor von Benfica belagerte, war der 2:3-Anschlusstreffer von Czibor der einzige zählbare Erfolg.

Insgesamt sechsmal spuckte der eckige Pfosten den Ball wieder aus, sodass der Anhängerschaft von Barça der Torschrei im Hals stecken blieb. In Anbetracht dieser Unmöglichkeit und Ungerechtigkeit, den etwas zu genauen Schuss auch mal ins Tor umzulenken, erließ der Fußballverband kurze Zeit später eine Regeländerung, dass Pfosten oval oder rund sein müssen.[305] Das war ein schwacher Trost für die Barça-Mannschaft von 1961, zumal dieses mit Pech behaftete Endspiel ein schlechtes Omen für 20 Jahre extremer sportlicher Dürrezeit sein sollte, die fortan folgten. Nur einmal gewann Barça die Liga und zweimal den Pokal.

Auch Benfica sollte kurze Zeit später ein Fluch heimsuchen. Nachdem sie den Titel in der nächsten Saison verteidigten, forderte der Startrainer Guttman eine Gehaltserhöhung, die ihm den Rausschmiss bescherte. Im Gehen sprach er eine Prophezeiung aus, die bis heute Bestand hat: »Ohne mich wird dieser Verein keinen europäischen Titel mehr gewinnen.«[306] Acht europäische Endspiele sind seitdem für Benfica verloren gegangen.

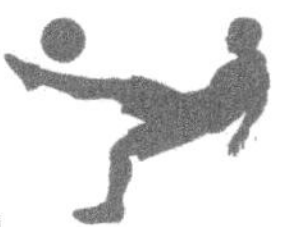

106. GRUND

Weil Flaschen unerwünscht sind

Während der 60er-Jahre erlebte der FC Barcelona eine wahre Durststrecke, gekennzeichnet durch wirtschaftliche Schwierigkeiten, die mit einer verheerenden sportlichen Krise einhergingen. Sportlich war vor allem der Weggang von Trainer Helenio Herrera und dem Star Luis Suárez zu Inter Mailand nicht zu kompensieren. Eine Mannschaft, die zuvor in 30 Jahren achtmal die Meisterschaft gewonnen hatte, bekam in den darauffolgenden 14 Jahren keine Hand mehr an den Meisterpokal. Sie dümpelten mehr schlecht als recht in der Liga herum und erweckten bei ihrem Anhang nicht unbedingt viel Freude, obwohl die Mitgliederzahlen stetig stiegen.

In dieser Stümperzeit, die vor allem auch durch viele fragwürdige Schiedsrichterentscheidungen zugunsten von Real Madrid gekennzeichnet war, trat urplötzlich ein Lichtblick auf: das Finale um den Copa del Generalísimo, den heutigen Königspokal im Juli 1968, ausgerechnet gegen Real Madrid in deren Stadion.

Es ist auch richtig, dass die Spieler des FC Barcelona an diesem Abend bis in die Haarspitzen motiviert waren, weil sie den Sieg einem verstorbenen Mitspieler widmen wollten. Einige Monate zuvor, im April 1968, nur wenige Tage vor dem entscheidenden Ligaspiel zwischen den zwei Erzrivalen, verstarb der aus Uruguay stammende Barça-Verteidiger Julio César Benítez, offiziellen Meldungen zufolge an einer Lebensmittelvergiftung, hervorgerufen durch schlechte Muscheln. So ganz konnte die genaue Todesursache jedoch nie geklärt werden. Viele unbeantwortete Fragen sowie gegensätzliche Aussagen ließen den Tod des Spielers recht mysteriös erscheinen.

Wie auch immer, die Bestürzung und Anteilnahme waren überwältigend. Mehr als 100.000 Barça-Fans besuchten die Trauerhalle, die extra am Stadion errichtet wurde, und über 20.000 Menschen folgten dem Trauermarsch bis zum Friedhof. Das Ligaspiel zwischen Barça und Real Madrid wurde daraufhin um einige Tage verschoben und endete schließlich mit einem 1:1 unentschieden. Drei Monate später, als sich die beiden zum Pokalfinale wiedersahen, hatte sich Real Madrid mit einem hauchdünnen Vorsprung die Meisterschaft gesichert.

Dies waren also die Voraussetzungen vor dem entscheidenden Pokalfinale im Santiago-Bernabéu-Stadion. Das, was auf dem Rasen geschah, ist schnell erzählt. Real Madrid traf bereits nach wenigen Minuten ins eigene Netz und dabei blieb es dann auch bis zum Schlusspfiff. Schwerwiegender sind die Vorkommnisse im Anschluss an die Partie. Ein förmlicher Gewitterschauer an Flaschen und anderen Gegenständen seitens des Madrider Anhangs prasselte auf das Spielfeld und den Schiedsrichter ein, die in ihm den Hauptschuldigen für die Niederlage ausmachten. Ausgerechnet das Madrider Publikum, das sich sonst immer mit seiner vermeintlichen Vornehmheit brüstet, lässt auch eine Ehrenrunde für das siegreiche Barcelona nicht zu, da das Werfen von Gegenständen gar kein Ende nehmen wollte.

Dieses Spiel geht dann auch als »Das Finale der Flaschen« in die Historie ein und hat auch noch weitreichendere Konsequenzen. Seit diesem Tag sind der Verkauf und das Mitbringen von Glasflaschen in allen Fußballstadien in Spanien verboten. So muss der schmeißfreudige Fan auf andere, kleinere Gegenstände zurückgreifen wie zum Beispiel Münzen oder Feuerzeuge. Oder er muss seiner Fantasie freien Lauf lassen und etwa einen Schweinekopf als Wurfgeschoss verwenden ... Aber das ist eine andere Geschichte (siehe 90. Grund).

107. GRUND

Weil nur ein Ausnahmespieler wie Maradona es schafft, ein Spiel in eine Massenkeilerei ausarten zu lassen

Diego Armando Maradona – allein dieser Name lässt die Augen eines jeden Fußballfans aufleuchten (siehe 3. Grund). Wer erinnert sich nicht an seine spektakulären Auftritte bei diversen Weltmeisterschaften. Sein Jahrhundert-Tor gegen England bei der WM 1986 in Mexico (siehe 109. Grund), ganz zu schweigen von dem

Tor der »Hand Gottes« im selben Spiel oder wie er Mitte der 80er-Jahre mit seinem Zauberfußball die erfolgreichsten Jahre des SSC Neapel einläutet.

Andererseits, gab es ebenso spektakuläre negative Aktionen wie bei der WM 1982 im Spiel gegen Brasilien, als er aus Frust beim Stand von 0:3 mit einem brutalen Tritt in den Magen von Batista die Rote Karte sieht, oder seine Suspendierung bei der WM in den USA wegen Dopingmissbrauchs.

Genie und Wahnsinn lagen bei diesem Ausnahmespieler aus Argentinien schon immer ganz nah beieinander. Und da kein Superstar ein richtiger Superstar ist, ohne jemals beim FC Barcelona gespielt zu haben, führt auch sein Weg zum großartigsten Verein.

1960 geboren und aufgewachsen in ärmlichen Verhältnissen am Stadtrand von Buenos Aires, gibt es für ihn ausschließlich Fußball. Bereits mit 16 Jahren feiert er sein Debüt in der argentinischen Nationalmannschaft. Nach beeindruckenden nationalen Erfolgen wechselt er nach der Weltmeisterschaft in Spanien 1982 von den Boca Juniors zum FC Barcelona. Der damalige Präsident Núñez zahlt mal wieder eine bis dahin nie zuvor für einen Fußballer aufgebotene Rekordsumme.

Der nur 1,65 Meter große Wuschelkopf wird den 50.000 begeisterten Fans im Camp Nou vorgestellt. Dazu muss man sagen, dass neue Starspieler nicht wie in Deutschland im Presseraum vorgestellt werden, wo sie ihr neues Trikot in die Kamera halten. Nein, sie werden im eigens für diesen Zweck geöffneten Stadion der jubelnden und Fahnen schwenkenden Masse präsentiert. Dabei zeigt der neu eingekaufte Starspieler – natürlich in volle Fußballkluft gekleidet – gewöhnlich sein Können, indem er einen Ball einige Male dantelt, mit angetäuschter Körperbewegung einige imaginäre Gegner ausspielt, um dann den Ball – unter noch größerem Jubel der Fans – in die voll besetzten Ränge zu schießen.

Man kann schon vorwegnehmen, dass Maradona die in ihn hochgesteckten Erwartungen nicht erfüllen konnte, aber dennoch bei den Fans des FC Barcelona – aus nicht unbedingt ersichtlichen Gründen – in guter Erinnerung geblieben ist. Lediglich zwei Jahre bleibt er und gewinnt dabei nur einen Pokalsieg. Mit insgesamt 38 Toren in 58 Pflichtspielen kann er einerseits auf eine recht ansehnliche Bilanz zurückblicken, aber leider verhindern Schicksalsschläge in jeder seiner zwei Spielzeiten deutlich mehr Spiele.

Bereits im Dezember nach seiner Ankunft erkrankt er an Hepatitis, worauf er 14 Spiele ausfällt. Auch die Zusammenarbeit mit dem deutschen Trainer Udo Lattek steht von Anfang an unter keinem guten Stern. Man kann sich schon gut vorstellen, dass für einen Spitzenspieler aus Argentinien die frühmorgendlichen Übungseinheiten mit viel Kraft- und Ausdauertraining nicht der idealen Vorstellung von Fußballtraining entsprechen. Nachdem sich Maradona schließlich bei Präsident Núñez beschwert hat, dauert es nicht lange, bis Udo Lattek durch den argentinischen Nationaltrainer und seinen Landsmann César Luis Menotti ersetzt wird.

Ganz plötzlich kehren der Spaß und die Freude am Fußball zurück. Sowohl Maradona als auch sein neuer Trainer genießen das gute Leben und die langen Nächte, und von nun an wird erst nachmittags trainiert. Das mit dem Nachtleben ist so eine Sache, bei der sich noch heute so einige Geschichten über die Disco Up and Down erzählt werden. Um sicherzugehen, dass keiner seiner Spieler länger als er selbst blieb, schloss Menotti höchstpersönlich als letzter Gast die Türen. Falls sich Maradona dann mal nicht ins Nachtleben stürzte und zu Hause blieb, wurde halt in seiner 15-Zimmer-Villa im Nobelviertel Pedralbes gefeiert. Auch sollen hier seine Drogenprobleme angefangen haben, die ihn noch den Rest seiner Karriere verfolgen sollten.

Trotz aller Vorkommnisse spielt er auf gutem Niveau und beendet seine erste Saison mit elf Toren in 20 Ligaspielen. Der vierte Platz in der Meisterschaft wird zumindest mit dem Pokalsieg gegen den Erzrivalen Real Madrid mit einem 2:1-Sieg und einer starken Vorstellung des Argentiniers kompensiert.

Zu Beginn seiner zweiten Saison wird er im Spiel gegen Athletic Bilbao von Andoni Goikoetxea so schwer verletzt, dass er mehrere Monate ausfällt (siehe 107. Grund). Diego Maradona kommt somit nur auf 16 Ligaeinsätze und beendet die Saison auf dem dritten Platz. Und wieder steht er mit dem FC Barcelona im Pokalfinale, dieses Mal gegen den amtierenden Meister Athletic Bilbao. Bereits vor dem Spiel geht es heiß her, das nicht nur wegen des erneuten Aufeinandertreffens zwischen Maradona und Goikoetxea. Gegenseitige Beschimpfungen vor und viele Nicklichkeiten während des Spiels heizen die Stimmung zusätzlich an. Bilbao gewinnt mit 1:0.

Zum Eklat kommt es dann aber erst nach dem Schlusspfiff, als Diego Maradona in bester Bruce-Lee-Manier gleich mehrere Gegenspieler attackiert und damit eine wahre Massenschlägerei auslöst. Sämtliche Spieler beider Mannschaften treten wild aufeinander ein, und selbst Fans, die mittlerweile das Spielfeld gestürmt haben, schwingen Fäuste und traktieren sich gegenseitig mit Fußtritten. Erst das Einschreiten von Polizei und Sicherheitskräften verhindert Schlimmeres. Und das alles in der Anwesenheit von König Juan Carlos. Maradona wird anschließend als der Hauptschuldige identifiziert und mit einer nationalen Spielsperre von drei Monaten bestraft. Auch eine Entschuldigung beim König konnte das Strafmaß nicht lindern.

Diese Strafe, zusammen mit Maradonas ausschweifendem Nachtleben, brachte das Fass beim Präsidium zum Überlaufen. Ebenso hatte auch der Stürmerstar die Nase gestrichen voll von der Stadt und dem Verein, zudem war er aufgrund diverser Fehlinvestitionen seines Beraters quasi pleite. Der anschließende Wechsel zum SSC Neapel brachte dann dem Verein eine Rekordablöse und dem Spieler ein üppiges Handgeld ein. So richtig hat die Chemie zwischen dem Unterschichtkind aus einem Armenviertel am Stadtrand von Buenos Aires und dem gutbürgerlichen Barcelona nie gestimmt.

Die Zeit von Maradona beim FC Barcelona hinterlässt aber auch einen bittersüßen Nachgeschmack. Zu Barça kommt ein aus ärmlichen Verhältnissen stammender Junge, und er geht, kurz bevor er zu einem der besten Fußballer aller Zeiten wird. Ach ja, und im noch Fußball-verrückteren Neapel wird Maradona zu seiner Vorstellung mit einem Helikopter ins mit 80.000 jubelnden Fans voll besetzte Stadion San Paolo eingeflogen.

108. GRUND

Weil Barça unaufhaltsam ist und selbst auf lautlos gestellt viel Lärm verursacht

»Water can flow, and water can crash. Be water my friend.«[307] Bruce Lee hält das Copyright für diesen inspirierenden Kommentar, den ich mir mal entleihe, um Barças Naturgewalt herauszuheben.

Bobby Robsons[308] Barça spielte im Pokal gegen die immer gefährliche Mannschaft von Athlético Madrid. Im Sturm sorgte Ronaldo, der »Echte«, wie Mourinho sagen würde,[309] für Furore. Er sollte in dieser Saison sagenhafte 34 Ligatore erzielen.[310] Mit von der Partie war auch Pizzi, ein klassischer Mittelstürmer, der von Teneriffa gekauft worden war. Das Weiterkommen war nach dem Hinspiel völlig offen. Vítor Baía, dieser Torhüter aus Portugal, der Andreas Köpke vorgezogen wurde,[311] *stand* im Rückspiel im Camp Nou zwischen den Pfosten. Mehr kann man zu seiner Leistung eigentlich nicht sagen. Die war unterirdisch.

Anlässlich dieser Darbietung und einiger anderer Patzer, die er sich erlaubte, ließ sich ein glorreicher Extorhüter von Barça zu der Anmerkung hinreißen, dass er zu hübsch wäre, um Torhüter zu sein.[312] So kam es, dass wir in der ersten Halbzeit mit 0:3 aussichtslos im Hintertreffen lagen. Ich war in Barcelona, aber mein Budget war klein, und ich zog vor, das Spiel im Fernsehen zu schauen (zu schauen, wohlgemerkt, und nicht zu hören), denn TV3 als übertragende Sendeanstalt war im Streik, sodass kein Moderator das Spiel kommentierte.

So griffen die Zuschauer auf den Radiokommentar zurück. Das liegt nahe, denn Fußball im Radio ist in Spanien äußerst populär. Je nach Couleur deiner Mannschaft suchst du dir den passenden Sender aus. Fußball in Spanien ist selten objektiv. Joaquim Maria Puyal[313], eine Institution bei Catalunya Ràdio, der über 2.000 Spiele kommentiert hat, bekam durch den Arbeitsstreit beim Fernsehen noch mehr Zulauf als sonst. Und die Spieler auf dem Platz taten ihm den Gefallen, dass er wirklich viel zu erzählen hatte.

Barça wachte aus dem kollektiven Tiefschlaf auf und verkürzte auf 1:3. Barça musste gewinnen, um die nächste Runde zu erreichen. Hoffnung keimte auf. Doch Vítor Baía sollte ein weiteres Mal in Erscheinung treten, ich meine natürlich als unbeteiligter Zuschauer, Vogelscheuche oder Witzfigur. Das vierte Gegentor in einem Spiel, fast alle gingen auf seine Kappe. Und alle Tore bei Athlético Madrid erzielte Pantic. Wahnsinn!

Mittlerweile war Hristo Stoichkov mit von der Partie. Später hieß es, er hätte sich selbst eingewechselt. Sein Siegeswille setze in der Mannschaft noch einmal Reserven frei. Wir drehten tatsächlich das Spiel und gewannen noch 5:4. Das entscheidende Tor schoss der *Pizzi*.Der Kommentator nahm den argentinischen Spanischakzent an und überschlug sich beim Erzählen des Tores. »*Pizzi*, sos macanudo! Qué bueno que llegaste. Qué bueno que viniste« (*Pizzi*, du bist ein toller Typ. Schön, dass du gekommen bist. Schön, dass du hier bist.«), so huldigte er dem Mann aus Argentinien.[314]

Der Fußballkrimi, die hohe Einschaltquoten für das Radio und der glückliche Ausgang für Barça trugen alle dazu bei, dass ein paar Tage später eine CD mit einem 74-minütigen Zusammenschnitt der Liveübertragung an den Kiosken in und um Barcelona erhältlich war. Barça bahnt sich halt seinen Weg, so wie Wasser eben.

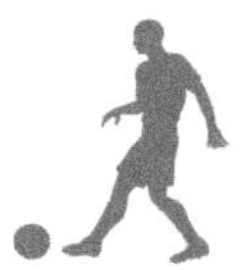

Weil sich Messi als Maradona verkleidet hat

Es ist offensichtlich noch ein wenig verfrüht, über das schönste Tor im 21. Jahrhundert zu sprechen, schließlich ist ja erst ein Bruchteil vergangen. Und wenn der Fußball eine ähnliche Entwicklung wie im vorherigen Jahrhundert nimmt, werden noch unzählige tolle Tore fallen, aber es ist auch nicht davon auszugehen, dass sich ein Tor, wie es Leo Messi am 18. April 2007 gegen Getafe erzielte, so leicht wiederholt. Ein Tor, von dem viele Barça-Anhänger noch heute sagen »Ich war damals im Camp Nou und habe das Tor live gesehen«. Ein Satz, falls er denn immer der Wahrheit entsprechen sollte, der die Stadionkapazität um ein Mehrfaches überschreiten würde. Nach heutigem Standpunkt ist Leo Messi definitiv ein heißer Kandidat für diesen Titel. Ein Tor, fast deckungsgleich mit dem eines ebenfalls Argentiniers und Ex-Barça-Spielers, nämlich von Diego Maradona erzielt im Azteken-Stadion während der Fußballweltmeisterschaft 1986 in Mexiko gegen England. Nach einer Umfrage der FIFA wurde dieses Tor mit großem Abstand zum WM-Tor des 20. Jahrhunderts gewählt. Und das Tor, das Messi im Hinspiel des Halbfinales um den spanischen Königspokal gegen Getafe erzielte, war eine fast detailgetreue Nachahmung des Jahrhunderttors, sozusagen die Version 2.0 seines Landsmanns.

Werfen wir einen genaueren Blick auf das Tor: Messi ist gerade erst 19 Jahre jung. Barça führt mit 1:0 gegen Getafe, bei denen der Deutsche Bernd Schuster auf der Trainerbank sitzt. Es läuft die 29. Minute und Messi wird noch in der eigenen Hälfte nahe der rechten Außenbahn der Ball zugespielt. Sofort attackiert, umspielt er zunächst Paredes, um auch gleich noch Nacho den Ball durch die Beine zu spielen. Dann nimmt er an der Mittellinie ordentlich Fahrt auf, an seinen Fersen hängt förmlich Nacho, der ihn vergebens mit einer Grätsche von hinten zu Fall zu bringen versucht. Kurz vor der Strafraumgrenze lässt er mit einer Körpertäuschung fast gleichzeitig sowohl Alexis als auch Belenguer ins Leere laufen, bis Messi mit dem Ball dicht am Fuß in den Strafraum stürmt. Dort hat er noch die Kraft und Konzentration, den herauseilenden Torhüter Luis García zu umspielen und aus spitzem Winkel den Ball noch über einen grätschenden Verteidiger hinweg ins Tor zu schießen. Ein Tor, nach insgesamt 13 Ballberührungen, dabei sechs Gegner ausgespielt, 60 Meter hinter sich gebracht und das alles innerhalb von zwölf Sekunden! Der nahezu identische Spannungsbogen und die gleichen Laufwege wie beim Maradona-Geniestreich vor 21 Jahren lassen die nationale Presse mit Superlativen um sich schmeißen. Vom »Fuß Gottes« bis zur »Maradona-Verkleidung« ist da die Rede, und Messi widmet dieses Tor dann auch Diego Maradona, der zu diesem Zeitpunkt in einem Krankenhaus in Buenos Aires wegen einer Hepatitis in Behandlung ist.

Der einzige Unterschied ist vielleicht, dass Maradona am Ende des Turniers die Weltmeistertrophäe in die Höhe streckte, während Messi nach dem 5:2-Hinspielsieg das schon fast sicher erreichte Finale durch eine 0:4-Niederlage im Rückspiel doch noch verpasste. Aber daran sollte sich bei der Wahl zum Tor des Jahrhunderts 93 Jahre nach diesem Tor wirklich niemand mehr erinnern.

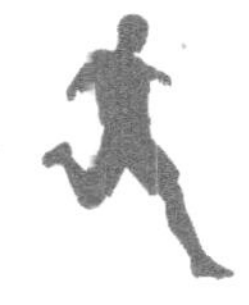

110. GRUND

Weil Barça für Nachwuchs sorgt

Ich kenne viele culés, bei denen immer noch ein ganzer Barça-Kurzfilm[315] im Kopf abläuft, wenn sie den Song *Viva la vida* von Coldplay hören. Er wurde im Jahr 2009 zur inoffiziellen Hymne und wurde gleichermaßen im Mannschaftsbus wie in Barça-affinen Medien rauf und runter gespielt.[316] Somit erinnert er uns an eine denkwürdige Saison, welche uns wunderschöne Momente bescherte.

Guardiolas Barça hatte sich in einen Rausch gespielt. Es war ansteckend, jedes Tor war eine virtuose Meisterleistung. Da sollte doch der FC Chelsea keine Hürde auf dem Weg ins Champions-League-Finale darstellen, oder?

Doch wie so oft hatte Mourinho scheinbar das Gegengift gefunden. Nach einem 0:0 im Hinspiel kamen wir im entscheidenden Rückspiel an der Stamford Bridge gar nicht zu unserem gefürchteten Kombinationsspiel. Chelsea war durch einen sehenswerten Treffer von Essien in Führung gegangen. Wir standen mit dem Rücken zur Wand. Uns gelang nichts. Wir bekamen keine gefährliche Situation zustande. Unser bester Mann war der Schiedsrichter, denn wir hätten uns nicht beschweren können, wenn ein Elfmeter gegen uns gepfiffen worden wäre. Für uns alle war diese Situation völlig neu. Wir kannten nur die andere Perspektive: fantastisch spielend, auf den Pfosten schimpfend und mit dem Glück hadernd auszuscheiden.

Es lief die zweite Minute der Nachspielzeit. Alves flankte, wie immer in diesem Spiel, viel zu weit, von rechts auf ganz weit links. Messi nahm den Ball auf und bewegte sich Richtung Mitte des Strafraumes. Auch er sah kein Licht an diesem Abend, weshalb er auf Iniesta ablegte (siehe 9. Grund), der den Ball direkt abnahm. In der rappelvollen Bar, in der wir das Spiel verfolgten, stand die Zeit still. Die Stille der Ohnmacht wich dem angehaltenen Atem der Hoffnung. Der Bruchteil der Sekunde, in dem sich der Ball seinen Weg ins Tor bahnte, dauerte eine Ewigkeit. Dann die Erlösung! Über den sich duckenden Michael Ballack schlug der Ball unerreichbar für Peter Czech unter der Latte ein. Es brachen alle Dämme und jeder ließ seiner Freude freien Lauf. Wir Bar-Gucker fielen sprichwörtlich um vor lauter Hüpfen, Umarmen und Geschrei.[317]

Derweil sorgte in London Guardiolas 40-Meter-Sprint an der Seitenlinie für weitere unvergessliche Bilder eines denkwürdigen Spieles. Nach diesem kurzen Kontrollverlust ordnete Guardiola gleich wieder seine Mannschaft und gab letzte Anweisungen, wie

Barça das jetzt positive Ergebnis über die Zeit retten sollte. Der Fußballgott war also mit uns. Wir durften weiter vom Triple träumen, als der Schiedsrichter kurze Zeit später Richtung Finale in Rom abpfiff.

Rückblickend bleibt mir zu sagen, dass der kollektive, explosive, zügellose Jubel wohl für immer das intensivste Fußballereignis sein wird, das mir je widerfahren ist. Weil wir in diesem Mai tatsächlich das Triple holten und ich wohl nicht der Einzige war, der dies als Achterbahnfahrt mit wunderbarem Ausgang empfand, verzeichnete das Geburtenregister in Barcelona neun Monate später einen statistisch signifikanten Anstieg.[318] Meine Tochter wurde zwar erst ein paar Jahre später geboren, aber wahrscheinlich lief Coldplay im Radio …

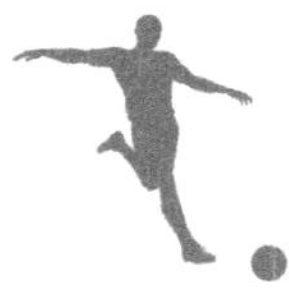

111. GRUND

Weil Barça doch nur Teil eines Größeren ist

Und zwar der Faszination, die vom Fußball ausgeht. Und der Gemeinschaft, die er heraufbeschwört. Fußball verbindet überall auf der Welt. In Zeiten der Reizüberflutung und ständigen Bereitschaft ist Fußball der vertraute Hafen, in den man sich zurückziehen kann. Gerade in Zeiten großer Turniere und im Hinblick auf das Interesse an der Nationalmannschaft wird vom »letzten gemeinsamen Lagerfeuer der Nation« gesprochen.[319]

Ob uns nun die Nation, die Stadt, die Region oder einfach nur die Liebe zum Fußball eint, wir lassen uns gern auf dieses Spektakel ein und befolgen dessen ungeschriebene Gesetze. Etwa dass es gesellschaftlich eher vertretbar ist, sich von seinem Partner zu trennen, als die Lieblingsmannschaft zu wechseln.

Unser ganz persönlicher Barça-Rückblick ist eine Danksagung an die vielen lieben Menschen, die uns untrennbar mit Barça verbinden. Unser Barça-Such-Algorithmus fördert folgende Personen auf die Trefferliste.

Der freundliche Barça-Fan, der meinem Papa und meiner mit mir hochschwangeren Mama auf dem Flughafen seine Liebe zu Barça offenbarte und damit bei mir zur pränatalen Prägung beigetragen hat.

Meine Eltern für ihr Verständnis und ihren Langmut, dass mir Barça zwischenzeitlich wichtiger war als mein Studium.

Andreas, der mich Joan Laporta vorstellte und mir meinen Traum vom Barça–Madrid live im Camp Nou erfüllte.

Frithjof und Arne als spirituelle Gründerväter der Penya Barcelonista Berlín Culé. Arne schaffte das nötigte katalanische Fundament und erklärte uns das »més que un club«. Frithjof imprägnierte der Penya die nötige Rivalität zu Real Madrid und konnte mit jeglichen historischen Begebenheiten aufwarten.

Nando aus Duisburg schloss sich uns an. Als Spanier relativierte er die Rivalität und seine Begeisterung und seine gute Laune waren ansteckend. Sorry für die Höllennacht, die wir vor einem Spielbesuch in meiner Wohnung erlebten, als Heizlüfter, zur Trocknung der Wände nach einem Brandschaden und Löschwasserunfall aufgestellt, mitten in Berlin ein tropisches Klima erzeugten.

Dass Matze aus Berlin Barça-Fan ist, erhöhte das Selbstwertgefühl, schließlich war er ein absoluter Fußballnarr und schaute sprichwörtlich alle Spiele.

Matze aus Hannover sorgte für die richtige Fankultur, schließlich war er außerdem von Dortmund und englischen Vereinen geprägt.

Ralf aus Hannover war wie eine Brücke zu Barças Geschichte. Er war schon Barça-Fan, als wir noch in die Windeln machten.

Manuel aus Wuppertal war kein Weg zu weit, um der Penya Leben einzuhauchen.

Martin für seine ansteckende Liebe zum Fußball.

Karsten aus Berlin mit seiner Vorliebe für den Spieler Luis Enrique wird jetzt wieder besonders heiß auf Barça sein.

Und Pedro dafür, dass er mich als Espanyol Barcelona-Fan trotzdem einstellte, als ich mit einer Barça-Krawatte vorstellig wurde (konnte ja keiner ahnen).

Flavio für seine Großzügigkeit und Freundschaft im Abonnement sowie die Dauerkarten, die wir uns gönnten.

Und natürlich möchte ich mich bei meinen drei Musen Nadine, Amaya und Yaya bedanken. Ohne ihre Hilfe und Rückendeckung hätte das Buchprojekt den Ampelstatus rot.

Und meiner geliebten Tochter gehört zudem noch ein Extra-Dank für ihre spirituelle, positive Einflussnahme auf den erfolgreichen Ausgang des Champions-League-Finales in Wembley. Am Finaltag reckte sie ihren Henkelbecher in die Höhe, der verdächtige Ähnlichkeit mit der Trophäe aufwies. Damit war klar, dass Abidal am Abend den Pokal von Platini in Empfang nehmen würde.

Am Ende ist es doch das Wichtigste, gemeinsam mit Freunden unvergessliche Momente zu erleben, sei es eine grausame Niederlage in letzter Sekunde oder ein triumphaler Sieg gegen den Erzfeind.

Ein Dank an die Jungs vom Männerabend: Guude Pom, Oli, Nacktiii und Strauchi, ebenso an den Klugschwätzer Miguel, der sich gern als größten Barça-Experten ausgibt, und an Flori für diese einmalige Gelegenheit. Nicht zu vergessen: Kathy und Anne für ihre seelische Unterstützung – Hiermit ein Prost auf die Freundschaft und den Fußball!

Anmerkungen

1 Schaar, Thorsten: »Die Entführung des Hexers«, www.11freunde.de/artikel/ein-grosser-kriminalfall-des-fussballs

2 Móvil EL PAÍS: »El Barcelona traspasó ayer a Maradona al Nápoles«, elpais.com/m/diario/1984/07/01/deportes/457480801_850215.html

3 YouTube: »Maradona La mano de Dios – Rodrigo«, youtu.be/e03-wCH1caY

4 diariogol: »Lluís Lainz: »Maradona enmascaró con una hepatitis una enfermedad de transmisión sexual«, www.diariogol.com/es/notices/2012/11/lluis_lainz_maradona_enmascaro_con_una_hepatitis_una_enfermedad_de_transmision_sexual_28474.php?fromt=yes

5 YouTube: »Maradona La mano de Dios – Rodrigo«, youtu.be/e03-wCH1caY

6 Curiosidadesdelfutbol: »Udo Lattek y el Barça«, curiosidadesdelfutbol.wordpress.com/2012/10/25/udo-lattek-y-el-barca/

7 Canchallena: »Maradona, sobre Beckenbauer y Pelé: »Dicen estupideces porque son dos tarados«, URL canchallena lanacion.com.ar/1705649-maradona-sobre-beckenbauer-y-pele-dicen-estupideces-porque-son-dos-tarados

8 Camerino90.com: »Maradona; historias y vida a sus 52 años«, www.camerino90.com/site/recommendation/maradona-historias-y-vida-a-sus-52-anos/

9 Jose Maria Minguella: »Quasi tota la veritat«

10 YouTube: »Pisotón Stoichkov.mov«, youtu.be/ci36cBMQcMI

11 YouTube: »FC Barcelona – Barça Legends: Stoichkov (1st half)«, www.youtube.com/watch?v=YJg_2Bjbryk

12 YouTube: »FC Barcelona – Barça Legends: Stoichkov (2nd half)«, www.youtube.com/watch?v=5f4D1wtfaX0

13 YouTube: »Hristo Stoichkov Tribute – The Boss of the Dream Team«, www.youtube.com/watch?v=AobTrGrUG60

14 Jot Down Cultural Magazine: »Hristo Stoichkov: »No sé si el Barça entonces tenía complejos, sé que llegué yo y no tuvo más«, www.jotdown.es/2013/03/hristo-stoichkov-no-se-si-el-barca-entonces-tenia-complejos-se-que-llegue-yo-y-no-tuvo-mas/

15 EL PAÍS: »El Barcelona ficha a Stoichkov por 400 millones de pesetas«, elpais.com/diario/1996/07/13/deportes/837208818_850215.html

16 Mundodeportivo.com: »Hoy, 20 años del fichaje de Romário por el FC Barcelona: Misa, toros y fútbol«, www.mundodeportivo.com/20130717/mundo-barsa/Romário-fichaje-barcelona_54377588876.html

17 ZEIT ONLINE: »Katalonien verbietet Stierkämpfe«, www.zeit.de/gesellschaft/zeitgeschehen/2010-07/stierkampf-verbot

18 YouTube: »Romário Best Goals in Barça HD«, Zeit 0:49-1:29, youtu.be/GKXp_8tl9ew

19 Sabidurias.com: Jorge Valdano »Romário es un jugador de dibujos animados«, www.sabidurias.com/cita/es/46295/jorge-valdano/Romário-es-un-jugador-de-dibujos-animados

20 Minguella Llobet, Josep Maria: »Quasi tota la veritat«

21 Racó blaugrana: racoblaugrana.blogspot.com.es/2012/07/frases-mitiques-de-jugadors-entrenadors.html

22 YouTube: »Cola de vaca de Romário a Alkorta«, youtu.be/adC8ZJ503_0

23 YouTube: »Barcelona 5 – Sevilla 2 (93/94)«, youtu.be/b-H0PZ9WWfE

24 Fútbulypasionespolíticas: »MUNDIAL 2014: Romário, del genio en la cancha al comprometido parlamentario«, www.futbolypasionespoliticas.com/2014/06/mundial-2014-Romário-del-genio-en-la.html

25 ElConfidencial.com: »Rivaldo jugará en Angola como español«, blogs.elconfidencial.com/mundo/bem-vindos-brasil/2012/03/04/rivaldo-jugara-en-angola-como-espanol-8818

26 YouTube: »Rivaldo best goals«, youtu.be/CtNcj76SC9c

27 YouTube: »EL MEJOR GOL DEL AÑO 2012: Zlatan Ibrahimovic de media«, youtu.be/sBZi0LA2WNE

28 YouTube: »GOLAZO CHILENA RIVALDO BARCELONA VALENCIA HD (ALTA CALIDAD Y SONIDO) BICYCLE KICK«, youtu.be/is6ZLTe2CLw

29 YouTube: »La Rabona ... Baggio, Rivaldo è Maradona«, youtu.be/p4xuZy5r_ew

30 YouTube ¡: »Rivaldo – best goals in Olympiakos«, Zeit 2:10, youtu.be/sLAVnI4nTQA

31 Pérez de Rozas, Emilio: »Més que una lliga: història d'un títol: 2004–2005«

32 Europapress: »Eto'o: »Luis Aragonés ha sido más que un entrenador, ha sido como mi padre«, www.europapress.es/deportes/futbol-00162/noticia-etoo-luis-aragones-sido-mas-entrenador-sido-padre-20140201210704.html

33 BBC SPORT: »Aragones fined for Henry remarks«, news.bbc.co.uk/sport2/hi/football/internationals/4055395.stm

34 Libertad Digital: »Luis Aragonés a Reyes: »Dígale al negro que usted es mejor«, www.libertaddigital.com/deportes/luis-aragones-a-reyes-digale-al-negro-que-usted-es-mejor-1276234539/

35 MARCA.com: »Muere Luis Aragonés: las mejores frases de ›El Sabio de Hortaleza‹«, www.marca.com/2014/02/01/futbol/1391246911.html

36 YouTube: »Eto'o being abuse!«, www.youtube.com/watch?v=gQv4aIXaGQ4

37 Wikiquote: »Samuel Eto'o«, es.wikiquote.org/wiki/Samuel_Eto'o

38 Ferran Soriano: »La Pilota no entra per atzar«

39 YouTube: »Sammi Eto'o Madrid Cabron«, youtu.be/TjkHfoBlCnI

40 YouTube: »Barça – Inter (Rua de motos del Barça)«, www.youtube.com/watch?v=eGfdMeMs8Wo

41 MARCA.com: »Los aspersores impiden la celebración final del Inter«,

www.marca.com/2010/04/29/futbol/liga_campeones/1272517965.html

42 FAZ.NET: »Die leisen Herrscher von Barcelona«, www.faz.net/aktuell/sport/fussball/xavi-und-iniesta-die-leisen-herrscher-von-barcelona-1800370.html

43 11 FREUNDE: »Spaniens Andres Iniesta – Der Sinnstifter«

44 kicker ONLINE: »Im Profil: Andrés Iniesta«, www.kicker.de/fussball/intligen/startseite/artikel/310109

45 kicker ONLINE: »Im Profil: Andrés Iniesta«, www.kicker.de/fussball/intligen/startseite/artikel/310109

46 taz.de: »Andrés Iniesta: Der Engel schwebt«, www.taz.de/!5442/

47 Bodega Iniesta, bodegainiesta.es/es/corazonloco.php

48 Decorablog: »La casa de Andrés Iniesta en Fuentealbilla«, www.decorablog.com/la-casa-de-andres-iniesta-en-fuentealbilla/

49 ELMUNDO.ES: »Iniesta, el comodín de Rijkaard«, www.elmundo.es/elmundodeporte/2005/05/01/liga/1114951931.html

50 Marca.com: »El Real Madrid va a por Iniesta«, archivo.marca.com/edicion/marca/futbol/1a_division/real_madrid/es/desarrollo/1018215.html

51 Elpais.com: »Laporta dice que Iniesta fue una ›víctima‹ del proceso electoral en el Real Madrid«, deportes.elpais.com/deportes/2006/07/05/actualidad/1152084114_850215.html

52 ELMUNDO: »Andrés Iniesta = Oliver Atom«, www.elmundo.es/elmundodeporte/2012/06/12/futbol/1339533426.html

53 Wikipedia.de: »Kickers (Anime)«, de.wikipedia.org/wiki/Kickers_(Anime)

54 MARCA.COM: »Otra vez Iniesta Atom«, www.marca.com/2013/10/27/futbol/barca-real-madrid/1382857758.html?a=PG1a9940b223090b9dc192613246a6c6e6e&t=1407884722

55 YouTube: »Andres Iniesta · Signature Move · La Croqueta«, www.youtube.com/watch?v=IBrFLGNvV7U

56 Marca.com: »Palmarés Balón de Oro«, www.marca.com/deporte/futbol/balon_oro_2012/palmares.html

57 CNN.com: »Alex Ferguson's book: 10 things you need to know«, edition.cnn.com/2013/10/22/sport/football/alex-ferguson-my-autobiography-rooney-football/index.html

58 Goal.com: »La madre de Xavi Hernández: Galliani le ofreció cuatro años a Xavi cuando estaba en el Barça B«, www.goal.com/es/news/519/selección/2012/09/06/3358534/la-madre-de-xavi-hernández-galliani-le-ofreció-cuatro-años-a

59 Desdemisevillismo.blogspot.com: desdemisevillismo.blogspot.com.es/2011/03/me-encanta-europa-xavi-el-humphrey.html

60 Elperiódico: Xavi »En el Barça te enseñan a amar el balón«, www.elperiodico.com/es/noticias/barca/20110110/xavi-barca-ensenan-amar-balon/657327.shtml

61 YouTube: »Messi, Xavi & Iniesta vs. Real Madrid 5-0«, youtu.be/O9cix4pULUI

62 Marca.com: Xavi: »Mi mejor partido, el 5-0 al Real Madrid«, www.marca.com/2012/12/08/futbol/equipos/barcelona/1354993658.html

63 Panorama.com.ve »Ni Neymar hubiese evitado derrota ante Alemania, dicen jugadores brasileños«, panorama.com.ve/portal/app/push/noticia118811.php

64 Football burp: »The best Neymar jokes from German semi-final disaster«, footballburp.com/magazine/the-best-neymar-jokes-from-german-semi-final-disaster/

65 YouTube: »joga bonito«, www.youtube.com/watch?v=H3q-gL9HN84

66 Oliver Guez, FAZ: »Schönheit des Fußball: Der Swing der schwarzen Dribbler«, m.faz.net/aktuell/feuilleton/schoenheit-des-fussball-der-swing-der-schwarzen-dribbler-13015800.html

67 YouTube: »Neymar Jr · Amazing Skills Show · 2013-2014 ||HD||«, youtu.be/3in9BW7k9fg

68 YouTube: »Ronaldinho, La sonrisa del Fútbol. Documental completo«, www.youtube.com/watch?v=2b37Ytd8CQw

69 Wikipedia: »Timm Thaler«, de.wikipedia.org/wiki/Timm_Thaler

70 YouTube: »Ronaldinho Best Tricks at Barcelona / Ronaldinho …«, youtu.be/KNvYchQUYX4

71 Back Page Football: »Ronaldinho: The Fallen Star«, backpagefootball.com/ronaldinho-the-fallen-star/41485/

72 MARCA.com: »Ronaldinho alega ›insomnio crónico‹ para no entrenar por la mañana«, www.marca.com/2012/01/05/futbol/futbol_internacional/america/1325773134.html

73 YouTube: »Ronaldinho – Just Skills [NEW!!!]«, youtu.be/_dCjy2ye3Xk

74 EL PAÍS: »Messi corre tan poco como Pinto«, deportes.elpais.com/deportes/2014/04/09/champions/1397069266_519419.html

75 El Comercio: »Alex Ferguson: Messi »está en el mismo nivel« que Maradona y Pelé«, www.elcomercio.com/deportes/futbol/alex-ferguson-messi-mismo-nivel.html

76 Depor.pe: »Lionel Messi entre los 11 mejores de la historia y Cristiano Ronaldo no«, depor.pe/futbol-internacional/lionel-messi-entre-11-mejores-historia-908210

77 20minutos.es: »Piqué: »Messi es un extraterrestre, y Cristiano es el más bueno de los humanos«, m.20minutos.es/deportes/noticia/pique-messi-extraterrestre-cristiano-balon-de-oro-1647238/0/

78 Goal.com: »Wenger: Messi is mesmerising«, www.goal.com/en/news/12/spain/2012/12/11/3593996/wenger-messi-is-mesmerising

79 SPIEGEL ONLINE: »Mario Götze bei WM-Finale Deutschland-Argentinien besser als Messi«, www.spiegel.de/sport/fussball/mario-goetze-bei-wm-finale-deutschland-argentinien-besser-als-messi-a-980847.html

80 LaSegunda.com: »Ya no quedan adjetivos para calificar las hazañas de Messi«, www.lasegunda.com/Noticias/Deportes/2012/03/727751/Ya-no-quedan-adjetivos-para-calificar-las-hazanas-de-Messi

81 orgulloargentino10.blogspot.com: YouTube: »Champions: Gol de Messi en El Barcelona-Arsenal de la vuelta«, www.youtube.com/watch?v=N42dkvKrSj8

82 »Lionel Andrés Messi: Messi ya tiene adjetivo«, orgulloargentino10.blogspot.com.es/2013/04/messi-ya-tiene-adjetivo.html?m=1

83 Actualidad.rt.com: »›Inmessionante‹: el adjetivo de Messi se cuela en el diccionario«, actualidad.rt.com/deporte/view/86265-inmessionante-adjetivo-messi-diccionario

84 DiePresse.com: »Life Kinetic«: Gehirntraining für Spitzensportler«, diepresse.com/home/meingeld/1300930/Life-Kinetic_Gehirntraining-fur-Spitzensportler

85 americatv.com.pe »Todo lo que debe saber sobre el supuesto autismo de Lionel Messi«, www.americatv.com.pe/deportes/movil/futbol-mundial/todo-lo-que-saber-sobre-supuesto-autismo-lionel-messi-n145508

86 Taringa!: »Messi demostró su humildad, otra vez«, m.taringa.net/posts/deportes/16771883/Messi-demostro-su-humildad-otra-vez.html

87 YouTube: »Lionel Messi y Soufian (Furor en TV) Documental«, youtu.be/TSYV7qFSwo4

88 Mundodeportivo: »Leo Messi paga 53 millones a Hacienda en un año«, www.mundodeportivo.mobi/#component=54411189814&index=3&page=components

89 YouTube: »Trailer: Pelicula de Lionel Messi [HD]«, www.youtube.com/watch?v=wQeAQ5cQyfw

90 YouTube: »Lionel Messi · Top 50 Goals · 2004-2013«, youtu.be/wEhniGlFDtA

91 Wikipedia: »Camp de Les Corts«, es.wikipedia.org/wiki/Camp_de_Les_Corts

92 Cancha.typepad.com: »¿Por qué les dicen así?«, cancha.typepad.com/kicks_for_geeks/2011/09/por-qu%C3%A9-les-dicen-as%C3%AD.html

93 YouTube: »Simplemente Barça! Canaletas 6/05/09«, www.youtube.com/watch?v=OoiOm05ic-I

94 Foro azulgrana blaugrana: »¿Por qué celebramos los títulos del FC Barcelona en la fuente de Canaletas?«, foroazulgranablaugrana.blogspot.com.es/2009/06/por-que-celebramos-los-titulos-del-fc.html?m=1

95 YouTube: »Himne del F.C. Barcelona«, youtu.be/8b8cGhxhAsY

96 Wikipedia.es: »Himno del Fútbol Club Barcelona«, es.wikipedia.org/wiki/Himno_del_F%C3%BAtbol_Club_Barcelona

97 U2LOG.COM: u2log.com/tag/paul-mcguinness/

98 Mundodeportivo.com: »Homenaje del Barça a los autores de su himno«, www.mundodeportivo.com/20130309/fc-barcelona/homenaje-barca-autores-himno_54368196538.html

99 Ara.cat: »El Barça descobreix un himne oficial del 1910«, www.ara.cat/esports/barca/Barca-descobreix-himne-oficial-del_0_1175882634.html

100 FC Barcelona.es: »20 years of mosaics at the Camp Nou«, www.fcbarcelona.com/

club/detail/article/season/2011-2012/20-years-of-mosaics-at-the-camp-nou

101 YouTube: »CAMP NOU ATMOSPHERE BARCELONA 5 vs MADRID 0 MOSAICO 29 Nov 2010«, www.youtube.com/watch?v=3GlraCrwh88

102 FC Barcelona Museum

103 La Jugada Financiera: »El Camp Nou cumple 1000 partidos de Liga plagados de anécdotas«, lajugadafinanciera.com/el-camp-nou-cumple-1000-partidos-de-liga-plagados-de-anecdotas/

104 FC Barcelona: »Un estadio cinco estrellas«, www.fcbarcelona.es/club/instalaciones-y-servicios/detalle/ficha/camp-nou-un-estadio-cinco-estrellas

105 Mundodeportivo: »El Camp Nou, en el podio de asistencia media de espectadores«, www.mundodeportivo.com/20140731/fc-barcelona/el-camp-nou-en-el-podio-de-asistencia-media-de-espectadores_54412663711.html

106 FCBarcelona.cat: »¿Sabías que ...?«, arxiu.fcbarcelona.cat/web/castellano/club/especials/aniversari_campnou/sabies_que.html

107 Webdelcule: »Camp Nou«, www.webdelcule.com/varios/campnou.html

108 SPORT.es: »La voz del Camp Nou lleva 54 temporadas al pie del cañón«, www.sport.es/es/noticias/barca/20110717/voz-del-camp-nou-lleva-temporadas-pie-del-canon/print-1082160.shtml

109 Curiositats.cat: »Les penyes del Barça«, www.curiositats.cat/les-penyes-del-barca/

110 Penya Barca De Lagos Club: »The Penyes: Then & Now«, www.penyabarcadelagos.com/the-penyes/

111 Wikipedia: »Nicolau Casaus«, es.wikipedia.org/wiki/Nicolau_Casaus

112 Nicolau Casaus: Sein Kommentar auf dem jährlichen Penya-Treffen 2002

113 pbbc.de/

114 www.penya-azulgrana-frankfurt.com/

115 es-es.facebook.com/pages/Pe%C3%B1a-Barcelonista-de-Wolfsburg/152778474860358

116 koelnbarcelona.wordpress.com/2009/02/09/koelscher-fc-barcelona-fanclub/

117 ca-es.facebook.com/bayerischerpb

118 www.blaugrana.at/es

119 www.barcafanclub.ch/

120 www.fcbpenyaticino.ch/

121 www.penya.ch/

122 https://es-la.facebook.com/pages/FCJ-Barcelona-Z%C3%BCrich-Penya-/194906693858542

123 YouTube: »jordi cule«, www.youtube.com/watch?v=lBwAU157FNs

124 Lluís Canut: »Els Secrets del Barça«

125 Foro azulgrana blaugrana: »Representación blaugrana: l'Avi del Barça«, foroazulgranablaugrana.blogspot.com.es/2009/07/representacion-blaugrana-lavi-del-barca.html?m=1

126 Focus Media: »Crackòvia: rècord de audiencia«, www.focusmedia.es/crackovia-record-de-audiencia/

127 YouTube: »Crackòvia – Guardiola i Mou: »Bello i besti …«, youtu.be/cXDYE-KjFn4

128 YouTube: »Crackòvia – 24 hores amb en Puyol«, youtu.be/zXH3FcLCtDY

129 YouTube: »Carta de Cristiano Ronaldo a los Reye …«, youtu.be/ZcCOq_6xzfI

130 YouTube: »Crackovia Cristiano Ronaldo,Guti y el espejo magico HD«, www.youtube.com/watch?v=keSa1A2oqo0

131 YouTube: »Cristiano Ronaldo, Mourinho & Ozil …«, youtu.be/8xqbuWVGtKE

132 YouTube: »Crackòvia – Un contra un: J.M. Gutiérrez G …«, youtu.be/X7JWTSlt4qA

133 YouTube: »TV3 – Polònia – Schuster: »¿De donde eres?«, youtu.be/zBlJODIk3FQ

134 Spox.com: »Ökonomisch und moralisch vertretbar!«, www.spox.com/myspox/blogdetail/-Ouml-konomisch-und-moralisch-,200371,10.html?COMORD=2

135 Joachim Pennig, MAIN-POST: »Aufgeschlossen: Der große Fußball ist ethisch fragwürdig geworden«, www.mainpost.de/regional/rhoengrabfeld/Aufgeschlossen-Der-grosse-Fussball-ist-ethisch-fragwuerdig-geworden;art765,8213379

136 Store nike: »2014/15 FC Barcelona Match Home Camiseta de fútbol – Hombre«, store.nike.com/es/es_es/pd/2014-15-fc-barcelona-match-home-camiseta-futbol/pid-1515427/pgid-10079198

137 FC Barcelona Museum

138 thesefootballtimes.net: »More Than A Business«, www.thesefootballtimes.net/#!more-than-a-business/cf3s

139 The Guardian: »Barcelona sign record £25m a year shirt sponsorship, deal with Qatar charity« www.theguardian.com/football/2010/dec/10/barcelona-25m-shirt-sponsorship-qatar-foundation

140 Forbes: »Barcelona And Real Madrid Rule Social Media«, www.forbes.com/sites/kurtbadenhausen/2013/07/15/barcelona-and-real-madrid-rule-social-media/

141 Wikipedia: »EBITDA«, de.wikipedia.org/wiki/EBITDA

142 totalBarça: »About the Money: financial review 2013/14«, www.totalbarca.com/2014/finances/about-the-money-financial-review-201314/

143 Forbes.com: »Barcelona on the Forbes Soccer Team Valuations List«, www.forbes.com/teams/barcelona/

144 FC Barcelona: »El Barça presenta un balance de 32 millones de euros de beneficios del curso 2012/13«, www.fcbarcelona.es/club/detalle/noticia/el-barca-presenta-un-balance-de-32-millones-de-euros-de-beneficios-del-curso-2012-13

145 Sport.es: »Bartomeu presentó ›ingresos récord‹ y ›hoja de ruta‹«, www.sport.es/es/noticias/barca/bartomeu-presento-ingresos-record-hoja-ruta-3347363

146 LaVanguardia.com: »El Barça pierde 15.000 socios en dos años«, www.lavanguardia.com/deportes/futbol/20131010/54390804113/barca-pierde-15000-socios-dos-anos.html

147 The Guardian: »How do ticket prices for the Premier League compare with Europe?«, www.theguardian.com/news/datablog/2013/jan/17/football-ticket-prices-premier-league-europe

148 YouTube: »hurz.avi«, www.youtube.com/watch?v=iyGi5SEI9RI

149 La Futbolteca: »La españolización del fútbol en 1940«, lafutbolteca.com/la-espanolizacion-del-futbol-en-1940/

150 YouTube: »Barcelona City – Hyperlapse«, youtu.be/dDs6_S2fpEw

151 Eye on spain: »Menu del dia in Spain«, www.eyeonspain.com/spain-magazine/menu-del-dia.aspx

152 Turisme de Barcelona: »Barcelona Cruise Facilities 2013«, www.google.de/url?sa=t&source=web&rct=j&ei=-73qU_v5FcfMyAPCuYDwCg&url=www.barcelonaturisme.com/imgfiles/Professionals/bcn-cruise-facilities-2013.pdf&cd=1&ved=0CBsQFjAA&usg=AFQjCNHoKhqlyLuZFO5NuUX5FWHW4btwIg

153 mashable.com: »The Most Photographed Cities on Earth, According to Google«, mashable.com/2014/01/20/google-heat-map/

154 YouTube: »Barcelona 2012 HD (traducida) – Freddie Mercury + Montserrat Caballé«, youtu.be/pHkrvwXX4sg

155 Nadine Juliette: »Fußball aus der Sicht einer Frau« unveröffentlichtes Tonmaterial

156 FÚTBOL: DESDE DENTRO DEL VESTUARIO.: »Laureano Ruiz. El hombre que trajo el rondo a los entrenamientos del Barça«, desdeadentrodelvestuario.blogspot.com.es/2012/06/laureano-ruiz-el-hombre-que-trajo-el.html?m=1

157 Wolfgang Jenewein, Thomas Kochanek, Marcus Heidbrink, and Christian Schimmelpfennig, Harvard Business Review: »Learning Collaboration from Tiki-Taka Soccer«, blogs.hbr.org/2014/07/learning-collaboration-from-tika-taka-soccer/?utm_source=feedburner&utm_medium=feed&utm_campaign=Feed%3A+harvardbusiness+%28HBR.org%29

158 YouTube: »Spectacular drill from the first team / Rondo esp …«, youtu.be/TogfwRJgqHk

159 YouTube: »The secret of FC Barcelona success«, youtu.be/9KjGumJOjvE

160 YouTube: »(Overmars Goal) Barcelona vs Liverpool [UCL 2001- …«, youtu.be/1C--gtzvDUk

161 Bleacher Report: »Ranking the Best Youth Academies in World Football«, m.bleacherreport.com/articles/1884751-ranking-the-best-youth-academies-in-world-football

162 Taringa!: »Cruyff el creador de La Masia«, m.taringa.net/posts/deportes/17122187/Cruyff-el-creador-de-La-Masia.html

163 LaVanguardia: Carles Folguera: »En la Masia buscamos jugadores con personalidad«, www.lavanguardia.com/

deportes/20120111/54244792465/Masia-barca-carles-folguera-messi-balon-de-oro.html

164 Barcelona Metròpolis: »Oriol Tort, el alma de La Masia del Barça«, w2.bcn.cat/bcnmetropolis/es/calaixera/biografies/oriol-tort-lanima-de-la-Masia-del-barca/

165 Ara.cat: Andoni Zubizarreta: »El Barça és un dels clubs més rics del món en talent i coneixement«, https://ara.cat/esports/barca/Andoni-Zubizarreta-Barca-talent-coneixement_0_1146485648.html

166 LaVanguardia: »Habla la madre de uno de los niños de la Masia afectado por la norma de la FIFA«, www.lavanguardia.com/deportes/futbol/20140405/54405477100/madre-ninos-Masia-afectado-norma-fifa.html

167 ESPNDeportes Esp.1: »La FIFA permite fichar al Barcelona«, m.espn.go.com/deportes/nota?storyId=2072170&src=desktop&cc=3888

168 Mundodeportivo: Riverola a Guardiola: »Llevo toda la vida preparado para este momento«, www.mundodeportivo.com/20111206/fc-barcelona/riverola-a-guardiola-llevo-toda-la-vida-preparado-para-este-momento_54239904350.html

169 20minutos.es: »El Barça perdió contra el Rayo la posesión en un partido oficial por primera vez en cinco años«, m.20minutos.es/deportes/noticia/fc-barcelona-pierde-posesion-rayo-vallecano-1925957/0/

170 Goal.com: »Lionel Messi, Pep Guardiola y la falta de un Plan B en el Barcelona«, www.goal.com/es/news/25/champions-league/2012/04/25/3059431/lionel-messi-pep-guardiola-y-la-falta-de-un-plan-b-en-el

171 LaVanguardia: »Adiós a la generación Power Point«, www.lavanguardia.com/deportes/futbol/20080711/53499371469/adios-a-la-generacion-power-point.html

172 Dani Senabre: Meoderator der täglichen Barça-Radiosendung Tu diràs des Senders RAC1

173 YouTube: »Michael Jordan »Frozen Moment« Nike Commercial«, www.youtube.com/watch?v=NseKug63naM

174 ElPeriódico: »Recuerda mi nombre«, decía Messi hace siete años«, www.elperiodico.com/es/noticias/barca/anuncio-recuerda-nombre-messi-barca-2268783

175 YouTube: »Anuncio de Nike con un joven Messi«, youtu.be/TpG2mP586Yc

176 MundoDeportivo.com: »Barça, el éxito de la base«, www.mundodeportivo.com/20140608/fc-barcelona/barca-el-exito-de-la-base_54408793120.html

177 YouTube: »Highlights: Benfica 0 – FC Barcelona 3 (UEFA Youth League Final)«, youtu.be/e05qZPZ717s

178 YouTube: »FC Barcelona – ›Promesas‹: Los 100 mejores goles …«, youtu.be/bWC4dLBA-aA

179 sport.es: »El hat trick »perfecto« que llevó a Munir al Barça«, www.sport.es/es/noticias/barca/hat-trick-perfecto-que-llevo-munir-barca-2673930

180 sport.es: »El Barça del futuro viaja a St. George«, www.sport.es/es/noticias/barca/barca-del-futuro-viaja-george-3411407

181 YouTube: »Loriot – Männer sind, und Frauen auch, überleg dir das mal«, www.youtube.com/watch?v=aLg_xP5FKP4

182 Forbes: »Cristiano Ronaldo Leads The Biggest Athletes On Social Media«, www.forbes.com/sites/kurtbadenhausen/2014/06/11/cristiano-ronaldo-leads-the-biggest-athletes-on-social-media/

183 FC Barcelona: »El Barça y las mujeres«, www.fcbarcelona.es/club/detalle/ficha/temporada/2012-2013/el-barca-y-las-mujeres

184 YouTube: »Despedida de Carles Puyol«, youtu.be/-amMoXz-FmA

185 YouTube: »Louis Van Gaal – »¡Siempre negativo, nunca positivo«, youtu.be/VhERJW3ftkw

186 LaVanguardia.com: »El hijo de Piqué y Shakira, culé de nacimiento«, www.lavanguardia.com/gente/20121222/54356577915/el-hijo-de-pique-y-shakira-cule-de-nacimiento.html

187 Wikipedia: »Spanischer Bürgerkrieg«, de.wikipedia.org/wiki/Spanischer_B%C3%BCrgerkrieg

188 YouTube: »FC Barcelona: More than a club in Catalonia's road to independence«, youtu.be/-U3lvJTLxCs

189 Wikipedia: »Demokratie«, de.wikipedia.org/wiki/Demokratie

190 El comercio.tv: »El FC Barcelona presenta a los candidatos a la presidencia«, www.elcomercio.es/videos/noticias/ultima-hora/727477324001-barcelona-presenta-candidatos-presidencia.html

191 Mundodeportivo: »El aval no fue un problema en las elecciones del 2010«, www.mundodeportivo.com/20130219/fc-barcelona/avales-elecciones-2010-barca_54366883942.html

192 LaVanguardia: »El Barça quiere retirar el aval bancario para las próximas elecciones«, www.lavanguardia.mobi/slowdevice/noticia/53636669698/El-Barca-quiere-retirar-el-aval-bancario-para-las-proximas-elecciones.html

193 ABC.es : »El socio que denunció a la junta de Laporta pide a Rosell que ejecute el aval«, www.abc.es/agencias/noticia.asp?noticia=1356069

194 Duden: »Pidginenglisch | Rechtschreibung, Bedeutung, Definition, Herkunft«, www.duden.de/rechtschreibung/Pidginenglisch

195 DIE WELT: Kannibale Luis Suárez – »der Zahn Gottes«, m.welt.de/sport/fussball/wm-2014/article129449998/Kannibale-Luis-Suarez-der-Zahn-Gottes.html

196 The Guardian: »Luis Suárez joins anti-racism calls after Dani Alves banana incident«, www.theguardian.com/football/2014/apr/29/luis-suarez-anti-racism-dani-alves-banana

197 Martín Aguirre, The Guardian: »Luis Suárez plays football the Uruguay way: winning is all that counts | | Football«, www.theguardian.com/football/blog/2014/jun/26/luis-suarez-uruguay-winning?CMP=twt_gu

198 Rik Sharma, Mail Online: Barcelona had been ›more than a club‹ for 100 years but Catalans have reached their ›twilight hour‹, www.dailymail.co.uk/sport/football/article-2678970/

Barcelona-club-100-years-Catalans-reached-twilight-hour.html

199 sport.es: »¡Por favor, que Luis Suárez no acabe de chófer!«, www.sport.es/es/noticias/barca/por-favor-que-luis-suarez-acabe-chofer-3376581

200 Blogs EL PAÍS: »Enrique Llaudet contrata un chófer negro ›Memorias en Blanco y Negro‹«, blogs.elpais.com/memorias-blanco-negro/2013/01/enrique-llaudet-contrata-un-ch%C3%B3fer-negro.html

201 Susan Cain, TED.com: »The power of introverts«, www.ted.com/talks/susan_cain_the_power_of_introverts

202 Christian Eichler: »Lexikon der Fußballmythen«, S. 120

203 Football Citizens: »Más que un club: dos«, footballcitizens.com/2014/04/03/mas-que-un-club-dos/

204 Blaugranas.com: »La red social de aficionados del f_c_barcelona«, m.blaugranas.com/wiki/anecdotas_de_jugadores

205 YouTube: »gol de koeman wembley«, youtu.be/jPXH-uZG-B4

206 MARCA: »El ›contrato en la servilleta‹ de Messi, al museo del club«, www.marca.com/2012/01/11/futbol/equipos/barcelona/1326288398.html

207 Maresch, Rudolf: »›Mehr als ein Club‹«. www.heise.de/tp/news/Mehr-als-ein-Club-2006671.html

208 Ginnell, Luke: »In the name of the father: How the Cruyff legacy hampered Jordi's career«. www.fourfourtwo.com/features/name-father-how-cruyff-legacy-hampered-jordis-career

209 Schulz-Marmeling, Dietrich: Barca oder: Die Kunst des schönen Spiels, Verlag Die Werkstatt, Göttingen 2011, S. 175

210 Tragschitz, Christian: »Seine Tore besiegten sogar den Tod – Krankl ist 60«. www.weltfussball.at/entry/_166761_seine-tore-besiegten-sogar-den-t/

211 Kruse, Jürn: »Hans Krankl über den Tempel des Fußballs«. www.11freunde.de/interview/hans-krankl-ueber-den-tempel-des-fussballs

212 Ronaldinho Nike Comercial: www.youtube.com/watch?v=KNwLn85I75y

213 YouTube: Ronaldinho vs Sevilla: youtu.be/_IQNdf_sajI

214 ¡No sabes nada: »El primer gol de Ronaldinho con el Barcelona fue registrado como un ›Temblor‹ por los sismógrafos.«, www.nosabesnada.com/sociedad/44643/el-primer-gol-de-ronaldinho-con-el-barcelona-fue-registrado-como-un-temblor-por-los-sismografos/

215 The Independent: »Nelson Mandela: How the former South African leader was inspired by sport in freedom struggle«

216 EcoDiario.es: »El día que el Barça menospreció a Mandela«, ecodiario.eleconomista.es/interstitial/volver/aciertoj/futbol/noticias/5378243/12/13/El-dia-que-el-Bara-menosprecio-a-Nelson-Mandela.html#.Kku8EDHDJ5ZlON6

217 Nadine Juliette: »Barça als Nebenschauplatz« geleaktes Tagebuchmaterial

218 Javitorodriguez: »Con Corazón de Viajero Frecuente: Los Caganer y la Navidad Catalana« URL: http://javitorodriguez.blogspot.com.es/2013/12/los-caganer-y-la-navidad-catalana.html?m=1

219 Youtube: »BOIG PER TU – SHAKIRA [Calidad CD]«, youtu.be/7vx9Z_eYBPA

220 DiarioYOYA: »Aquest any sí«, www.elyoya.com/2013/02/20/aquest-any-si/

221 Wikipedia: »Fever Pitch«, de.wikipedia.org/wiki/Fever_Pitch

222 Fanclub-family: »Fußball schlägt das Leben«, www.fanclub-family.com/mix/fanzine/hornby.htm

223 Cadena SER: »La noche que el ›Dream Team‹ enterró a ›La Quinta del Buitre‹«, www.cadenaser.com/deportes/articulo/noche-dream-team-enterro-quinta-buitre/csrcsrpor/20110416csrcsrdep_12/Tes

224 Canut, Lluís: »Els Secrets del Barça«

225 Sports Illustrated: www.bing.com/images/search?q=sports+illustrated+dream+team&FORM=HDRSC2#view=detail&id=4941B5D8F5CDBCA268B998A1CDEB16DD190DB701&selectedIndex=2

226 YouTube: »FC Barcelona – Barça Legends: Laudrup«, youtu.be/cG5TqmDfjuw

227 YouTube: »FC Barcelona · Dream Team · Cruyff«, youtu.be/9zl44pjk1-w

228 Ávarez, Robert und Carbonell, Rafael: »Pujol dice que los fichajes de Van Gaal defraudan a la afición del Barça«, elpais.com/diario/1999/01/20/deportes/916786803_850215.html (1. Juni 2014)

229 am14: »Toda la verdad sobre Luis Figo«, www.am14.net/toda-la-verdad-sobre-luis-figo-8931/

230 El Periódico Extremadura: »EL FOROFO PRESIDENTE«, www.elperiodicoextremadura.com/noticias/opinion/forofo-presidente_38612.html

231 Emol.com: »El abucheo del siglo en el Camp Nou«, www.emol.com/noticias/deportes/2000/10/21/36067/el-abucheo-del-siglo-en-el-nou-camp.html

232 YouTube: »Figo vuelve al Camp Nou«, youtu.be/7I6Bg3N3DHY

233 ElMundo.es: »Gaspart ha gastado más de 180 millones en fichajes», www.elmundo.es/elmundodeporte/2003/02/07/liga/1044644619.html

234 Victor Romero, futbolprimera.es: »El peor once de la historia del FC Barcelona«, www.futbolprimera.es/2011/12/02/el-peor-once-de-la-historia-del-fc-barcelona

235 YouTube: »Anuncio Spot Estrella Damm: F.C. Barcelona 2010 »El trabajo bien hecho« (subtítulos español)«, youtu.be/oaczosE4NkU

236 YouTube: »FC Barcelona Amigo – Anunci Estrella Damm«, youtu.be/eSUar5_1-gU

237 YouTube: »TED TALK: Simon Sinek tell us how great leaders inspire us«, youtu.be/pI0cJdOzUcQ

238 Die Presse.com: »Red Bull: Alles Handeln ward für die Dose«, m.diepresse.com/home/wirtschaft/international/1437905/index.do

239 YouTube: »KICKTV Films Presents: FC Barcelona Confidential«, youtu.be/pQPnbML1WFY

240 UNICEF: Sport for development – Football Club Barcelona, www.unicef.org/sports/index_40934.html

241 The Guardian: »Barcelona sign record £25m a year shirt sponsorship deal with Qatar charity«, www.theguardian.com/football/2010/dec/10/barcelona-25m-shirt-sponsorship-qatar-foundation

242 Brand Republic News: »Barcelona signs up first commercial shirt sponsor in 111-year history«, www.brandrepublic.com/news/1046247/

243 Vlad Savov, The verge: »Intel puts its logo inside FC Barcelona's shirt«, mobile.theverge.com/2013/12/12/5203496/intel-puts-its-logo-inside-fc-barcelona-shirt

244 Dailymail: »Toon idols: Messi, Neymar and Co follow Chelsea in being ›Simpsonized‹ as popular cartoon characters«, www.dailymail.co.uk/sport/football/article-2579478/Toon-idols-Messi-Neymar-Co-follow-Chelsea-Simpsonized-popular-cartoon-characters.html

245 GARA: »De recogepelotas a entrenador campeón, Guardiola sueña con otra remontada épica«, gara.naiz.eus/paperezkoa/20100428/196469/es/De-recogepelotas-entrenador-campeon-Guardiola-suena-otra-remontada-epica

246 FCBarcelona.cat: »20 años del debut de Pep Guardiola«, arxiu.fcbarcelona.cat/web/castellano/noticies/futbol/temporada08-09/05/n090501104776.html

247 Nur-Zitate.com: »Wayne Gretzky, eigentlich Wayne Douglas Gretzky Zitate und Weisheiten«, www.nur-zitate.com/autor/Wayne_Gretzky

248 Ara.cat: »Ciutadans de Catalunya, ja la tenim aquí!«, www.ara.cat/esports/barca/Guardiola-wembley-1992-20-maig_0_484152200.html

249 El Punt Avui: »Àngel Mur, el factor humà«, www.elpuntavui.cat/noticia/article/8-esports/48-barca/345820-angel-mur-el-factor-huma.html

250 Mundodeportivo: »La previa de la final de Champions, al minuto«, www.mundodeportivo.com/20090527/la-previa-de-la-final-de-champions-al-minuto_53712217052.html

251 EL PAÍS: »Guardiola: »Dedico esta Copa a Paolo Maldini«, deportes.elpais.com/deportes/2009/05/27/actualidad/1243408924_850215.html

252 Telegraph: »Barcelona's Gladiators: Watch Pep Guardiola's motivational video«, www.telegraph.co.uk/sport/football/teams/manchester-united/5429585/Barcelonas-Gladiators-Watch-Pep-Guardiolas-motivational-video.html

253 JobisJob Blog: »Interview mit Miguel Ángel Violán über Pep Guardiola«, www.jobisjob.de/blog/2014/03/interview-miguel-angel-violan-ueber-pep-guardiola/

254 Miguel Angel Violán: »Pep Guardiola: So geht's anders!«

255 Wikipedia: »Lluís Llach«, de.wikipedia.org/wiki/Lluis_Llach

256 YouTube: »Lluís Llach – Viatge a Ítaca«, youtu.be/InJhQ-kp9Kk

257 YouTube: »The Guardiola System 2008-2012«, youtu.be/pk1DQBruwnQ

258 YouTube: »Guardiola perdona la vida a Eto'o«: youtu.be/JGZOuwwopSk

259 NDTVSports: Pep Guardiola a ›spineless coward‹, Lionel Messi a ›schoolboy‹, sports.ndtv.com/football/news/213641-pep-guardiola-a-spineless-coward-lionel-messi-a-schoolboy-says-zlatan-ibrahimovic

260 Süddeutsche.de: »Schwedens Stürmer Zlatan Ibrahimovic – Und dann war da ein ›Wir‹«, www.sueddeutsche.de/sport/schwedens-stuermer-zlatan-ibrahimovic-ploetzlich-sozialdemokrat-1.1498963-2

261 Kurt Badenhausen, Forbes: »Barcelona And Real Madrid Rule Social Media«, www.forbes.com/sites/kurtbadenhausen/2013/07/15/barcelona-and-real-madrid-rule-social-media/

262 lanacion.com: »Guardiola y Bayern se dejan querer en público«, www.lanacion.com.ar/1595187-guardiola-y-bayern-se-dejan-querer-en-publico

263 11 Freunde: »Tito Vilanova, Trainer und Gourmet«, www.11freunde.de/artikel/tito-vilanova-trainer-und-gourmet

264 Soccerlens.com: »Jose Mourinho Quotes – the best quotes by the Special One«, soccerlens.com/jose-mourinho/

265 Sport.es: »Continúan las muestras de duelo en el Camp Nou«, www.sport.es/es/noticias/barca/mas-50000-personas-dan-ultimo-adios-tito-vilanova-3259886

266 Lactual.cat: »Per un Barça sense ›ismes‹«, www.lactual.cat/cat/notices/2014/01/per_un_barca_sense_ismes_13084.php

267 Otro (puñetero) blog de fútbol: »Nuñistas y Cruyffistas« otroblogdefutbol.wordpress.com/2009/03/10/nunistas-y-cruyffistas/

268 Mundodeportivo: »Tito Vilanova convenció a Leo Messi para quedarse en el Barça«, www.mundodeportivo.com/20140605/fc-barcelona/tito-vilanova-convencio-a-leo-messi-para-quedarse-en-el-barca_54408699179.html

269 Goal.com: »Jupp Heynckes: Tito Vilanova ist ›ein Gewinner im Sport und im Leben‹«, www.goal.com/de/news/839/primera-division/2014/02/04/4594883/jupp-heynckes-tito-vilanova-ist-ein-gewinner-im-sport-und-im

270 YouTube: »RIP Tito Vilanova | 1968 – 2014«, youtu.be/pir9c2uJfuI

271 Haupt, Florian: »Der tiefe Sturz des dubiosen Barcelona-Präsidenten«. www.welt.de/sport/fussball/internationale-ligen/article124180617/Der-tiefe-Sturz-des-dubiosen-Barcelona-Praesidenten.html

272 Wikipedia: »Alfredo Di Stéfano«, de.wikipedia.org/wiki/Alfredo_Di_St%C3%A9fano

273 YouTube: »Francisco Franco y el Real Madrid 1«, youtu.be/fxwjh-S1CQY

274 Taringa!: »Alfredo di Stefano la verdadera historia de su fichaje«, m.taringa.net/posts/deportes/8628447/Alfredo-di-Stefano-la-verdadera-historia-de-su-fichaje.html

275 Madrid-Barcelona.com: »La jugada sucia de la mano franquista en el Caso Di Stéfano«, madrid-barcelona.com/2013-09-20/la-jugada-sucia-que-cambio-la-historia-la-mano-franquista-en-el-caso-di-stefano/

276 TONI PADILLA, ara: »Kubala i Di Stéfano, una amistat per sobre dels colors« 09/07/2014

277 Schulz-Marmeling, Dietrich: Barca oder: Die Kunst des schönen Spiels, Verlag Die Werkstatt, Göttingen 2011, S. 131

278 Cáceres, Javier: »Wie Holz, das bricht«, www.sueddeutsche.de/sport/fussball-historie-wie-holz-das-bricht-1.686363

279 Knopp, Filip: »Hätte ich das Schwein gesehen, hätte ich etwas von ihm gegessen«, www.realtotal.de/hatte-ich-das-schwein-gesehen-hatte-ich-etwas-von-ihm-gegessen/ (04. April 2014)

280 YouTube: »La mejor rueda de prensa Pep Guardiola- ›Mourinho ...«, youtu.be/ElDZxmYJuv8

281 El Periodico: Guardiola: »Mourinho es el puto amo en la sala de prensa«, www.elperiodico.com/es/noticias/barca/guardiola-regalo-champions-particular-jose-puto-amo-puto-jefe-985373#

282 Schulz-Marmeling, Dietrich: Barca oder: Die Kunst des schönen Spiels, Verlag Die Werkstatt, Göttingen 2011, S.219

283 Sport.es: »La Copa del Rey que salvó la cabeza de Cruyff«, www.sport.es/es/noticias/copa-del-rey/copa-del-rey-que-salvo-cabeza-cruyff-3232511

284 Helektron.com: »Himno de España Final Copa del Rey 2009 (censura de TVE1)«, helektron.com/himno-de-espana-final-copa-del-rey-2009-censura-de-tve1/

285 YouTube: »Real Madrid destroza Copa del Rey«, youtu.be/TAHT7vxX530

286 Eurosport.com: »Copa del Rey – Barcelona-Real Madrid: Bale invita al fin de ciclo (1-2)«, https://es.eurosport.yahoo.com/noticias/copa-del-rey-barcelona-real-madrid-bale-invita-171010594--sow.html

287 Sport.es: www.sport.es/es/mundial-futbol/brasil-2014/azulgranas.shtml

288 Taringa!: »Beckenbauer: El Barça es mejor que La Roja por Messi«, www.taringa.net/posts/deportes/12788837/El-Bar-a-es-mejor-que-La-Roja-por-Messi.html

289 CNN.com: »How World Cup victory stirred Spain's forgotten patriotism«, edition.cnn.com/2010/SPORT/football/07/12/spain.world.cup.unity/

290 n-tv.de: »Ohne sie läuft nichts: Bedeutung Seltener Erden«, www.n-tv.de/wirtschaft/Bedeutung-Seltener-Erden-article1756071.html

291 Hilfreich.de: »Gold – Geschichten, Mythen und Legenden«, www.hilfreich.de/gold-geschichten-mythen-und-legenden_5652

292 FC Barcelona.es: »El FC Barcelona, el club de los diez Balones de Oro«, www.fcbarcelona.es/futbol/primer-equipo/detalle/noticia/el-club-de-los-diez-balones-de-oro

293 20minutos.es: »Cruyff critica la concesión del Balón de Oro a Cannavaro«, www.20minutos.es/deportes/noticia/cruyff-opiniones-cannavaro-174340/0/

294 Lateinamerika Nachrichten Online: »Linker Fußball? Rechter Fußball?« www.lateinamerikanachrichten.de/?/artikel/907.html

295 Christoph Biermann, Ulrich Fuchs: »Der Ball ist rund, damit das Spiel die Richtung ändern kann: Wie moderner Fußball funktioniert«

296 Bild.de: »Argentiniens Trainer-Legende Menotti: ›Neuer der beste Torwart in der Geschichte‹« www.bild.de/sport/fussball/cesar-luis-menotti/feiert-manuel-neuer-als-den-groessten-torwart-36797078.bild.html

297 Heino Meissner: »Peps Play« aus seinem Leben für den Fußball

298 James, Andy: »Messi has just one defect ... he should play for Bayern! Muller lavishes praise on Barca star after having his goal record nicked«. www.dailymail.co.uk/sport/football/article-2245845/Gerd-Muller-praises-Lionel-Messi-breaking-goalscoring-record.html (12. Juli 2014)

299 Madrid-Barcelona.com: »En el siglo XXI el fútbol tiene un amo: el FC Barcelona«, madrid-barcelona.com/2012-09-21/en-el-siglo-xxi-el-futbol-tiene-un-amo-el-fc-barcelona/

300 MANUEL VAZQUEZ MONTALBAN: »FÚTBOL UNA RELIGIÓN EN BUSCA DE UN DIOS«

301 Wikipedia: »Anexo:Palmarés del Fútbol Club Barcelona«, es.wikipedia.org/wiki/Anexo:Palmar%C3%A9s_del_F%C3%BAtbol_Club_Barcelona#Las_36_Copas_de_Europa

302 Wikipedia: »Palau Blaugrana«, es.wikipedia.org/wiki/Palau_Blaugrana

303 YouTube: »Ser del Barça és lo millor que hi ha«, www.youtube.com/watch?v=DnlRdPn4zug

304 Futbol en Blaugrana: »El destí del Barça marcat per uns pals quadrats«, futbolenblaugrana.blogspot.com.es/2011/12/el-desti-del-barca-marcat-per-uns-pals.html?m=1

305 Elnortedecastilla.es: »Fallece el impulsor de los postes redondos en el fútbol«, www.elnortedecastilla.es/rc/20130612/deportes/futbol/muere-palos-cuadrados-201306121758.html

306 FIFA.COM: »La maldición del Benfica«, es.fifa.com/world-match-centre/nationalleagues/nationalleague=portugal-liga-2000000033/news/newsid/208/036/7/index.html

307 YouTube: »Bruce Lee: Be like water (Inspirational)«, www.youtube.com/watch?v=APx2yFA0-B4

308 YouTube: »Sir Bobby Robson ›Who Wants To Live Forever?‹«, www.youtube.com/watch?v=8kOXmA6olZ8

309 NY Daily News: »Jose Mourinho: ›I coached the real Ronaldo, the Brazilian Ronaldo‹«, www.nydailynews.com/blogs/the-beautiful-blog/jose-mourinho-coached-real-ronaldo-brazilian-ronaldo-blog-entry-1.1626466

310 YouTube: »Ronaldo Barcelona TOP 10 Goal«, www.youtube.com/watch?v=xDCjsxrGy5U

311 Wikipedia: »Andreas Köpke«, es.wikipedia.org/wiki/Andreas_K%C3%B6pke

312 EL PAÍS: »DeMasiado guapo para ser

portero«, elpais.com/diario/2004/04/21/deportes/1082498406_850215.html

313 Wikipedia: »Joaquim Maria Puyal«, es.wikipedia.org/wiki/Joaquim_Maria_Puyal

314 YouTube: »Pizzi »sos macanudo« (12/03/1997)«, youtu.be/kZ_ljUwGb3U

315 YouTube: »Fc barcelona tribute HD viva la vida live«, youtu.be/lQuWtzW9YbU

316 Jesús Camacho, »Barcelona: ¡Viva la Vida, Pep¡«. www.elenganche.es/1970/01/barcelona-%C2%A1viva-la-vida-pep%C2%A1.html

317 YouTube: »Gol de Iniesta en el minuto 92!!!!! Chelsea 1 – B …«, youtu.be/U0DqVNujvD4

318 Mundodeportivo: »El Iniestazo aumenta la tasa de natalidad«, www.mundodeportivo.com/20100127/el-iniestazo-aumenta-la-tasa-de-natalidad_53878987250.html

319 FAZ: »Fußball-Nationalmannschaft: Der revolutionäre Impuls wird gesucht«, www.faz.net/aktuell/sport/fussball/fussball-nationalmannschaft-der-revolutionaere-impuls-wird-gesucht-12667925.html

Artikel

Ávarez, Robert/Carbonell, Rafael: »Pujol dice que los fichajes de Van Gaal defraudan a la afición del Barça«. elpais.com/diario/1999/01/20/deportes/916786803_850215.html (1. Juni 2014)

Avilés, José Luis: »Oleguer, un futbolista distinto«. sesiondecontrol.com/ocio/deportes/oleguer-un-futbolista-distinto/ (23. April 2014)

Baneres, Enric: »El ›Barça de les Cinc Copes‹ rompió con la furia española«. www.lavanguardia.com/deportes/noticias/20090831/53775349865/el-barsa-de-les-cinc-copes-rompio-con-la-furia-espanola.html (27. April 2014)

Besa, Ramon: »Adiós, ›muñeca‹«. deportes.elpais.com/deportes/2013/09/22/actualidad/1379878488_256564.html (22. Mai 2014)

Besa, Ramon: »Barcelona's homeboys«. elpais.com/elpais/2012/11/29/inenglish/1354213556_373237.html (25. April 2014)

Besa, Ramon: »El arte de defender«. deportes.elpais.com/deportes/2014/05/15/actualidad/1400179663_287773.html (22. Mai 2014)

Besa, Ramon: »El límite lo pone Puyol«. deportes.elpais.com/deportes/2014/03/04/actualidad/1393963499_840699.html (20. Mai 2014)

Besa, Ramon: »El motín del éxito«. deportes.elpais.com/deportes/2013/04/27/actualidad/1367087741_398167.html (25. April 2014)

Blasco, Esther: »Diez momentos clave en la carrera de Carles Puyol«. www.sport.es/es/noticias/barca/diez-momentos-clave-carrera-carles-puyol-3271339 (22. Mai 2014)

Bravo, Alberto: »A once con once de la cantera«. www.diariodesevilla.es/article/deportes/1407353/once/con/once/la/cantera.html (25. April 2014)

Cáceres, Javier: »Goikoetxeas Horrorfoul an Maradona«. www.11freunde.de/artikel/goikoetxeas-horrorfoul-maradona (15. April 2014)

Callejas, Alfonso: »Se cumplen 25 años del motín del Hesperia«. www.sport.es/es/noticias/barca/cumplen-anos-del-motin-del-hesperia-2376110 (25. April 2014)

Carbonell, Rafael: »Guión normal en un día de mentira«. elpais.com/diario/2000/04/25/deportes/956613601_850215.html (27. April 2014)

Carranco, Rebeca: »Pactos que atizan la violencia«. deportes.elpais.com/deportes/2013/04/05/actualidad/1365183186_141646.html (28. Juni 2014)

Casado, Eduardo: »Quién fue … Ricardo Zamora, ›El Divino‹«. blogs.20minutos.es/quefuede/2013/06/28/quien-fue-ricardo-zamora-el-divino/ (28. April 2014)

Cózar, Carlos: »¿Qué pasó con …Oleguer Presas?«. https://es.eurosport.yahoo.com/noticias/f%C3%BAtbol-qu%C3%A9-pas%C3%B3-oleguer-presas-194211365--sow.html (24. April 2014)

Cuesta Fernandez, Fernando: »José Luis Núñez Clemente (Baracaldo, 1931). 1ª parte«. www.cihefe.es/cuadernosdefutbol/2012/04/josep-lluis-nunez-i-clemente-barakaldo-1931-1%C2%AA-parte/ (12. Juli 2014)

Cuesta Fernandez, Fernando: »José Luis Núñez Clemente (Baracaldo, 1931). 2ª parte«. www.cihefe.es/cuadernosdefutbol/2012/09/jose-luis-nunez-clemente-baracaldo-1931-1%C2%AA-parte/ (12. Juli 2014)

CURIOSIDADESDELFUTBOL: »La final de las botellas (1968)«. curiosidadesdelfutbol.wordpress.com/2012/08/12/la-final-de-las-botellas-1968/ (13. Juni 2014)

EL IMPARCIA: »El Barcelona conquista el Mundial de clubes y logra su sexto título del año«. www.elimparcial.es/deportes/el-barcelona-conquista-el-mundial-de-clubes-y-logra-su-sexto-titulo-del-ano-54041.html (10. April 2014)

EL PAIS: »Messi se viste de Maradona«. deportes.elpais.com/deportes/2007/04/18/actualidad/1176880930_850215.html (17. April 2014)

Espinosa, Francisco: »El ariete con alma de galeno«. deportes.elpais.com/deportes/2012/02/25/actualidad/1330172672_569649.html (8. Juni 2014)

Garcia, Domènec: »20 años del ›Motín del Hesperia‹«. www.mundodeportivo.com/20080427/20-anos-del-motin-del-hesperia_53457771405.html (25. April 2014)

Geli, Carles: »Més que un president«. deportes.elpais.com/deportes/2011/08/06/actualidad/1312615313_850215.html (18. Juni 2014)

Gieselmann, Dirk: »Der Mann, der Camp Nou baute«. www.11freunde.de/artikel/kubala-legende-barcelonas (10. Mai 2014)

Ginnell, Luke: »In the name of the father: How the Cruyff legacy hampered Jordi's career«. www.fourfourtwo.com/features/name-father-how-cruyff-legacy-hampered-jordis-career (8. Juni 2014)

González, Silvia: »El día que el Papa llenó el Camp Nou«. www.sport.es/es/noticias/barca/20101106/dia-que-papa-lleno-camp-nou/802266.shtml (22. Juli 2014)

Haupt, Florian: »Der tiefe Sturz des dubiosen Barcelona-Präsidenten«. www.welt.de/sport/fussball/internationale-ligen/article124180617/Der-tiefe-Sturz-des-dubiosen-Barcelona-Praesidenten.html (12. April 2014)

Haupt, Florian: »Zeit für Transparenz bei Millionen-Transfers«. www.welt.de/print/die_welt/sport/article124363372/Zeit-fuer-Transparenz-bei-Millionen-Transfers.html (12. April 2014)

Henkel, Martin: »Barcelonas Fans bewerfen Figo mit Schweinekopf«. www.welt.de/print-welt/article271864/Barcelonas-Fans-bewerfen-Figo-mit-Schweinekopf.html (04. April 2014)

Irigoyen, Juan I.: »Racist gestures at soccer game cost Barcelona employee her job«. elpais.com/elpais/2014/05/20/inenglish/1400580797_833777.html (1. Juni 2014)

James, Andy: »Messi has just one defect ... he should play for Bayern! Muller lavishes praise on Barca star after having his goal record nicked«. www.dailymail.co.uk/sport/football/article-2245845/Gerd-Muller-praises-Lionel-Messi-breaking-goalscoring-record.html (12. Juli 2014)

Kasperski, Franz: »Der Schweizer, der den FC Barcelona gründete und daran zerbrach«. www.srf.ch/kultur/im-fokus/der-archivar/der-schweizer-der-den-fc-barcelona-gruen dete-und-daran-zerbrach (10. Mai 2014)

Knopp, Filip: »Hätte ich das Schwein gesehen, hätte ich etwas von ihm gegessen«. www.realtotal.de/hatte-ich-das-schwein-gesehen-hatte-ich-etwas-von-ihm-gegessen/ (04. April 2014)

Kruse, Jürn: »Hans Krankl über den Tempel des Fußballs«. www.11freunde.de/interview/hans-krankl-ueber-den-tempel-des-fussballs (16. April 2014)

Lago, Josep: »Andrés Iniesta: Barcelona's Once-in-a-Lifetime Guy«. www.nytimes.com/2010/12/20/sports/soccer/20iht-SOCCER20.html?_r=0 (12. April 2014)

Larrea, Unai: »Estas botas son la cara y la cruz del fútbol«. elpais.com/diario/2008/09/22/deportes/1222034422_850215.html (15. April 2014)

Llacer, Gabriel: »De Samitier a Saviola, 28 futbolistas vistieron las dos camisetas«. www.diariovasco.com/rc/20111210/deportes/mas-futbol/samitier-saviola-futbolistas-vistieron-201112100139.html (12. Juli 2014)

Malagon, Pablo: »El hombre langosta‹». elfutboldepablo.blogspot.com.es/2012/07/el-hombre-langosta.html (29. April 2014)

MARCA: »El ›contrato en la servilleta‹ de Messi, al museo del club«. www.marca.com/2012/01/11/futbol/equipos/barcelona/1326288398.html (05. April 2014)

Maresch, Rudolf: »«Mehr als ein Club«». www.heise.de/tp/news/Mehr-als-ein-Club-2006671.html (22. April 2014)

Martín, Luis: »El azote de Rosell«. deportes.elpais.com/deportes/2014/01/20/actualidad/1390247781_108103.html (12. April 2014)

Martin, Luis: »La última parada de Víctor«. deportes.elpais.com/deportes/2014/03/27/actualidad/1395874987_772722.html (28. Juni 2014)

Martin, Luis: »Valdés cierra su taquilla«. deportes.elpais.com/deportes/2014/05/13/actualidad/1400012318_240195.html (28. Juni 2014)

Mitten, Andy: »«You know, Pep, I'm kind of a big deal round here«». www.fourfourtwo.com/features/you-know-pep-im-kind-big-deal-round-here (8. Juni 2014)

MUNDO CRIMINAL : »El secuestro de Quini«. mundocriminal.wordpress.com/2012/07/03/el-secuestro-de-quini/ (12. April 2014)

Nieto, Carlos: »El Barcelona de las Seis Copas«. www.que.es/deportes/futbol/200912191959-barcelona-seis-copas-perfecto.html (8. Juni 2014)

Perearnau, Francesc: »El factor holandés«. www.mundodeportivo.com/20100411/el-factor-holandes_53904539509.html (12. Mai 2014)

Pinol, Angels: »El Barcelona se negó a jugar contra el Atlético alegando falta de jugadores«. elpais.com/diario/2000/04/25/deportes/956613609_850215.html (27. April 2014)

Polo, Fernando: »30 años de la entrada de Goikoetxea a Maradona: »¡Cazaron a Diego!«». www.mundodeportivo.com/20130924/mundo-barsa/30-anos-entrada-goikoetxea-maradona_54389924928.html (15. April 2014)

Quesada, Juan Diego: »La verdad sobre Jimmy Jump«. elpais.com/diario/2010/06/06/domingo/1275796360_850215.html (15. April 2014)

Relaño, Alfredo: »La misteriosa muerte de Benítez«. blogs.elpais.com/memorias-blanco-negro/2012/10/la-misteriosa-muerte-de-ben%C3%ADtez.html (12. Juni 2014)

Rius Sant, Xavier: »¿El fin de los ›boixos nois‹?«. elpais.com/diario/2003/09/08/catalunya/1062983243_850215.html (28. Juni 2014)

Robla, Sonia und Carbonell, Rafael: »El Barça contará con ocho jugadores holandeses tras fichar a los De Boer«. elpais.com/diario/1999/01/16/deportes/916441201_850215.html (12. Mai 2014)

Romero, Victor: »Jesús Mariano Angoy«. www.futbolistasconkarma.com/2008/11/jess-mariano-angoy.html (8. Juni 2014)

Romero, Victor: »Los porteros del Barça desde Zubizarreta hasta Víctor Valdés«. www.futbolistasconkarma.com/2009/01/especial-los-porteros-del-bara-desde.html (8. Juni 2014)

Salinas, David: »Krankl, un Pichichi que se hizo querer«. www.sport.es/es/noticias/barca-liga/krankl-pichichi-que-hizo-querer-2388593 (15. April 2014)

Salinas, David: »Ventolrà: Una historia deportiva … y de amor«. www.sport.es/es/noticias/veteranos/ventolra-una-historia-deportiva-amor-2248704 (5. Mai 2014)

Schaar, Thorsten: »Der berühmteste Flitzer der Welt«. www.11freunde.de/artikel/der-beruehmteste-flitzer-der-welt (15. April 2014)

Schaar, Thorsten: »Die Entführung des Hexers«. www.11freunde.de/artikel/ein-grosser-kriminalfall-des-fussballs (17. April 2014)

SPIEGEL ONLINE: »Glaube versetzt Bälle«. www.spiegel.de/spiegel/print/d-43301972.html (07. April 2014)

SPIEGEL ONLINE: »Haß und Hiebe«. www.spiegel.de/spiegel/print/d-13508631.html (07. April 2014)

SPORT: »La servilleta más famosa del mundo cumple hoy 12 años«. www.sport.es/es/noticias/barca/servilleta-mas-famosa-del-mundo-cumple-hoy-anos-2272401 (05. April 2014)

TOTALBARCA: »A twenty year Barça journey between the sticks«. www.totalbarca.com/2014/opinion-pieces/a-twenty-year-barca-journey-between-the-sticks/#more-158655 (13. Juni 2014)

Tragschitz, Christian: »Seine Tore besiegten sogar den Tod – Krankl ist 60«. www.weltfussball.at/entry/_166761_seine-tore-besiegten-sogar-den-t/ (11. April 2014)

Trust, Oliver: »Jordis langer Versuch, den Namen Cruyff zu umdribbeln«. www.welt.de/print-welt/article649348/Jordis-langer-Versuch-den-Namen-Cruyff-zu-umdribbeln.html (2. Juni 2014)

Villoro, Juan: »Aqulla gira salvadora del 37«. superga.blogspot.com.es/2007/11/aquella-gira-salvadora-del-37-por-juan.html (6. Mai 2014)

Wiedemann, Géza: »Ich bin ein Kosmopolit«. www.budapester.hu/2012/05/20/ich-bin-ein-kosmopolit/ (8. Mai 2014)

Bücher

Ávarez, Robert/Carbonell, Rafael: »Pujol dice que los fichajes de Van Gaal defraudan a la afición del Barça«. elpais.com/diario/1999/01/20/deportes/916786803_850215.html (1. Juni 2014)

Avilés, José Luis: »Oleguer, un futbolista distinto«. sesiondecontrol.com/ocio/deportes/oleguer-un-futbolista-distinto/ (23. April 2014)

Baneres, Enric: »El ›Barça de les Cinc Copes‹ rompió con la furia española«. www.lavanguardia.com/deportes/noticias/20090831/53775349865/el-barsa-de-les-cinc-copes-rompio-con-la-furia-espanola.html (27. April 2014)

Besa, Ramon: »Adiós, ›muñeca‹«. deportes.elpais.com/deportes/2013/09/22/actualidad/1379878488_256564.html (22. Mai 2014)

Besa, Ramon: »Barcelona's homeboys«. elpais.com/elpais/2012/11/29/inenglish/1354213556_373237.html (25. April 2014)

Besa, Ramon: »El arte de defender«. deportes.elpais.com/deportes/2014/05/15/

Webseiten

www.fcbarcelona.es
es.wikipedia.org/wiki/FC_Barcelona
es.wikipedia.org/wiki/Wikipedia:Portada
www.mundodeportivo.com/index.html
www.marca.com
elpais.com
www.lavanguardia.com/index.html
www.11freunde.de
www.welt.de

YouTube

RONALDINHO NIKE COMERCIAL: www.youtube.com/watch?v=KNwLn85I75Y

PAULINO ALCÁNTARA: www.youtube.com/watch?v=TzvnUauIsTA&feature=youtu.be

MESSI – MARADONA GOLA: www.youtube.com/watch?v=TfzphV-RFuc&feature=youtu.be
www.kicker.de/

DIE AUTOREN

ARNE CORDES und JOHANNES FEDERLIN, Jahrgang 1975 und 1974, haben ihr privates und berufliches Leben ganz dem FC Barcelona untergeordnet und sind nach Barcelona gezogen. Das ist nun über zehn Jahre her. Seitdem ist die Trophäensammlung des Vereins signifikant gewachsen. Das kann kein Zufall sein!

Arne Cordes, Johannes Federlin
111 GRÜNDE, DEN FC BARCELONA ZU LIEBEN
Eine Liebeserklärung an den
großartigsten Fußballverein der Welt
ISBN 978-3-86265-423-9

ZWÖLFTER MANN – Das Programm für Fußballfans von Schwarzkopf & Schwarzkopf | 1. Auflage November 2014 |

KATALOG
Wir senden Ihnen gern kostenlos unseren Katalog.
Schwarzkopf & Schwarzkopf Verlag GmbH
Kastanienallee 32, 10435 Berlin
Telefon: 030 – 44 33 63 00
Fax: 030 – 44 33 63 044

INTERNET | E-MAIL
www.zwoelftermann.de
info@schwarzkopf-schwarzkopf.de